·侦查学系列教材·

中外侦查制度

陈 碧 ◆ 编著

中国政法大学出版社

2019·北京

声　明　　1. 版权所有，侵权必究。
　　　　　2. 如有缺页、倒装问题，由出版社负责退换。

图书在版编目（CIP）数据

中外侦查制度/陈碧编著. —北京：中国政法大学出版社，2019.8
ISBN 978-7-5620-9184-4

Ⅰ.①中… Ⅱ.①陈… Ⅲ.①刑事侦查－司法制度－研究－世界 Ⅳ.①D918

中国版本图书馆CIP数据核字(2019)第177370号

出 版 者	中国政法大学出版社
地　　址	北京市海淀区西土城路25号
邮寄地址	北京100088 信箱8034分箱　邮编100088
网　　址	http://www.cuplpress.com（网络实名：中国政法大学出版社）
电　　话	010-58908435（第一编辑部）58908334（邮购部）
承　　印	固安华明印业有限公司
开　　本	720mm×960mm　1/16
印　　张	13
字　　数	226千字
版　　次	2019年8月第1版
印　　次	2019年8月第1次印刷
印　　数	1～3000册
定　　价	36.00元

作者简介

陈 碧 中国政法大学刑事司法学院副教授、法学博士、硕士研究生导师。发表论文20余篇。代表作：《新编犯罪侦查学》《金融犯罪案件证据实务》《刑事司法大趋势——以欧盟刑事司法一体化为视角》《谁为律师辩护》等。

编写说明

中国政法大学作为"211工程"重点建设高校和国家"双一流"建设高校,经教育部2001年批准设立了侦查学本科专业,凭借本校的法学教育资源优势为公安、安全、检察、海关、纪检监察、财政税务、金融保险、市场监督等部门培养了大量证据调查和侦查方面的专门人才。侦查学专业在教育部和学校的大力支持下建立了侦查学实验中心和网络犯罪侦查实验室,为侦查学专业的教学、科研工作提供了高水准的实验平台。多年来,侦查学专业紧紧依托本校法学专业的优势,以深厚的法学知识为基础,讲授侦查学基本原理,传授科学先进的侦查技能与方法,并以侦查学基本理论、侦查技术、侦查实践技能为核心构建了多学科相融通的课程体系。同时,结合侦查实践的急需,建立了以网络犯罪案件侦查为特色的侦查学理论教学和研究基地。为适应现代化侦查和满足经济全球化、社会信息化对证据调查和侦查人才培养的需要,根据国务院《国家教育事业发展"十三五"规划》和教育部《关于加快建设高水平本科教育全面提高人才培养能力的意见》,我们组织编写了侦查学专业本科系列教材。

侦查学专业自2009年以来陆续出版了《侦查学总论》《司法鉴定学》《现场勘查学》《刑事案件侦查》《职务犯罪案件侦查》《讯问学》等具有政法特色的教材。为适应培养具有创新精神和实践能力的新型高级专门人才的新形势需要,特别是适应国际法庭科学互证的需要,我们决定再次规划和修订《侦查学总论》《司法鉴定学总论》《中外侦查制度》《网络犯罪案件侦查》《刑事案件侦查》《经济犯罪案件侦查》《职务犯罪案件调查》《讯问学》《电子证据调查学》《司法摄影》《文件物证检验学》《痕迹检验学》《法医学》《司法精神病学》等14部教材,以展示我校教学、科研的最新成果。

本套规划和修订的教材,借鉴了国内外侦查学理论研究的新成果,吸纳了相关学科的前沿研究成果,反映了侦查实践中的新经验,注重介绍侦查学各门学科的基础知识,阐释基本理论,突出理论与实践的有机结合,力求达到科学性、系统性、新颖性、适应性的统一。

本套教材的编写和出版,得到了中国政法大学出版社领导、编辑的大力支持和热情帮助,对此我们表示诚挚的谢意!本套教材在编写过程中的疏漏、缺憾在所难免,恳请专家、学者及广大读者不吝指教!

中国政法大学刑事司法学院
2019 年 3 月

前　言

为了适应我国现代化侦查工作的需要，提升侦查的理论层次，完善侦查人才的知识结构、提高侦查人员的业务素质和实现侦查能力的现代化，根据教育部侦查学专业的培养要求以及我校侦查学专业教学方案和人才培养计划，我受侦查学教研室委托编写了教材《中外侦查制度》。本教材可作为普通高等院校侦查学专业本科生的教科书以及高级警官、检察官、纪检监察和律师的培训教材，也可作为侦查学专业研究生的参考资料。

本书将以侦查制度为研究对象，通过对各国刑事侦查制度的历史沿革、改革实践的考察和研究，研究不同侦查制度的价值取向、基本理念、基本原则和内容等基本问题，以对我国的侦查制度改革提供参考。本书的研究方法包括：比较研究法，通过比较研究揭开表面，洞见本质，辨识各国侦查制度的差异性和相似性，为侦查制度的研究提供一个更广阔的视角，以期吸收、借鉴国外侦查制度改革的经验和教训；历史研究法，从纵向的角度，借助于对侦查制度发展过程的史料进行分析、破译和整理，以认识侦查制度的过去，研究现在和预测未来；诉讼法视角的研究，从大的方面可以把侦查的研究划分为诉讼论角度的研究和方法论角度的研究，在侦查制度这门学科的研究上偏重诉讼法视角；开放的研究方法，中国的侦查制度要发展完善，要走在世界诉讼文明的前列，就必须要研究、借鉴人类诉讼文明的新成果。因此，开放是研究当代侦查制度发展的重要方法。

本书分为总论和分论两个部分。总论三章包括绪论、侦查制度的历史沿革以及侦查制度的基本理论，分论六章包括中国侦查制度、英国侦查制度、美国侦查制度、德国侦查制度、法国侦查制度以及日本侦查制度，分论各章在做了常规性的介绍之后，选择了各国有代表性的制度问题展开探讨，供读者扩展学术研究的思路。

本教材的编写本教材由陈碧编写与修订。在编写与修订过程中参考了有关专家、学者的观点和著作,在此表示衷心地感谢。同时,由于时间仓促、水平所限以及其他因素的影响,教材中存在一些不足和缺点,敬请专家、学者批评指正。

陈 碧

2019 年 7 月

目 录

总 论

第一章 绪 论 ·· **1**
　　第一节　侦查与侦查制度 ·· 1
　　第二节　侦查权限 ·· 10
　　第三节　侦查制度的研究方法 ·· 22

第二章 侦查制度的历史沿革 ·· **24**
　　第一节　西方侦查制度的历史沿革 ································ 24
　　第二节　西方侦查制度发展的历史条件 ························ 35
　　第三节　中国侦查制度变迁 ·· 38

第三章 侦查制度的基本理论 ·· **45**
　　第一节　刑事诉讼基础理论 ·· 45
　　第二节　侦查制度的几个基本理论 ································ 49
　　第三节　侦查体制的发展趋势 ·· 53

分 论

第四章 中国侦查制度 ·· **57**
　　第一节　中国侦查制度的历史 ·· 57
　　第二节　侦查主体 ·· 62
　　第三节　我国对侦查取证的控制 ···································· 69
　　第四节　加强对侦查取证的控制 ···································· 71
　　第五节　侦审关系的改革 ·· 73

第五章 英国侦查制度 · 80

第一节 英国侦查历史沿革 · 80
第二节 侦查主体 · 84
第三节 英国侦查程序制度 · 85
第四节 令状制度 · 91

第六章 美国侦查制度 · 99

第一节 美国侦查的历史沿革 · 99
第二节 侦查主体 · 102
第三节 侦查程序 · 105
第四节 美国的沉默权与律师帮助权 · 111

第七章 德国侦查制度 · 122

第一节 德国侦查的历史与现状 · 122
第二节 德国的侦查程序 · 127
第三节 德国检警关系 · 134

第八章 法国侦查制度 · 143

第一节 法国侦查的历史沿革 · 143
第二节 侦查主体 · 147
第三节 侦查程序 · 151
第四节 法国的预审制度 · 153

第九章 日本侦查制度 · 163

第一节 日本侦查的历史 · 163
第二节 日本侦查的组织制度 · 168
第三节 日本侦查的程序制度 · 170
第四节 日本的任意侦查 · 178

主要参考文献 · 188

后 记 · 192

总 论

第一章 绪 论

第一节 侦查与侦查制度

一、侦查

现代所谓的"侦查",在不同法系国家的司法传统与体制中具有不同涵义。两大法系国家对侦查的定义有其各自的法系背景和文化基础,无法简单评价孰优孰劣。

大陆法系国家出于职权主义传统,强调侦查的国家专属性与强制性。侦查专指国家侦查机关为查明犯罪事实而行使国家赋予的侦查权所进行的专门活动。大陆法系国家对侦查的定义突出了侦查的性质,即国家专属性与强制性,无疑体现了职权主义诉讼模式的特点。

而英美法系国家奉行当事人主义,为体现当事人的平等地位与公平对抗,并未对侦查与调查进行明确区分。因而在英美法系国家中,侦查(调查)既包括侦查机关为查明犯罪事实而进行的专门活动,也包括辩护方为辩护目的而对特定事实进行的调查。

英美法系国家对侦查的界定弱化了侦查的国家属性,突出了侦查的功能,强调侦查查明犯罪事实、收集证据的行为内涵。在这种体制下,侦查机关对刑事案件进行调查并收集证据后,辩护律师仍可以聘请私人侦探或民间鉴定人员就案件事实进行调查并收集证据,包括勘查现场、询问证人和检验物证等,这两种调查并行不悖。由此可见,英美法系国家所界定的侦查有其特定的诉讼制度背景,与其特有的国家制度与法律体系密切关联。

从总体上看,两大法系对侦查的理解可以概括为两点:一是"侦查"的目的是查证犯罪事实,查获犯罪人;二是"侦查"是各种调查证据和查获犯罪嫌疑人方法的总和。至于侦查主体是局限在官方,还是允许其他民间组织或个人参与,二者并没有统一的认识。

在我国职权主义的司法体制之下,对侦查的界定显然更为强调侦查的国家专属性与强制性,法律在语义上对侦查与调查进行了明确区分。《刑事诉讼法》第108条第1项明确规定:"'侦查'是指公安机关、人民检察院对于刑事案件,依照法律进行的收集证据、查明案情的工作和有关的强制性措施。"第43条第1款对辩护方的调查取证作了规定:"辩护律师经证人或者其他有关单位和个人同意,可以向他们收集与本案有关的材料,也可以申请人民检察院、人民法院收集、调取证据,或者申请人民法院通知证人出庭作证。"

重申之,我国刑事诉讼法语境下的"侦查"是指特定的主体为了收集证据、查明案情而进行的一系列调查活动和有关的强制性措施。这个定义包含以下几层涵义:①侦查活动的主体必须经过法律授权与认可;②侦查的目的包括收集各种证据、查明案情;③侦查的手段与方法具有多样化的特点,侦查是一系列行为的集合体,侦查权是一系列侦查职权的总称。

二、侦查与调查

如前所述,英美法系的"当事人主义侦查观",认为侦查不仅是为提起公诉做准备和前期的工作,它还具有独立的价值,即侦查不只是被用来发现事实真相和犯罪嫌疑人的客观活动,被追诉人等也具有一定的参与权,他们也可被视为侦查主体。这也是一种不容忽视的观点。有鉴于此,有必要在我国刑事诉讼法语境下探讨一下侦查与调查的关系。

(一)控方的侦查取证

检察官出庭支持公诉,如果证据不足,举证不力,指控的事实不能成立,法庭将依法宣告被告人无罪。因此,检察官承担着证明被告人有罪的证明责任。控方的举证建立在侦查机关取证的基础上,因此,控方的调查取证主要体现在侦查机关的侦查行为上。

侦查人员在办理刑事案件过程中所进行的收集、审查和运用证据,查明和证明案件事实的活动，就是侦查人员的调查取证。这里所称的侦查人员，包括公安机关、国家安全机关、人民检察院、军队保卫部门、监狱和海警局中依法行使侦查权、负责对刑事案件加以侦查的工作人员。该主体调查取证的特点包括：

1. 强制性

侦查人员的调查取证是根据法律的规定依职权进行的，具有明显的国家强制性。一方面，侦查人员进行调查的手段是开展专门的调查工作和采用有关强制性措施；另一方面，侦查人员调查手段的强制性又表现为法律明确规定诉讼参与人以及有关人员对侦查人员的调查行为有服从、配合的义务。具体而言，侦查人员可以使用我国法律规定的各种调查手段，包括搜查、扣押、讯问、询问、勘验等各种手段，无论具体采用哪种调查手段，都可以配套采用一些强制性措施予以保障。这些强制性措施保证了调查活动的强制力，有利于调查有效进行。

2. 秘密性

侦查人员的侦查活动一般是秘密进行的。这一原则传统上有两层含义：一是嫌疑人保密，即侦查机关不得以违反侦查目的的方式将侦查的情况向嫌疑人泄漏；二是对社会成员保密，即除法律另有规定或者经过权利人同意外，侦查机关以及有关知情人不得对外泄漏侦查情况以及侦查过程中了解到的情况。

3. 正当性

《刑事诉讼法》第 52 条原则性地规定了"严禁刑讯逼供和以威胁、引诱、欺骗以及其他非法方法收集证据"。这说明我国法律是强调侦查行为的正当性的。侦查人员的调查活动必须依照合法程序进行，才能有效地保障证据来源的可靠性和证据的客观性。反之，如果调查行为没有严格的程序，将会导致任意性和主观擅断，证据的可信程度也将大打折扣。

(二) 辩方的调查取证

辩方包括犯罪嫌疑人、被告人及其辩护律师。辩方的调查取证是指辩方为获取有利于己方的证据或者查明这些证据的来源而进行的一切调查工作。由于犯罪嫌疑人、被告人往往处于羁押的状态或者缺乏调查取证的意识和技能，无力从事调查取证工作，维护自身的合法权益，因此，律师这一专门提供法律服务的执业人员，即成为为委托人服务的调查主体。因而其调查取证具有一些特殊性：

1. 调查目的的特殊性

控方开展调查的目的，通常表现为简单的"查明案件事实和证明案件事实"，且不能违背"客观、公正"的原则。从法理上讲，控方并不代表自身的利益，而是代表国家的利益，因而其根本任务是确实地查明案件真相，全面地收集各方面的证据。尽管法律规定控方应当全面收集证据，既要包括证明犯罪嫌疑人、被告人有罪和罪重的证据，也要收集证明犯罪嫌疑人、被告人无罪和罪轻的证据，但在司法实践中，控方的取证绝大多数集中在有罪证据和罪重证据上。这也是由控方举证责任决定的，并非法律理想化的规定可以避免。而律师的目的是查明、证明有利于其当事人的事实，因此，取证的范围和目的特殊。

2. 调查手段的特殊性

根据我国法律的规定，司法实践中，辩方真正能够采取的调查措施通常只有询问、申请鉴定等，可实施的调查手段十分有限，是否能够实现完全取决于调查相对人的意愿。如果想采取其他方式，律师只能向法庭申请，由法庭采取相应措施。在刑事案件中，这实际上使得控辩双方处于不平等的地位。因此，法庭协助律师调查取证或保全证据，在某种意义上，是律师很重要也很独特的一种调查手段。

3. 调查程序的特殊性

辩方的调查权利来源于犯罪嫌疑人、被告人的诉权，其调查并无强制性，权利是否能够实现主要取决于相对人是否配合。在司法实践中，权利相对人往往基于种种理由，拒绝律师的调查取证。有的情况下控方还给律师取证设置障碍。这使得本来就不平衡的控辩关系变得实力更加悬殊。恶化的结果就是从事刑事辩护的律师习惯于不进行调查取证，而是直接寻找控方证据上的疏漏或者从法律的适用上进行辩护。律师的调查取证权被虚置，刑事审前程序和审判程序中的平等武装容易落空。

（三）控辩双方侦查权与调查权的比较

控方的侦查权，是从司法权和行政执法权中延伸出来的对案件中有关证据的调查权力；辩方的调查取证权，是由当事人的诉权等权利中延伸出来的对案件中有关证据进行调查的权利。如果调查主体拥有调查权力，则显然其调查具有强制性，调查对象必须予以配合，那么这属于权力型调查；如果主体仅享有权利，则显然其调查无强制性，其实现与否取决于调查对象是否配合，那么这属于权利型调查。

1. 权力型调查的特点

（1）行使主体的特定性。特定性包含了两层含义：其一，调查权力由特定的主体行使。例如，刑事案件的侦查权一般由公安机关行使。其二，法律对调查主体的规定反映了国家惩治犯罪、实现统治的需要。

（2）权力行使的强制性。所谓强制，是指"直接以物力或胁迫方法，拘束人之意思使之服从之意"。因为犯罪是公民个人与国家之间最激烈的冲突，出于对自身利益和国家发展的考虑，国家必须使用强制力并使其在刑事诉讼中发挥功效。因此，调查手段难以避免地会对调查相对人的人身权利和财产权利造成侵害，即使诉讼法已经规定了一些措施防止和减轻对调查相对人的侵害。

（3）易滥用性。取证权力与其他任何一种司法权力一样，如果不加以限制，它的行使极可能偏离最初设立的宗旨。我国刑事诉讼中的非法证据排除规则恰好从反面印证了我国大量非法证据的存在，而这些非法证据大多是办案人员违反法律规定的权限、程序或者以其他不正当方法获得，其在不同程度上侵犯了调查相对人的权利。这是我们必须要正视的取证合法性问题。

2. 权利型调查的特点

（1）主体的广泛性。从主体的身份来看，犯罪嫌疑人、被告人及其法定代理人、诉讼代理人都有权调查取证。因此，法律关于取证主体的规定对涉讼公民与一般公民的权益都起着重要的保障作用。

（2）与诉讼义务的相伴生性。关于权利与义务的关系，马克思指出："没有无义务的权利，也没有无权利的义务。"诉讼权利与诉讼义务也是如此，二者如影随形，须臾不可分离。具体表现在调查取证中，就是基于举证责任的规定，辩方在一些特殊情形下需要承担证明责任。有义务便有权利，因此，辩方享有调查取证的权利。

3. 权力型调查与权利型调查的不同之处

（1）性质不同。调查权力是一种权力，但更是一种职责，是享有司法权力的主体在遇到法定情形时必须而为的一种义务。这种义务牢牢地吸附于权力之上，不能替代、不能懈怠，更不能抛却，否则将要承担一定的法律后果。而调查权利虽然与举证责任相伴而生，但它本质上是一种权利，具有权利的属性，即权利享有者可根据自己的意志进行选择，行使或放弃该权利。当然，如果他放弃了这种权利，就可能使得己方主张的事实不能成立，从而导致不利于己方的裁决结果。

（2）是否具有强制性不同。强制性是调查权力的本质特征，在侦查过程中，强制的对象是诉讼中处于非侦查方的人员以及与诉讼有关的物品，特别是犯罪嫌疑人、被告人以及与犯罪有关的物品。与之相反，调查权利是涉讼公民维护自身或律师维护当事人合法权益的唯一途径，不仅不具备任何强制因素，反而在行使时易受调查权力的限制和干扰。

（3）行使的方式、方法不同。虽然总体而言，无论是侦查机关还是辩护律师，调查取证都必须依据法律程序进行，但从调查取证的具体方式上看，仍有较大差异。侦查权总是朝着有利于追究犯罪的方向运作，司法权力在该阶段占绝对的主导地位。而调查权利的行使和实现均不具有必然性，它们在相当程度上取决于犯罪嫌疑人、被告人对法律的理解与意愿、自身的诉讼能力、可以取得帮助的大小等因素。即使由律师来调查取证，也会受到法制大环境的直接影响。

概言之，侦查权与调查权之间的关系，就个案而言，权利型调查只是权力型调查的补充，犯罪嫌疑人、被告人及其律师在案件中除了依靠自身获取证据之外，很大程度上依靠或者求助于官方的调查结果。但是，就诉讼制度而言，要构建当事人主义诉讼模式，权利型调查不可忽视。只有权力调查与权利调查协调发展，二者处于动态的平衡状态中，刑事诉讼才能实现理想的预期。如果一方过于强大而另一方过于弱小，则会造成刑事诉讼程序的瘫痪和刑事诉讼机能的萎缩。缺少了权利型调查，调查就成为官方的单方面活动。诉讼的控辩对抗先天不足，从取证开始就呈现"控方主动进攻、辩方被动挨打"的局面，进而在举证环节辩方处于无所作为的状态，这既不符合我国现行法律的规定，也不符合诉讼法的现代化发展潮流。

（四）权利型调查对权力型调查的制约

制约侦查权有许多方法，包括诉讼机制内的方法和诉讼机制外的方法，前者如司法令状原则，后者如媒体监督，这些都在一定程度上具有保障调查权力正当行使的功能。以下概要论述权利型调查对权力型调查的制约。

我国的侦查制度一向过于重视权力型调查而轻视权利型调查。实际上，这两种调查取证在一国的调查制度中处在不同的位置，二者不能相互替代。只有切实在这两种调查取证之间建立平衡，一国的调查制度才能有效运转，满足司法与执法的要求。我国刑事审判活动中借鉴了当事人主义诉讼的因素，增强了诉讼中的对抗性，但在侦查程序中，侦查权与被追诉者的调查权利之间的失衡现象较为严重。即调查权力过于强大，而被追诉者的调查权利相对弱小，且后者缺乏相应的机制和程序保障，易受司法权力的侵害。主要表现在：

第一，在侦查阶段，犯罪嫌疑人的诉讼权利最易受到侵害。违法羁押、超期羁押、刑讯逼供、诱供、骗供这些经常出现在侦查阶段的情况，无一不是对犯罪嫌疑人身心的巨大伤害。在刑事诉讼中，犯罪嫌疑人、被告人是权利最容易受到侵害的群体，加强对他们的保护，就会在整体上提升刑事诉讼的人权保障水平。这种保护，其措施之一是加强其防御力量。被告人一方的防御是针对控诉方的攻击而言的，体现在审判前的侦查中，包括犯罪嫌疑人、被告人及其辩护律师的调查取证权。这是"平等武装"原则的体现。

第二，保障被追诉者调查权利的行使与防范侦查权的滥用是一个问题的两个方面，二者相互联系，不可分割。侦查机关在被追诉者行使诉讼权利时，不能处处设置困难和障碍，而要尽可能地给予方便和支持。如在被告方提出调查取证申请时能从"客观义务"出发进行审查和实行，并能充分听取辩护方的意见，等等。

总之，在这个过程中，调查权力与调查权利的关系及平衡状态在一定意义上决定着打击犯罪与保障人权的刑事诉讼目标能否实现及在多大程度上实现。因此，寻求二者的平衡基点，对实现我国刑事诉讼的科学化、文明化、国际化具有重大意义。

三、侦查价值

从诉讼法学的角度来看，侦查价值直接影响侦查权的配置与侦查程序的设计。深入阐释和论证侦查价值，具有重大的理论与现实意义，能够为理解侦查制度提供正确的思想基础。

现代侦查价值是一个有层次、有结构的统一体，它涵盖了自由与秩序的目的价值，也涵盖了侦查本身作为程序的形式价值。具体而言，目的价值是指侦查制度致力于实现的社会理想和终极目标，其中包括自由和秩序的价值结构。形式价值则是指侦查本身在组织结构上的形式合理性，包括侦查程序必须具有独立性、中立性、平等性、公开性等。

第一，侦查具有满足人们对自由的追求的价值，这是通过对违法行为的追究和对法秩序的保障来实现的。从应然角度讲，犯罪具有客观性，犯罪留痕，法网恢恢。但是，随着社会的高速发展，犯罪现象逐渐呈现出复杂化、职业化、专业化的特点。犯罪方式越来越隐蔽、作案手段越来越狡猾，仅靠私力手段已经无法达到发现真相、收集犯罪证据、证实犯罪、将犯罪人诉诸法律的目的。因此，只有依靠以国家强制力为后盾的侦查才能够满足这种社会需求。侦查从产生的那天起，就在追究犯罪，在实现国家刑罚权方面发挥着不可或缺的作用。因此，国家需要依靠侦查来达到惩治犯罪、实现刑罚权的目的，这就是侦查存在的价值根据。如果犯罪是对自由的反动，侦查就是对自由的反动之反动，充分表达了人类社会对自由的追求和向往。

应当承认，在追究犯罪的过程中，国家与公民个人之间的力量存在着悬殊差距，如果不对国家权力的行使加以限制或者制约，那么刑事诉讼的结果必然"一边倒"，从而使得刑事诉讼丧失基本的公正性。开展侦查活动应当以"确有必要"为前提，侦查程序不能随意发动，侦查行为不能任意实施，侦查权不能轻易动用。侦查的客体是刑事案件，犯罪嫌疑人是侦查的对象之一。在侦查阶段，由于犯罪嫌疑人所处的劣势地位，使得其合法权利最容易受到侵犯。因此，侦查应当具备有效保障犯罪嫌疑人诉讼权利的价值。同时，侦查活动还要保障无罪者免受刑事追诉。如果侦查活动最终导致无罪的人被错拘、错捕、错审、错判，那将是对公民人权最大的侵害。除此之外，也不能轻视侦查活动对被害人、其他诉讼参与人诉讼权益的保障。因此，必须通过合理的程序设置谋求对国家侦查权的制约，以保障公民的个人自由，侦查程序的存在本身就反映了一种"以程序制约权力"的自由价值思想。

第二，如果说上述对自由价值的理想追求反映了人的自然本性，那么对程序价值的现实尊崇则反映了人的社会属性。自由需要秩序的保障，秩序的实现需要控制，人类社会对秩序的需求，促使人们创设出各种纠纷解决方式以化解和消除冲突与纠纷。国家设立侦查制度的最直接目的就在于通过对犯罪的控制和打击，修复被破坏的社会关系。可以说，秩序性正是侦查制度赖以存在的价值基础。在侦查中实现秩序价值，要注意以下内容：侦查权的行使具有单向性或者说非合意性，无需征求公民"同意"，并且往往会对当事人的权益造成强制性侵犯，但这并不能成为阻碍侦查权行使的理由。并且，为了保证侦查机关的侦查行为顺利进行，公民不得在侦查过程中提起行政诉讼，而只能在事后寻求司法救济，请求司法赔偿。

第三，尽管侦查程序具备行政程序的特征，但其同时也必须遵守司法程序的基本要求，要保证在形式上具有独立性、中立性、平等性和参与性。这样才能确保侦查程序的自治性和公正性，满足人们对公正的追求和期望。

总之，国家确立侦查的根本目的就是查明事实真相，追究犯罪人的刑事责任，保障人权，维护社会秩序。国家赋予侦查主体侦查权，就是要求侦查主体通过使用各种侦查方法查清案件事实真相，收集能够证明案件事实的各种证据，包括有利于和不利于认定犯罪的证据，保障无罪的人不受刑法处罚。可见，侦查价值是侦查权配置时应当考虑的重要因素。只有合理配置侦查权，才能最大限度地发挥侦查价值的作用。

四、侦查制度

侦查制度是刑事诉讼制度的一个组成部分，其性质从属于国家的政治法律制度。一般来说，侦查制度往往是反映一个国家法治建设发达程度的窗口。因此，对于侦查制度的研究不仅是侦查学基础理论研究的需要，也是司法改革和法制建设的需要，其理论意义和实践意义的重要性不言而喻。

侦查制度，具体是指一个国家中有关犯罪侦查活动的组织、程序、人事等方面的规则体系的总称，它是一个有机的系统，而这个系统又是由组织制度、程序制度、人事制度三个子系统组成的。侦查的组织制度是指一个国家中犯罪侦查机构的设置、职权分工、内部结构等方面的规则体系；侦查的程序制度是指一个国家有关各种侦查活动和侦查措施的规则体系，主要体现在一个国家有关刑事诉讼的法律规定中；侦查的人事制度是指一个国家有关侦查人员的资格选拔、分工、晋升、培训等方面的规则体系。

侦查制度是一个国家司法制度的重要组成部分，受到国家的政治制度、法律制度、社会现状和历史民族习惯等多种因素的影响。侦查制度的形成取决于多种因素：

第一，国家意志从根本上决定了刑事侦查价值理念的确立和侦查目的的定位，因而刑事侦查体制主要是按照国家意志所要求的侦查价值理念和社会目标而进行制度化架构的。

第二，刑事侦查体制与一国法治化程度紧密关联，刑事侦查体制状况是一国法治化程度的一种实证指标。

第三，一国法律文化传统对当下刑事侦查体制的形成具有十分重要的影响。

第四，一国的政治体制、经济发达程度、科学技术发展水平等因素也对刑事侦查体制的运行现状和改革方向具有重要影响。

总之，我们在考察一个国家的侦查制度时，绝不能脱离这个国家的社会制度、政治制度和法律制度。限于篇幅，本书各章在介绍各国侦查制度时会有侧重点，主要介绍不同法系国家的侦查组织制度和程序制度，人事制度方面的内容就不面面俱到了。

第二节 侦查权限

侦查权限是指法律赋予侦查主体为依法履行职责而享有的各项权力，主要包括案件管辖权和侦查权。

一、我国侦查权限的规定

我国《刑事诉讼法》第 3 条第 1 款规定，对刑事案件的侦查、拘留、执行逮捕、预审，由公安机关负责。检察、批准逮捕、检察机关直接受理的案件的侦查、提起公诉，由人民检察院负责。审判由人民法院负责。除法律特别规定的以外，其他任何机关、团体和个人都无权行使这些权力。第 4 条规定，国家安全机关依照法律规定，办理危害国家安全的刑事案件，行使与公安机关相同的职权。第 308 条前 3 款规定，军队保卫部门对军队内部发生的刑事案件行使侦查权。中国海警局履行海上维权执法职责，对海上发生的刑事案件行使侦查权。对罪犯在监狱内犯罪的案件由监狱进行侦查。

可见，在我国，公安机关、检察机关、国家安全机关、军队保卫部门、海警局、监狱都享有某些案件的侦查权。

（一）案件管辖权

1. 国家安全机关侦查管辖的案件

国家安全机关主要负责危害国家安全方面的刑事案件的侦查，如背叛国家案、颠覆国家政权案、间谍案等，行使与公安机关相同的侦查职权。

2. 公安机关侦查管辖的案件

公安机关主要负责除人民检察院、国家安全机关、军事保卫、海警局等侦查管辖以外的 300 余种刑事案件的侦查。各专门公安机关具体负责破坏铁路、交通、民航、林业运输、设备、资源等方面的刑事案件侦查及发生在其辖区内的刑事案件侦查。公安机关一直是我国最主要的犯罪侦查机关，从资源配置、侦查技术手段、专业人员素质和经验积累等方面看，其拥有的侦查能力和对犯罪行为侦查能力的胜任及其侦查权行使的高效都是毋庸置疑的。

3. 人民检察院侦查管辖的案件

人民检察院在对诉讼活动实行法律监督的过程中，发现司法工作人员涉嫌利用职权实施的下列侵犯公民权利、损害司法公正的犯罪案件，可以立案侦查：

(1) 非法拘禁罪（《刑法》第238条）（非司法工作人员除外）；

(2) 非法搜查罪（《刑法》第245条）（非司法工作人员除外）；

(3) 刑讯逼供罪（《刑法》第247条）；

(4) 暴力取证罪（《刑法》第247条）；

(5) 虐待被监管人罪（《刑法》第248条）；

(6) 滥用职权罪（《刑法》第397条）（非司法工作人员滥用职权侵犯公民权利、损害司法公正的情形除外）；

(7) 玩忽职守罪（《刑法》第397条）（非司法工作人员玩忽职守侵犯公民权利、损害司法公正的情形除外）；

(8) 徇私枉法罪（《刑法》第399条第1款）；

(9) 民事、行政枉法裁判罪（《刑法》第399条第2款）；

(10) 执行判决、裁定失职罪（《刑法》第399条第3款）；

(11) 执行判决、裁定滥用职权罪（《刑法》第399条第3款）；

(12) 私放在押人员罪（《刑法》第400条第1款）；

(13) 失职致使在押人员脱逃罪（《刑法》第400条第2款）；

(14) 徇私舞弊减刑、假释、暂予监外执行罪（《刑法》第401条）。

检察机关对职务犯罪行为行使侦查权始于1979年《刑事诉讼法》的规定，其侦查内容与范围也是随着我国犯罪形式的变化而逐渐扩展的。1980年8月，五届全国人大三次会议后，各级检察院相继成立经济检察机构专门负责贪污、贿赂、挪用救灾救济款物、偷税抗税、假冒商标等5种经济犯罪案件的立案、侦查和起诉。1986年后，各级检察院又相继将经济犯罪案件的起诉工作由经济检察部门划归刑事检察部门负责。1989年广东率先成立"反贪污贿赂工作局"，此后检察机关全面转向对贪污腐败等案件的查处。1997年《刑法》具体明确了职务犯罪的各项罪种，检察院的侦查范围又扩展为包括贪污贿赂在内的各种职务犯罪。2018年3月《监察法》通过，人民检察院对反贪反渎案件的侦查职能整体转隶，监察委负责对涉嫌贪污贿赂、滥用职权、玩忽职守、权力寻租、利益输送、徇私舞弊以及浪费国家资财等职务犯罪进行调查；2018年10月26日《刑事诉讼法》修改后，检察院的侦查管辖范围正式缩减为上述司法工作人员利用职权实施的罪名。

从历史上看，检察机关侦查权的配置和其侦查范围的变化与我国的改革进程密切相关，最近的这次变化体现了党和国家构建集中统一、权威高效的反腐败体制、机制，加大反腐败力度的坚定诉求。

4. 军队保卫部门侦查管辖的案件

军队保卫部门主要负责军队内部违犯军职、贪污贿赂、渎职和利用职务犯罪的 30 余种刑事案件的侦查。

5. 监狱部门侦查管辖的案件

监狱部门主要负责监狱内部服刑犯人实施犯罪的刑事案件的侦查。

6. 中国海警局管辖的案件

海警局主要负责海上违法犯罪活动的侦查。

（二）侦查权

侦查主体按照职责分工，依法分别享有下列权限：

第一，依照《刑事诉讼法》的规定，侦查主体有权讯问犯罪嫌疑人；询问证人、被害人；勘验、检查；搜查；扣押物证、书证（包括视听资料）；查询、冻结犯罪嫌疑人的存款、汇款；鉴定；通缉；侦查实验；拘传；取保候审；监视居住；拘留；逮捕；等等。

第二，依照《人民警察法》《公安机关办理刑事案件程序规定》及其他有关规定，公安机关及公安机关的侦查人员除享有上述权限外，还可以：组织辨认；控制赃物；发布悬赏通告；实施跟踪、守候监视、内线侦查；因侦查犯罪需要，根据国家有关规定，经过严格批准手续，可以采取技术侦查措施；根据现场情况，可以实行交通管制和现场管制；对严重危害社会治安秩序或者威胁公共安全的人员，可以强行带离现场、予以拘留或者采取法律规定的其他措施；对有违法犯罪嫌疑的人员，经出示相应证件，可以当场盘问、检查，对符合法定情形的，可带至公安机关，经该公安机关批准，可继续盘问；遇有拒捕、暴乱、越狱、抢夺枪支或者其他暴力行为的紧急情况，依照国家有关规定可以使用武器；为制止严重违法犯罪活动的需要，依照国家有关规定可以使用警械；因履行职责的紧急需要，经出示相应证件，可以优先乘坐公共交通工具，遇有交通阻碍时，优先通行；因侦查犯罪需要，必要时，按照国家有关规定，可以优先使用机关、团体、企业、事业组织和个人的交通工具、通讯工具、场地和建筑物；为侦查犯罪需要，可以进行刑事调查、刑嫌控制、阵地控制，收集犯罪情报资料，建立、指挥、使用秘密力量；为及时、有效履行职责，可以要求有关单位、公民协助执行有关措施。

第三，国家安全机关、监狱、人民检察院、军队保卫部门、中国海警局及其侦查人员，分别依照有关法律、法规的规定行使相应的职权。

综上，侦查主体的上述权力是国家根据其履行侦查职责的需要而赋予的，因此，随着其职责的调整和侦查犯罪的需要，其权限范围和内容也会发生相应变化。

二、侦查权限划分的因素

侦查权限的划分是一项非常复杂的立法工程。虽然各国将侦查权赋予了多个不同的国家机关或部门，但是，对其行使的侦查权限并未一视同仁。立法者根据本国和本地区的传统观念、价值取向、社会治安状况等外部环境因素，以及侦查机关的职责、侦查人员的级别等内部因素对侦查权的划分进行综合考虑，并且随着各种因素的不断变化，侦查权限也在不断变化。侦查权限的划分，主要受以下因素影响：

（一）社会利益与个人利益

社会整体权益与个人利益的关系是影响侦查权限大小、多少、宽窄的重要因素。各国文化背景、法律观念、诉讼价值不同，立法者在平衡国家权力与个人权利关系时，其权重必然有所不同，分配给侦查权的限度自然不同。

在具有中央集权传统的国家和大陆法系国家中，处理社会整体权益和个人权益这一对矛盾关系时，通常把社会整体权益放在比较重要的位置，即在二者出现冲突时，法律更注重社会整体权益的保护。中国正是这样一个典型的国家，因此在法律制定上，我国更注重对社会整体利益的保障。侦查程序上也着重体现了这一特点。我国的侦查活动是在中立司法机构不参与的情况下进行的，侦查机关享有较大的权力和自由。在侦查过程中，侦查机关进行的侦查活动和强制措施的实施都不以庭审的方式进行。律师参与侦查程序只是为犯罪嫌疑人提供一定的法律帮助，其参与侦查活动的范围受到法律、司法解释等的严格限制。作为法律监督机关的检察机关，由于其本身既属于国家的公诉机关，在自行侦查的案件中又属于侦查机构，因此，检察机关在侦查程序中并不具有中立、超然的地位。很明显，我国的侦查权限设置明显偏重社会整体利益。

从历史上看，英美法系国家信奉的理念始终是个人利益高于一切，冲突时优先考虑个人利益。在他们看来，警察是一种合法的暴力和必要的邪恶，对这一机构的权力必须予以严格限制，否则它将沦为专制工具。因此，英美法系国家赋予侦查权时，都是以如何更好地保护公民的个人私权为出发点的。

例如，美国宪法第四条修正案明文规定：公民的人身、住宅、文件和财产不受无理搜查和扣押的权利，不得侵犯。美国将搜查视为以强制力对公民权利进行侵犯的一种行为，将基本权利的保护上升到了宪法的高度。为了防止公权力的越界，美国对非法搜查获得的证据坚决予以排除，还对搜查行为作了细致的规定。比如，美国无证搜查的情形包括：同意搜查；逮捕附带搜查；紧急状态下的搜查；拦截拍身搜查；对机动车辆的搜查；其他"一览无遗"原则下的搜查。

相比之下，中国的诉讼法主要将搜查这一侦查措施视为揭露和证实犯罪的一种手段，而对于搜查背后所隐含的人权观念只作了次要考虑，如强调了在执行搜查过程中对公民权益的保护、让女侦查员对女性进行搜查等。同时，我国的法律法规也对无证搜查作出了规定，法律允许在"紧急情况"下对公民实行无证搜查，具体的"紧急情况"分为以下几类：可能随身携带有凶器的；疑似隐藏爆炸物或剧毒性物质、可能危害公众安全的；可能实施隐匿、破坏、移转犯罪证据的；怀疑有包庇藏匿其他犯罪嫌疑人的；其他突然发生的紧急情况。

诚然，侦查权限如何划分就是国家权力与个人权利之间如何较量与角逐。国家权力与个人权利的平衡永远处于动态之中，在面对威胁社会的各种新挑战中，各国都在不断探寻着国家和公民个人之间的适当关系。

例如，由于英国北爱尔兰地区受猖獗的恐怖犯罪活动的影响，英国议会曾立法将侦查人员"真诚地怀疑"作为逮捕的实体要件，即只要侦查人员"真诚地相信"他人涉嫌恐怖犯罪活动，即可实施逮捕。而欧洲人权法院认为，"真诚地怀疑"是主观标准而不是客观标准，违反了《欧洲人权公约》。英国接受了这一观点，将"真诚地相信"改为了"合理的理由怀疑"，以此赋予逮捕的实体要件更多的客观性特征。

因此，侦查权限的划分不仅处于不断的变化中，而且它的变化可以直接反映立法者在平衡二者关系中的立场态度和价值取向。

（二）犯罪形势的变化

犯罪形势的变化是影响侦查权限的因素之一。犯罪与侦查是人类社会发展到一定历史阶段的产物，侦查与犯罪相伴而生，侦查史的对立面就是犯罪史，没有犯罪就没有侦查。二者的发展是互动的结果，侦查活动实质上就是侦查主体与犯罪人之间侦查与反侦查的互动关系。因此，犯罪形式、手段、数量的发展变化直接影响侦查权种类和方式的发展变化。特别是近年来出现的恐怖主义犯罪、有组织犯罪等，由于这些犯罪手段隐蔽性强，危害性大，有些犯罪对公共利益造成严重破坏，甚至对人类安全构成严重威胁，因此，美国、英国等许多奉行"当事人主义"的国家和地区都在不同程度上放宽了对侦查权的限制。

以米兰达规则为例。在沃伦法院时期，由于美国当时刑讯现象普遍存在并且难以禁止，导致社会以及司法界对于限制警察刑讯逼供的呼声越来越大，因此米兰达规则得以确立。到伯格法院时期，由于该规则可能导致对犯罪的惩罚力度下降，因此最高法院内部对于米兰达规则的态度逐步走向保守，例外之门也因此不断打开。到 2001 年，美国发生了令公众震惊的"9·11事件"。美国政府开始加大对恐怖袭击犯罪的打击，公众也在一定程度上放弃了自己的部分自由，甚至有学者建议加大米兰达规则"公共安全例外"的适用范围。这也就导致罗伯茨法院时期，联邦最高法院通常允许警察在涉及危害公共安全问题时，对于危险的犯罪嫌疑人可以在告知米兰达规则之前进行讯问。

同时，美国政府还通过制定《爱国者法》，及时扩大了警察打击恐怖犯罪的侦查权限。美国政府放宽某些侦查权限的做法，不仅有利于有效遏制该类犯罪，而且也表明了政府坚决打击犯罪的态度，以此增强公民与犯罪作斗争的信心与安全感。

综上可见，犯罪形势的变化对侦查权的限制程度起着至关重要的作用，即使是奉行当事人主义的国家也不能例外。

（三）强制力的实施偏好

从本质上讲，侦查权具有国家强制力。但其强制力的大小并不相同。依据无罪推定原则和侦查必要性原则，对于不同情节、不同性质案件的犯罪嫌疑人使用何种侦查措施应当区别对待，其中，侦查权的强度就是重要的考量因素。

强制力的偏好涉及比例原则。比例原则是目前各国普遍认可的一种法治原则。在德国，比例原则已成为一项宪法性原则。

比例原则最早来自行政法。它被德国行政法学的奠基人奥托·麦耶誉为行政法中的"皇冠原则"，是控制行政权力最有效的原则。比例原则起源于德国警察法，后逐渐扩展至整个公法领域。受德国影响，许多大陆法系国家都承袭了这一传统。而在英美法系国家，由内涵相似的合理性原则解决自由裁量的问题。

比例原则的主要功能就在于规范行政自由裁量权，使得执法者可以根据具体的客观情况，妥当而适度地行使行政执法的自由裁量权，使行政目的与可能造成的相对人的损失之间保持适度比例。其核心在于通过目的与手段间的衡量，兼顾国家、社会及公共利益，同时又不过度妨害第三人的权利，确保法律实施目标的实现。具体而言，比例原则是指行政机关在作出可能影响相对人权利的行政行为时，须保持选择的手段与所欲实现目的之间的适当比例。首先要适当，确保这些行政手段符合行政目的的要求，是可以解决或者促进解决某一行政问题的，确保不会南辕北辙。行政法里经常举的例子就是：如果为了防止猛犬伤人，要求全城灭狗，这个措施就是不适当的。比较适当的措施应该是要求拴绳遛狗、佩戴嘴套。因此，适当性考验的是行政法规的立法水平。

在确保了适当性之后，还要确保行政手段的必要性，又叫最少侵害性、最温和性。也就是说，当行政手段是个多项选择题时，应该选择一个对公众或者相对人利益影响最小的手段。比如处理危房，可以通过拆除和维修两种手段，如果通过维修手段可以确保危房问题的解决，维修就是必要的手段，也是最佳手段。但是，如果维修手段无法确保安全和稳定，拆除就成了必要手段。

比例原则现在已经适用到公法领域，它在侦查中的基本含义是指侦查手段必须与案件的实际情况相适应，在侦查时要把握限度。比例原则在限制侦查手段的滥用方面有明确规定，它要求国家侦查机关在行使相关权力时不仅要形式合法，而且要行之有效，最大限度地减少侦查权力对公民的伤害。该原则在我国刑事诉讼法及侦查行为中有所体现，如公安机关在强制检查、实施逮捕时，均要求在"必要的情况下"。虽然我国在部分方面已有所改善，但从整体来看，比例原则还没有被明确纳入我国相关法律，相关执法人员这方面的观念与意识普遍有所欠缺。

根据侦查权的强制力标准，学者们将具体的侦查权力分为任意型与强制型两类。任意型侦查是指不使用强制手段，不对当事人的生活权益造成侵害，而由当事人自愿配合的侦查行为，如询问证人等。而强制型侦查是指采用强制性手段，对当事人的重要生活权益造成侵害的侦查行为，如逮捕、拘留、搜查、扣押等。

这种划分主要体现了人权保障与动用国家权力之间的平衡关系。为了控制犯罪嫌疑人，收集保全证据，使用强制性的侦查方法在所难免，这就是侦查的必要性。但是，侦查权非常容易侵犯被追诉人和其他相关公民的合法权益。因此，行使强制性的侦查权时，必须以法律上的明确规定为依据，域外各国普遍采用司法令状作为事先监督侦查权行使的一种有效制约方法。此外，侦查行为的强制力度越大，法律上对其规制得越严格。

在日本，任意侦查的具体方法包括：要求被疑人到场并对他进行调查；要求参考人到场并对其进行调查；自愿同行；获得由被疑人或者参考人自愿提出的书面资料；等等。强制型侦查包括逮捕、羁押、查封、搜查、勘验、鉴定、处分、询问证人等。关于任意型侦查的内容，本书将在日本侦查制度一章内详细阐述。

（四）检警关系

世界各国对于检警关系的重视程度均比较高，其主要原因在于检警关系直接关系到整个国家的刑事诉讼关系，检警关系的优良程度与诉讼结构的塑造程度以及诉讼目的的实现程度成正比，虽然各国之间在处理检警关系中所作的相关规定存在差异，但强化检警合作关系的重要性、加强全社会对检警合作关系的重视程度已经成了不争的事实。

我国《刑事诉讼法》第7条中指出，公安机关在执行任务的过程中与人民检察院之间必须相互支持和协助，才能保证双方更加公平公正地履行法律赋予的权力。

由此我们可以看出，公安机关与人民检察院是相互支持、相互影响的关系，有两个理论基础保证了这一关系模式的构建及稳固：

第一，地位平等。即公安机关与检察院有着平等的法律地位，无上下级关系存在，侦查权的行使必须依靠二者的共同作用，在侦查刑事犯罪行为的过程中，两个机关既分工明确又相互联系，绝无主次之分。

第二，相互制约。即检、警两个部门在任务分配时分工明确，但二者又存在相互制约的关系。公安机关在行使权利时受检察院的监督和制约，同时公安机关也保留着对检察院的各项工作提出异议的权利，享有对检察院所作的各项决定提出复议的权利。

德国属于检察直接领导警察的模式。《德国刑事诉讼法典》明确规定，检察机关为刑事案件的侦查机关，警察机关只是检察机关的辅助机关。在侦查犯罪的行为范围内，警察机关只担负辅助检察机关的责任，警察机关只能作出"毫不延误"的决定，将案卷材料和证据"不延迟地"送交检察院，由检察院进一步侦查。这种规定几乎适用于所有案件，检察机关没有单独的案件侦查范围，其与警察机关的侦查范围一致。而英国属于检警分立模式，警察承担侦查权的职责，检察官承担审查起诉并提起公诉权的职责。二者权责分工明晰，不存在谁领导谁、谁指挥谁的问题。英国检察官不行使侦查权，这与英国检察权力体系分散、统一的检察制度起步较晚有关。本书也将在英国侦查制度和德国侦查制度的章节对前述制度进行深入探讨。

通过上述考察，可以看出，侦查权限分配是一项极为复杂的工程，划分过程需要考虑多种因素，也需要平衡各种权力和权利的关系。这些规律性和共性的划分要素可以给我国的侦查制度改革带来启示。

三、侦查权的控制

限制权力、防止权力滥用是各国刑事诉讼程序设计的基本理念，从现代各国、各地区刑事诉讼制度中看，有关限制权力、防止侦查权滥用的制约与监督机制各式各样。根据制约力量的来源、制约主体与侦查机构的关系的不同，侦查权控制模式可以分为下列两种类型：

（一）内部控制

这是指制约主体与制约对象同属一个体系的情形。从其表现形式上看，又分为以下两种：

第一，在侦查主体内部，将侦查权分解为申请权、批准权和执行权。其中的批准权往往由该机关负责人行使。申请权和执行权都由同一主体行使。实际上，上级主管部门承担了对侦查权的监督职责，可称为内部监督，属于内部制约的范畴。这种方式主要针对一般性侦查手段和技术侦查手段。

在德国，电子监视手段被认为侵权程度相对轻微而实行行政授权，无需司法授权，这样做既有助于提高侦查效率，又不会侵犯公民的基本人权。英国的秘密监控则完全由行政授权，司法授权机制毫无适用的空间。通讯截获需要内政部的授权；通讯数据的截获需警长一级的官员批准；直接监控仅需警长一级的官员批准即可实施，而侵入监控需要内政部的授权批准；财产干预的监控需要警察局长一级的高级官员批准授权，如果相应的监控手段实施过程中涉及侵入私人住宅、宾馆房间或办公室时，或侵权较为显著的侵入监控、干预财产监控及通讯截获由执法机关外部的上级行政机关授权，而侵权较为轻微的直接监控与通讯数据的截获由执法机关自行授权。

第二，在侦查机构内部，从横向上将侦查权进行分解，由不同警种或者不同侦查阶段的人员行使。例如，英国、德国、意大利等国家的警察区分为司法警察和羁押警察。前者负责实施具体的侦查行为，如讯问嫌疑人、执行逮捕、进行搜查、扣押等；后者为了保障羁押的合法性，防止因羁押的申请权与执行权同时掌握在一个主体手中造成权力的滥用，负责对羁押的全过程制作笔录，并在条件具备时将案件移交检察机构起诉，以维护受羁押的犯罪嫌疑人在羁押中的基本权利和相关的福利待遇。此类警察不承担具体的侦查工作，专门驻守在羁押场所。为了确保其制约与监督的独立性，一般在其相关法律中都规定必须由具有高于侦查警察警衔的人员担任。显然，这种制约和监督机制主要针对特定的羁押行为。这样做既体现了权力之间的分工关系，也含有制约和监督之意。

总体上看，上述模式主要是为了避免侦查权过分集中，通过分解侦查权，或者由上级监督下级的方式，达到控制侦查权的目的。其优点是效率高、简便易行，缺点是监督力度薄弱，透明度不够。所以，内部制约与监督方式一般适用于侦查权强度较轻、适用对象危险性较小、案件性质不严重等情况。

（二）司法控制

在刑事诉讼环境中运行的侦查权是以国家强制力作后盾的。由于侦查权的追诉职能很容易造成对公民基本权利的侵害，因此，在其运行过程中设计一些既能控制侦查权的滥用、又能保障有效发挥追诉作用的监督机制十分必要。许多国家认为，借用司法裁判权对侦查权进行控制最为理想。司法裁判权具有中立性与消极性的特征，既可以保障其裁决的公正性，又可以满足侦查中及时性的要求。

在现代社会中，对于大多数案件而言，侦查的有效性起着至关重要的作用。为了达到有效侦查的目的，除了必须满足侦查警力、技术装备以及人员素质等方面的需求外，还必须赋予侦查机关能够及时有效侦破犯罪案件的权力。具体包括：

第一，必须赋予侦查机关有效侦破犯罪案件的权力。由于刑罚的严厉性，犯罪分子总是千方百计地毁灭罪证、逃避侦查。所以，为了准确、及时地查明其罪行，保证犯罪人依法接受审判，不仅需要赋予专门从事侦破活动的机关各种侦查权，而且在必要时，还需要赋予其暂时限制或剥夺犯罪分子人身自由等强制性侦查的权力。

第二，必须赋予侦查机关处置紧急危险事件的特殊权力。犯罪行为是个人对统治秩序的公然对抗，是一种激烈的社会冲突。因此，调查犯罪行为具有极大的危险性和紧迫性，例如，制止继续犯罪、防止毁证自杀等，都需要配备能够做出迅速反应的、强有力的侦查权力。

第三，侦查权的行使往往需要在秘密状态下完成。这种秘密性源于侦查活动的实际需要。侦查阶段往往是查明案件事实、调查取证的关键阶段。例如，寻找破案线索，搜捕犯罪嫌疑人等。但是，这种保密性给侦查权的制约带来了困难，使得行使侦查权的过程不能公开接受监督。

由于存在这些特殊性，因此，虽然侦查权满足了侦查活动对及时和效率的要求，但给侦查的制约与监督带来了困难。侦查权的行使面临着如何防止权力滥用、如何保证准确合法、如何保障程序公正等问题。实际上，侦查权的实施面临的这些矛盾在现代世界各国普遍存在。因此，如何建构一种旨在规范和制约侦查权行使的诉讼机制，确保那些处于被追诉地位的公民的正当权益不被侵犯，就成为现代侦查制度的主要课题。

目前，大多数国家刑事诉讼法律中有关司法控制的做法主要表现为以下三种形式：其一，事前的司法审查，即未经司法审查，不得对公民实施逮捕、羁押等强制措施以及其他强制性侦查措施。进言之，刑事追诉机关要对公民的重大权益进行强制性处分，必须由法官经过正当的法律程序加以审查后才能作出；其二，事中的司法审查，即对于刚实施完毕的侦查行为，法官在一定时间内应当对其合法性和合理性自动进行审查；其三，事后的司法救济，即对于已经实施的侦查行为，赋予犯罪嫌疑人、被告人向法院要求审查的救济性权利，由法院来对刑事追诉机关权力行使的合法性进行审查。此外，法院还可以通过非法证据排除规则对侦查行为的合法性进行审查。

1. 事前司法授权

司法授权是指侦查机构和侦查人员进行的活动一旦涉及公民的重要权利时，必须获得一个中立的、不承担追诉职责的机构的授权，否则，侦查机构和侦查人员除现行犯和紧急情况外，原则上无权动用强制手段，它是以事前控制的形式监督侦查权的行使。办案时是否需要授权是以具体的侦查权能强制力的强弱为标准的，如日本就把侦查具体分为强制性侦查行为和任意性侦查行为。1953年日本在刑事诉讼法修改中，就授予法官对逮捕的判断权（第199条第2项），对搜索扣押的判断权也有判例明文规定。

在现代法治国家，司法授权一般表现为令状原则。所谓"令状"，是指记载有关强制性处分裁判的决定书。"令状原则"（有的也译为令状主义）则是指在进行强制性处分时，关于该强制性处分是否合法，必须由法院或法官予以判断并签署令状；当执行强制性处分时，原则上必须向被处分人出示该令状。本书将在英国侦查制度一章对令状原则作详细论述。

2. 事中司法审查

事中司法审查的主要表现形式是人身保护令。所谓人身保护令，是指在强制性措施实施后的诉讼过程中，犯罪嫌疑人、被告人及其辩护人如果对有关强制性措施的适用不服，可以向中立的司法机构提出审查的请求，要求确认侦查行为违法或者无效，以保障自己合法的诉讼权利。

它与司法授权相比主要有两点不同：其一，司法授权一般是侦查主体作出相关侦查行为之前进行的，而人身保护令是在"令状"执行中进行的；其二，司法授权是侦查主体作出相关侦查行为的必经程序，而人身保护令则有赖于犯罪嫌疑人的申请。相较于司法授权，人身保护令制度有其特殊的重要地位。它是一种诉讼中的司法救济措施，设置目的是防止或补偿被侵害的权利，没有救济就没有权利，如果缺乏司法救济制度，司法授权制度也难免成为一纸空文。

在不同国家，人身保护令制度表现为不同的形式，例如在美国，针对羁押令的救济途径有两种：一是申请复议，即对于治安法官签发的羁押令及非由对该案有初审权的法院或联邦上诉法院法官签发的羁押令，被羁押人有权向该案有初审权的法院申请撤销或变更；二是上诉，对于羁押令、驳回要求撤销或者变更羁押令申请的裁定，被羁押人可以依法提出上诉，由上诉法院对于羁押再次提出审查。但总体上讲，各国一般都承认强制性侦查行为的可诉性，制定了针对强制侦查行为的司法救济制度。

3. 事后非法证据排除和诉讼行为无效规则

这是由法官实行的事后监督。该规则是指在刑事诉讼活动中，违反法律的有关规定所获取的证据不得作为定性或量刑的根据。其中，对于违反有关羁押、讯问、搜查、扣押、检查、窃听等法律程序所获得的证据予以排除，它们不能作为证据使用，不具有证明力。这样规定的结果实质上否定了侦查行为，从而对侦查行为起到一种事后的、间接的监督作用。

排除非法证据规则主要源于英美法系国家的证据规则，在英国，普通法上排除供述的权力是受限制的，但是《警察与刑事证据法》的颁布，使得上诉法院在这个问题上发挥了更加积极的作用。该法院对《警察与刑事证据法》第78条的解释更是如此。在美国，最高法院通过排除非法证据这个手段对警察进行约束。在英美法的影响之下，尽管有着学说上的差异，但是现在上述理论已为大多数国家所采用。

通过对域外侦查权控制模式的梳理，我们发现其具有三个特点：其一，许多国家和地区对侦查权的控制主要以侦查主体内部监督与法院外部监督相结合的方式进行；其二，监督是在诉讼框架内进行的，即使是内部监督，也强调检察机关对警察侦查行为的诉讼监督；其三，监督都是以司法救济作为最后的司法保障屏障。这些特点对完善我国侦查权控制机制具有重要的参考借鉴意义。

第三节　侦查制度的研究方法

在强调建设社会主义法治国家的语境中，法学界关于侦查问题所提出并进行剖析的主题主要涉及检警关系、侦查活动的司法审查、秘密侦查措施的法律规制、刑讯逼供、沉默权等方面，很少有人将论题置于刑事侦查体制这一整体性的话语对象之上。以上具体论题的探讨对刑事侦查体制的完善和进化当然具有价值和意义，但是，话语集中于这些相对微观的问题之上并不能较为彻底地解决问题，因为以上任何一个论题的背后在根本上仍是一个制度问题。

有鉴于此，本书将以侦查制度为研究对象，通过对各国刑事侦查制度的历史沿革、改革实践进行考察和研究，探讨不同侦查制度的价值取向、基本理念、基本原则和内容等问题，以为我国的侦查制度改革提供参考。本书的研究方法包括：

一、比较研究法

比较是人类认识世界的基本方法，同一问题在不同国家必定会以不同形式表现出来，解决的办法、形式、路径也不同。

比较研究法，就是要从理论和实践上，通过对不同国家的侦查制度进行比较研究，掀开表面，洞见本质，辨识他们的差异性和相似性，为侦查制度的研究提供一个更广阔的视角，以期吸收、借鉴国外侦查制度改革的经验和教训。

各国的侦查制度会因不同地区、民族、国家的历史发展与文化传承之不同存在差异。大陆法系、英美法系虽然有着不同的法律传统和法律思想，但是在刑事司法改革，特别是在侦查制度改革上，面对的几乎是相同的问题，而且采取了一些近乎相同的改革措施和类似的程序制度。域外侦查制度的发展变化为我国侦查制度改革带来的启示是，我们需要掌握世界各国刑事司法侦查体制改革的改革动向。"公正与效率"是刑事司法侦查永恒的主题，但这个主题在不同国家、不同时代有着不同的存在形式并会产生不同的问题。我们需要在比较中吸收、借鉴各国侦查制度改革的成果。

二、历史研究法

联系的方法有纵向联系和横向联系。如果说比较研究法是横向联系法的话，历史研究法就是纵向联系法了。我们应当把侦查制度的历史和现实结合起来进行研究，对侦查制度理论的产生和发展进行历史的考察，了解它的原则、制度和程序的历史沿革与发展规律，以及它与当时的社会经济、政治、文化之间的密切联系，以加深理解，预测其未来的发展趋势。

历史本身就是人类智慧与实践的结晶，现实总是在历史中发展。人的理性总是有限的，如果不以历史的经验为依托而进行过于大胆粗放的研究设计，会存在很大的危险性。历史研究法就是要从纵向的角度，借助于对侦查制度发展过程中的史料进行分析、破译和整理，以认识侦查制度的过去，研究现在和预测未来。历史研究法的基本原则是从事实出发，用发展的观点看待研究对象。

三、诉讼论视角

从大的方面说，我们可以把侦查的研究划分为诉讼论角度的研究和方法论角度的研究。前者主要解决侦查程序的价值取向和侦查程序规范、侦查制度以及侦查程序体系建构的理论基础问题，追求的是侦查制度更深层次的价值目标。后者主要是解决侦查实践中的具体问题，追求的是侦查方法和手段的直接效果。

从侦查研究上看，我们应该对刑事侦查体制改革展开多角度的研究，形成对刑事侦查体制改革的系统性的逻辑认知体系，以回应侦查实践的理论需求。只有这样，才能符合社会科学研究的一般要求。侦查研究必须融合这两种视角，相辅相成。不过在学科设置上，我们在侦查制度这门学科的研究上偏重诉讼法视角，在侦查学的学科研究上偏重方法论视角。

四、开放的方法

现代诉讼文明成果是全世界的共同财产，不管什么样的社会制度，都可以借鉴使用这些成果。当今世界的刑事诉讼交流越来越密切，任何一国的侦查制度都不可能在各个方面都处于领先地位，任何一国的刑事诉讼经验都不可能是世界上最先进的。中国的侦查制度要发展完善，要走在世界诉讼文明的前列，就必须研究、借鉴人类诉讼文明的新成果。因此，对外开放不是权宜之计，而是要贯穿整个发展过程，开放是研究当代侦查制度发展的重要方法。

第二章 侦查制度的历史沿革

先哲有言:"最可靠、最必须、最重要的就是不要忘记基本的历史联系,考察每个问题都要看某种现象在历史上怎样产生,在发展中经过了哪些主要阶段,并根据它的这种发展去考察这一事物现在是怎样的。"对侦查制度的研究也是如此,要探讨侦查制度问题,考察其历史变迁就成了首先要解决的问题。

侦查的历史如同诉讼本身的历史一样悠久。在诉讼理论中,不同历史类型的诉讼制度中的侦查既体现出来自制度的独特性,又体现出来自方法的共同性。探讨侦查制度历史沿革的意义不仅在于知识的考古本身会给我们带来价值,而且在于对这些问题的研究将有助于解释历史和现实。每个国家现存的侦查制度和它的历史沿革息息相关。因此,我们在研究世界各国的侦查制度时,有必要认真考察其产生和发展的特点以及这些特点的成因。

第一节 西方侦查制度的历史沿革

依据通说,在人类社会发展过程中,西方各国刑事诉讼先后共出现过古代的弹劾式诉讼模式、中世纪的纠问式诉讼模式、近现代的职权主义与当事人主义诉讼模式及混合式诉讼模式。作为刑事诉讼必不可少的构成要素,侦查的历史发展也大致遵循了上述历史阶梯,并在不同诉讼模式之下表现出不同的特征。

古代弹劾式诉讼模式始于原始社会,犯罪更多地被视为是对特定个人利益的侵犯,即使是最为严重的杀人,也被认为是个人之间的纠纷,主要通过私力予以救济。在私力救济受到限制或救济不成后,案件可被提交审判,但证据的收集完全由当事人自行进行。因此,在弹劾式诉讼模式之下,由于犯罪的产生与诉讼的形成，官方的调查行为由此出现。但此时仅是一种单纯查明事实真相的行为，由诉讼当事人实施，没有直接的强制力，多数属于任意性行为。

在纠问式诉讼模式之下，为有效打击犯罪，积极维护统治阶级利益，国家直接介入对犯罪行为的查控，刑事诉讼中出现了国家主动进行的专门侦讯过程，刑事诉讼初显侦查、起诉、审判的阶段划分。但由于侦、诉、审由法官或裁判人员一人进行，不同阶段之间没有明显的界线，更没有相应的法律规制，因而此时并未形成独立的侦查程序与侦查职能，但随着国家制度的进一步完善，一些国家出现了专门的侦查机构与侦查人员。为维护国家统治与社会秩序，此阶段的侦查以惩罚犯罪为主要目的，具有极强的强制性，任意性侦查仅为例外。

在启蒙运动与人权观念的影响之下，近代西方国家为抑制国家权力侵犯个人权利的天然倾向，大多在建立政府的过程中进行分权与制衡。表现在刑事诉讼中即确立了审判权、起诉权与辩护权的三方制约机制。在大陆法系国家职权主义诉讼模式与英美法系国家当事人主义诉讼模式及日本、意大利等国的混合式诉讼模式的形成过程中，随着控审分立原则与司法审查制度的确立与实践，出现了独立的侦查程序，并在刑事诉讼中形成了独立的侦查职能，侦查权逐渐独立于起诉权与审判权，并由法律授予专门国家机关行使。侦查权的行使受到司法审查的制约，同时，被告人的防御权也得到了不同程度的承认。

按照时间顺序，侦查制度大致经过了以下几个阶段的发展：

一、原始社会：纯粹的私力救济时代

在"私耕私织、共寒其寒、共饥其饥"的纯朴自然的原始社会，严重的冲突类似于今天的各类犯罪事件，一般都由该氏族或部落来解决，或者各个氏族相互解决。当氏族和部落不能解决时，便求助于血亲复仇和血族复仇的方式来解决。随着产品交换日益频繁、社会分工进一步发展，血亲复仇又被同态复仇和赎罪所替代。

由此，在人类社会进入国家之前的漫长岁月中，对于发生在人们之间的，表现为杀害、伤害等严重的冲突事件，在无法自行解决的情况下，往往依靠诸如部落首领、族长及宗教领袖等社会力量出面进行处理。这种类似法院雏形的、具有强制力的社会组织或力量，虽具有解决侵害这种纠纷的功能，但被害人通过自己的实力（包括家庭和家族的力量）进行报复或恢复权利，即所谓"私力救济"或作为通行的原则或习惯，为社会所普遍承认和实行。在这一阶段，由于没有国家和法律，所以更不会有诉讼意义上的侦查。

二、神示证据时代

当人类从原始社会跨入阶级社会，虽然国家对犯罪的惩罚代替了私人或者氏族的复仇，但是仍然没有专门的针对犯罪的调查。查明案情只是审判人员的"附属性"职能。这一时期的"犯罪侦查制度"主要有两种模式：一种是个人问案的东方模式，一种是集体裁决的西方模式。

这一时期东西方各国适用的基本上都是弹劾式诉讼模式，它最重要的特征是只有私诉，没有公诉和原被告双方平等，这一方面是因为奴隶社会初期仍然保留了原始社会同态复仇的残余，如法律允许受害人直接惩罚加害人而国家不亲自干预，古罗马《十二铜表法》第八表《伤害法》第2条就规定，"如果故意伤人肢体，而又未与受害者和解者，则他本身亦应遭受同样的伤害"。第12条规定："如果于夜间行窃，就地被杀，则杀死他应认为是合法的。"另一方面也是因为当时的生产力水平太低，国家没有足够的能力来进行查证活动。

随着人们对犯罪性质认识的不断深化，在原始社会解决因犯罪产生的纠纷实践的基础上，早期奴隶制国家通过成文法典对诉讼程序进行明确、具体的规定，刑事诉讼制度最终形成。刑事诉讼的出现最初是为了解决由犯罪行为所引发的争议与纠纷，而此种通过诉讼解决纠纷的方式，自产生以来直到现在，其基本内容一直由两大部分组成：核实事实与作出判决。事实的核查与认定是任何诉讼的基础与核心。在刑事诉讼中，由于犯罪行为危害的严重性与处罚的严厉性，导致事实核查在刑事诉讼中的地位与作用尤为突出与复杂。犯罪行为依其发现状态的不同可被分为当场发现的犯罪行为与事后发现的犯罪行为。对于当场发现的犯罪行为，在事实上存在较小争议或根本不存在争议，对其诉讼主要想得到较为公正与合理的处罚，但仍需在诉讼中通过人证、物证等方式对犯罪行为的发现予以证明。对于事后发现的犯罪行为，由于犯罪人与犯罪过程处于不确定状态，对其诉讼的争议焦点在于犯罪人的确定与犯罪事实的核实。随着犯罪由单纯个人利益冲突向个人与社会利益冲突的扩展，以及社会关系的逐步形成与完善，社会权威逐渐介入到对犯罪的发现与处罚过程中，对于违反社会准则的犯罪行为，管理者开始承担起一定的职责。因而伴随着刑事诉讼的出现与社会的发展，以收集、固定证据为核心内容的侦查行为应运而生。

《汉穆拉比法典》第1条规定："倘自由民宣誓揭发自由民之罪，控其杀人，而不能证实，揭人之罪者应处死。"第3条规定："自由民在诉讼案件中提供罪证，而所述无从证实，倘案关生命问题，则应处死。"这就说明了在古代诉讼中证据收集的重要性与侦查行为产生的必然性。作为刑事诉讼的必要组成部分，调查行为伴随着刑事诉讼的产生而萌芽。

最初产生的调查行为与现代犯罪侦查存在明显的区别。首先，在主体上，此时的调查主体为当事人双方与社会的公共管理者。在刑事诉讼中，调查主体在大多数情况下是提起诉讼的原告与实施犯罪的被告，社会管理者实施侦查以确定与惩罚犯罪的情况仅占很少比例。其次，调查的目的或功能主要是查明犯罪人与犯罪事实。此时的调查并不具备现代侦查惩罚犯罪与保障人权的双重目的，其目的仅为查明事实、收集证据以解决纠纷。最后，在程序上，没有明显、专门的调查程序，调查与法庭审理合而为一，证据的收集与固定大多是在庭审过程中进行的。

基于上述特征，萌芽阶段的侦查从性质上来看，是一种纯粹的以查明事实、收集证据为主要内容的调查行为，并且大多数为任意调查，强制调查仅为例外。以下从证明方式、证据规则和证明责任的分配三个角度做介绍。

1. 神示证据

在古代，由于生产力水平的局限性，奴隶社会流行的证据制度为神示证据制度。古巴比伦的《汉穆拉比法典》第 2 条就记载了"水审"的情况，"倘自由民控自由民犯巫蛊之罪而不能证实，则被控犯巫蛊之罪者应行至于河而投入之。倘彼为河所占有，则控告者可以占领其房屋；倘河为之洗白而彼仍无恙，则控彼巫蛊者应处死，投河者取得控告者之房屋"。

神示证据制度就是法官根据神的启示、借助神的力量来判断是非曲直、确定诉讼争议的证据制度。其证明方式是多种多样的，它与不同国家、不同地区的宗教信仰和图腾崇拜有着紧密的联系。神誓、水审、火审、决斗等是神示证据制度中通常采用的一些证明方法。这种证据制度把神意的显示作为判断证据真伪的标准，不能保障实体法的准确适用。然而，它也有存在的必要性和合理性。有学者这样总结：①神示证据制度提高了人类司法判决的权威性，因而有助于维护社会秩序的稳定；②神示证据制度在某些情况下也能查明案件的真实情况；③神示证据制度的作用不仅表现为对违法者和犯罪人的惩罚，而且表现在适用过程中对社会一般人行为的引导和规范力；④神示证据制度有利于维护统治阶级的利益。

诉讼中各国所广泛采用的神示证据制度，充分说明了证据的发现与固定在诉讼中的重要作用与调查行为的出现。

2. 证据规则的产生

西方诉讼模式发端于古希腊和古罗马的法律。古希腊和古罗马的法律中包含了一定的民主因素。雅典法为保护私有财产权规定了一套严格的诉讼程序，法院成为专事审判的机关，侦查阶段原被告都必须提供证据，诉讼中当事人双方要在法官面前进行辩论；罗马法则在平民与贵族的斗争中、在贵族阶层内部的斗争与民主化过程中发展起来，最终程序法在罗马法中获得了优于实体法的地位，进而发展出了相当丰富的诉讼法律规则，其中包括大量规范司法实践中事实查证活动的证据规则。

在神权法占统治地位的欧洲国家，法庭的权力来源于神，而不是世俗的权力。因此，从一定意义上说，与其说审判是国家权力的行使，不如说是神意的显示和证实。由于看不见的神作为公平的裁断者加入了双方的争讼，为了防止神意被歪曲，世俗的诉讼也需要程序。有学者曾指出，"原始社会没有实体法的观念，共同体的代表诉诸某种超自然的力量来解决纠纷的所谓审判就是依靠程序"，实体法有时是从程序中产生的，这些程序规则显然包含了查证事实作出裁断的规则。在这样的司法审判中，法庭并不是为查明案件事实然后适用法律而设立的机构，而是为获得"神灵指示"而设置的场所；司法裁判的权威性来自神的旨意，于是人们经常使用神誓法以及各种神明裁判来查证事实以及作出裁决，人们对神的信仰崇拜压倒了对司法裁判合理性的怀疑和不满。显然，那时的法庭并没有自身独立的权威，司法裁判的权威性来自神意，并以神的名义获得正当性，法庭的设置只是为个人之间私人化的诉讼提供一个庄严神圣的场所，法官是超然于当事人双方之外的旁观者，只负责传达和见证神意。

依赖神意认定事实并作出司法裁判，本质上体现了神意的专断，甚至法律也没有了存在的必要。有学者指出："早期的诉讼程序用专断的方式确定事实。例如使用双方当事人的武斗，折磨、考验当事人或由邻居宣称他们相信当事人所说的话等方式。新的程序取代了上述程序，法院试图把法律适用于事实，逐步形成了一套断定事实的原则。"证据法规则由此产生，其中取证规则占据了重要的地位。

3. 证明责任的分配

在神示证据制度下，民事案件与刑事案件没有严格的区分，诉讼都由控诉人提起，实行的是"不告不理"原则。追诉犯罪被认为是被害人及其亲属的事情，被害人及其亲属甚至可以对当场抓获的罪犯自行处罚。司法官员不会主动去调查和审理案件。一般而言，举证责任主要由控诉人承担，但在某些情况下，被告人也负有举证责任。罗马法明确地提出了证明责任的原则：证明责任由积极主张的人负担，不是由消极否定的人负担。这一原则对民事诉讼与刑事诉讼都具有重要意义，对后世各国的诉讼立法有很大的影响。

在神示证据制度下，司法官员对于难以裁断的案件借助神灵的力量进行裁断，神誓、神判都是法官判明事实真相的方法，其中只是让被告或原、被告强迫性地充当了发现真相的"工具"而已，原、被告并未承担证明责任。审判并不需要盘问证人、收取口供或者提取物证，唯一判明事实的方法就是神的启示。

神示证据制度是与人类社会早期的控告式诉讼模式是相适应的，然而，随着神明裁判逐渐退出历史舞台，欧洲大陆和英格兰的诉讼制度开始分道扬镳，前者形成了以司法职权为核心的纠问式诉讼制度，后者形成了以陪审团为基础、以当事人为主导的抗辩式诉讼制度。与此同时，英美法系国家和大陆法系国家的侦查制度也开始走上不同的发展道路。

三、近代的纠问制与抗辩制

由于人类理性逐渐从神意的桎梏中挣脱出来并不断成长，加之审判被国家变成了控制和镇压民众的手段从而要求法庭拥有更自由的意志和权力，西方国家的司法证明方式开始向理性的方向发展。因此，可以从这一阶段人类司法证明方法的变化中得出三个结论：其一，政府加强了对司法活动的介入；其二，侦查成了政府的职能；其三，审判成了政府打击犯罪的手段，同时抛弃了原来的非理性司法证明方法。

由于受罗马法和教会法的影响不同、王室权力的大小不同以及法官来源不同等原因，欧洲大陆国家基于职权主义而形成了"纠问式"诉讼模式，强调国家职权的主导性和主动性，司法官员拥有极广泛的权力执行秘密侦查和审讯；而英国则逐步形成了以陪审制度为核心的"抗辩式"诉讼模式，发展出了一套复杂的证据规则体系。

（一）欧洲大陆国家

在欧洲大陆国家的"纠问式"诉讼模式下，法院集刑事案件的起诉权和审判权于一身，司法职权在诉讼中的行使具有高度的主动性和主导性。由于许多地方法官在一定程度上同时受地方封建贵族的控制，因此，欧洲大陆国家实行法定证据制度，法官必须绝对依照法律对证据证明力的规定来认定事实，其目的在于剥夺法官审查判断证据的自由权，使他们脱离封建领主的控制，只能服从君主钦定的法律。于是，掌握立法权的君主的专制权力借此得到高度强化，进而原来受各封建领主控制的混乱的司法和诉讼制度逐步得到统一，司法官员逐步由封建领主的家臣变为皇帝的法官。而且，在刑事诉讼中，此种诉讼制度以有罪推定为出发点，将作为被追诉者的被告看作待证实的罪犯，并以社会等级的不平等来评估证人证言，也充分反映了欧洲封建君主制的专制特征。

1. 法定证据制度

这一阶段实行的法定证据制度，即法律根据证据的不同形式，预先规定了各种证据的证明力和判断证据的规则，法官必须据此作出判决的一种证据制度。在这种制度下，证据的首要来源就是那些被认为直接感知了有关事实的、具有权威性的人，或者案件中的目击证人，或者当事人自己。当事人——特别是被告人的陈述无疑是最主要的证据。在刑事案件中，以获取被告人口供为主要目的的审讯问案法成为司法证明的主要手段，法律不问获取口供的方法和途径，即使刑讯和诱骗得来的口供也可以作为"证据之王"而被采信为定案根据，于是刑讯逼供被合法化并迅速泛滥。此外，法定证据制度还机械性、僵硬性地规定了证据的价值。

2. 有罪推定原则下的证明责任

在诉讼中，犯罪不必由被害人提起控诉，司法机关可以主动进行追究。控诉人有举证责任，被告人更负有举证责任。更有甚者，神圣罗马帝国的《加洛林纳刑法典》规定，证明无罪的责任由被告人承担。

纠问式制度下的案件事实认定是通过司法官员主动的证明活动来实现的。这一证明过程包括两个阶段：一是预审；二是审判。在这两个阶段中，最重要的阶段是预审，起决定作用的人是负责案件调查的司法官。在预审阶段，司法官对指控犯罪的情况和嫌疑人进行的调查有几个突出的特征：一是调查活动的秘密性，司法官对犯罪场所、证人和被指控人的调查都不受外界任何的监督；二是调查权力的无限性，司法官的调查权力包罗万象而且有绝对的自由裁量权，几乎没有任何东西可以超出其调查权力的范围；三是调查手段的残酷性，因为预审调查的核心内容是对被指控者的审讯，而且审讯是秘密进行的，所以司法官经常在审讯中使用刑讯逼供。

众所周知，单方面的调查往往不能保证准确地揭示全部事实真相，所以证据制度应该为单方调查提供相应的制约机制。但是在纠问式诉讼制度下，被指控者在面对积极主动而且经验丰富的预审官员时始终处于被动。他被羁押时，根本无法得到律师的帮助。尽管他可以向预审官员提出他的证人，但是是否询问以及如何询问完全由预审官员决定。此外，被指控者直到对方已经把起诉都准备好了，才有机会知道指控自己的依据是什么。

总之，在这一阶段，欧洲大陆国家为了更有效地追究犯罪，维护专制统治，不仅将追诉犯罪的权利收归国家行使，而且赋予法官以侦查、起诉、审判等一系列权力。由于当时司法与行政不分，实体与程序混合，控告与审判一体，集中的司法权力缺乏制约，导致公权力和私人权利之间存在激烈冲突。在这种诉讼模式下实行有罪推定，被告作为诉讼客体不仅无辩护权，而且要承担证明自己无罪的义务，承受合法化的刑讯逼供。法官主宰一切，被害人、证人，乃至辩护人也成了国家追究犯罪的工具。纠问式诉讼模式确立国家追诉主义是历史的进步，也是诉讼制度发展的必然规律。但国家权力在刑事诉讼中的肆意扩张所导致的司法专横，使得国家权力与被告人权利之间的冲突更加尖锐，被告人权利丧失，被害人权利萎缩，其他诉讼参与人的权利也被忽视。

（二）英国

英国的诉讼制度在很大程度上是陪审团审判模式的产物。英国早期的陪审团由12名了解案件情况的当地居民构成，随着社会关系的复杂化，陪审团遇到了"知识不足"的难题，于是需要传唤证人就陪审团不知情的事项作证。此种情形下，证据规则便成必要，随着知情陪审团逐渐转变为不知情陪审团，证据规则也获得了较大的发展。

此外，由于作为事实审理者的陪审团自身并不是一个拥有独立权威的常设机构，且陪审团往往是由文化水平不高的地方居民组成的，对陪审团成员的智力水平和正直公平品质的不信任也成为证据规则产生发展的重要原因。有学者这样评价：英美法上"排除传闻证据规则和其他排除规则的真正用意是不信任陪审团有评价证据价值的充分能力"。"英国证据法主要是为了防止陪审团在使用证据认定案件事实时出现混乱或偏见而产生发展起来的。"另外，英国的诉讼制度在13世纪以后逐渐从原来的控告式发展为抗辩式。抗辩双方的律师在证据的提取、出示和审查等方面扮演积极的角色，法官则在审判中扮演消极中立的角色。随着这些审判方式的变化，也随着各种证据在审判中日益频繁地使用，英国当事人主义的侦查制度逐渐形成。

四、现代西方侦查制度的发展

1. 自由心证制度与抗辩式证据制度

在 17 世纪和 18 世纪,理性主义者和人道主义者对以刑讯逼供为特征的"纠问式"诉讼模式发起了猛烈抨击,最终导致大革命后的法国的诉讼制度发生了重大变革。审判不再是预审调查的附属活动,而是法官在法庭上对证据的独立审查以及在这些证据的基础上作出判决。在坚持国家职权的主导性的原则下,英国的陪审团审判模式被引入欧洲大陆,一些新的证据规则在欧洲国家的立法上确立起来。欧洲大陆的证据制度由极端限制法官判断证据的自由权走向了"自由心证"证据制度。

自由心证的理论基础是两根支柱和一个中心:支柱之一是抽象的理性,它是判断证据的依据;支柱之二是抽象的良心,它是真诚地按照理性的启示判断证据的道德保障;其中心则是"自由",即法官根据理性和良心自由地判断,在内心达到真诚确信的程度,"确信"必须产生于证据材料在理性中的印象。

但是,基于职权主义的诉讼制度和自由心证的证据判断原则,大陆法系的证据规则相对于英美法系显得比较简单。为了有效地揭露和惩罚犯罪以维护安全,大陆法系国家在犯罪控制的刑事诉讼理念的支配下,在程序设计上更多考虑了如何有效地揭露和惩罚犯罪,而揭露和惩罚犯罪应是以发现案件事实为前提的,所以必然会对被告人甚至是其他公民的合法权利予以更多的限制。但即使如此,大陆法系国家在限制公民权利时都有严格的程序和相应的保障机制。随着宪政制度和人权观念的发展,注重人权保护的当事人主义模式越来越受到人们的重视,大陆法系的诉讼模式的发展趋于由职权主义向当事人主义转化。

英美法系国家的证据规则是在陪审团审判和抗辩式诉讼的框架下产生和发展起来的,并逐渐形成了现代的证据制度。基于抗辩制,英美法系国家的当事人在诉讼中具有主导权。英美法系国家将案件事实一分为二,双方当事人各自主张各自的事实,形成各自的案情。为了使各自的案情获得法官认可,当事人必须积极提供证据进行证明活动。证人接受直接询问和交叉询问,但是,法官通常不依据职权收集证据,也不依职权询问证人,也不对当事人提供的证据发表评论性意见。与当事人主导相结合的是事实认定者的消极性。法官被提醒不要陷入"竞技场"内,以免他的眼光为冲突的灰尘所蒙蔽。如丹宁法官指出的,法官在整个审理过程中的作用就是倾听证据,只有当他忽略或没弄清某个问题而有必要澄清某个问题时,他才会审问证据方面的问题,看看辩护人的表现是否得体,并维护法定规则；法官应当拒绝考虑不具有相关性的事情，防止重复陈述；法官应当确信对事实的真相作出判断。如果他偏离了这个轨道，他就得取下法官的假发，穿上辩护者的长袍。然而这样的变化并不能使他做得更好。

由于诉讼被看作是双方当事人间的一场竞赛，证据法作为竞争规则，内容十分丰富详尽，尤其是对举证责任和证据能力即证据的可采性问题作出了许多规定。学者总结出英美法系国家证据规则的两个特点：其一，证据规则在规范司法证明活动的同时往往也带有一定的灵活性；其二，绝大多数证据规则都是关于证据采纳的问题，而在证据采信或者价值评断问题上，法律还是给予了法官和陪审团很大的自由裁量权。这也从一个侧面说明了英美法系对侦查方式的重视高于大陆法系。

有学者指出，从理念前提的差异来看，大陆法系侦查制度的出发点是人类理性完美的司法证明活动应该利用一切可以利用的途径和手段来查明案件的事实真相，因此法律不该事先限制各种证据的运用；而英美法系侦查制度的出发点是人类理性的司法证明活动总会在一定程度上具有不完善性，因此法律必须规定人们在有可能出现错误的地方宁可浪费某些证据也不要乱用证据。

2. 证明责任

在刑事证明责任问题上，英美法系与大陆法系的态度不完全相同：英美法系国家的刑事诉讼中，证明责任主要由控诉人承担，但在一定条件下会转到被告人身上。按照美国司法制度，证明责任有两层含义：一是举证责任，控告一方为避免被驳回诉讼，有责任向法院提出证明被告人有罪的证据；被告一方进行否定罪责的辩护时也承担一定的举证责任。二是说服责任，控诉一方为保证法院作出对被告人的有罪判决而承担进一步反驳辩护的证明责任。此外，在法律推定有罪的情况下，被告人为了反驳推定，应当举证。但无论如何，被告人证明责任的范围都是法律明确规定的，而不是任意扩张的。英美法系的证据制度为了适应陪审团审判的要求，对证据能力（也就是证据的可采性和举证责任）有严格限制，而对证据的证明力不作形式主义的全面规定。

大陆法系国家奉行职权原则，大多数刑事案件由检察机关代表国家起诉，检察官应当证明自己的控诉，但也必须顾及被告人无罪或罪轻的情况。法院根据职权积极主动地收集、调查证据，不受检察官或被告人举证的限制。由此可见，两大法系国家的证明责任的概念和内容不尽相同。

3. 单轨制与双轨制

从侦查权配置状况来分析，可以将调查模式分为单轨制调查模式和双轨制调查模式。区分的主要标准和关键是，是否赋予辩护方在侦查阶段的侦查权。

英美法系双轨制调查的基本思路是通过赋予控辩双方平等的调查权，以形成控辩双方在侦查过程中的平等对抗来制约控诉方的侦查权。因此，在双轨模式下，民间人员也行使着侦查的权利，在侦查阶段中，控辩双方都有权各自独立收集证据，不仅国家侦查机关作为控诉方有权展开罪案调查，辩护律师也可以聘请某些专门人员（一般为私人侦探和民间鉴定人员）作为辩护方展开辩护调查。从时段来看，辩护方的辩护调查与控诉方的罪案调查同时展开并相互制约，控辩双方在侦查权上的对抗甚至一直持续到庭审结束。从调查手段来看，辩护律师可以委托私人侦探和民间鉴定人员调查案情和收集证据，包括勘察现场、询问证人和检验物证等。在有的情况下，辩护律师甚至可以请未参与本案调查的其他警察机构的人员为其勘察现场、检验物证和出庭作证。当然，双轨制中的"双轨"并不均等。一般来说，公诉方调查的力量和条件都优于辩护方，因此，就查明案情而言，辩护方调查往往只是对公诉方调查的补充。

与此相反，单轨制调查的突出特征是程序运作的单向性、职权性。侦查权为国家侦查机关所独享，在整个侦查阶段，国家职权运用主动而广泛，为了收集证据、揭露犯罪事实，查明和证实犯罪人，法律通常授予侦查机关较大的侦讯权力，而对犯罪嫌疑人在侦查中的诉讼权利有较多的限制，犯罪嫌疑人在受讯问的方式、受羁押的期限、沉默权的享有等方面，与对抗式侦查模式也存在着较大的差距。尤为重要的是，在整个侦查阶段，多数国家从立法上排斥律师介入，有些国家虽然在侦查后期也允许律师参加，但限制极严。犯罪嫌疑人及其辩护律师只有权利用侦查机关侦查的结果（即有权查阅侦控方的案卷），而不被允许进行侦查；证据的收集只能由侦查机关依职权,进行，律师往往只具有收集证据的申请权，即证据保全请求权。

通过上述分析，我们可以发现侦查历史发展的主线：第一阶段是一种单纯为发现事实真相而由公共官员或当事人收集证据行为的出现；第二阶段是国家机关及其代表为查明犯罪、惩罚犯罪而收集刑事案件证据活动的发生与发展；第三阶段是侦查程序与侦查职能确立后，专门侦查机关收集犯罪证据、证明犯罪活动的演进。在这个过程中，我们也看到了犯罪嫌疑人、被告人侦查权发展变迁的副线：第一阶段，诉讼一方的被告人积极行使侦查权；第二阶段，表现为公权力和私权利的激烈冲突，国家对个人的侦查权的剥夺、限制、打压；第三阶段，随着人权思想的深入人心，国家适当地赋予个人发现真相的权利。

从这一历史沿革中可以发现，被告人进行侦查自有诉讼以来就一直存在，区别仅在于其在诉讼证明中的地位不同：在弹劾式诉讼中，国家对犯罪不予干涉而交给民众自己处理，这时，犯罪被告人与控诉人承担着同样的证明责任，基本沿袭"谁主张，谁举证"的原则；而在纠问式诉讼中，被告人完全成为打击犯罪的工具，不仅没有参与侦查的可能，反而成为法官发现事实真相的主要途径，甚至发展到没有被告人认罪的口供就不能结案的地步；在近现代诉讼中，由于受人权、民主思想的影响，被告人的地位逐步得以提升，为了使被告人不至于在诉讼中过于弱势，维护司法公正与文明，法律专门规定了无罪推定原则、反对自我归罪等特权。被告人可以在律师的帮助下参与侦查，发现真相，法律也适当地保留了被告人对某些特殊事项的证明责任。

这一历史进程使我们相信，司法的天平不仅追求当事人之间的实质平衡，而且在更高的层面寻求人权保障与犯罪控制之间的平衡。它将不会偏私地成为任何一方的利用工具。

第二节 西方侦查制度发展的历史条件

一、认识论和理性主义的发展

有学者指出，人类司法证明方式经历了从非理性到理性的转变，这一转变又是基于人类认识真理的方式由"请神告知真理"到"由人发现真理"的转变。显然，从这一意义上来看，侦查方法、方式和理念产生于人类理性从神权崇拜的枷锁中挣脱出来的历史过程中。

研究表明，法定证据制度规则的产生与近代科学知识体系的确立有关。人们普遍认为，与待证事实有关的知识依赖于一定的权威而存在，这些权威属于教会、经院先哲、圣经、某种神秘传统或者古典派伟大学者的著作。人们确定一项事实时（无论是历史事实还是自然科学上的事实），更愿意引经据典，而不愿意依赖相对来说缺乏确定性的推理。因此，在司法领域中，严格规制、排斥法官推理的法定证据制度成为必然。随后，由于人类普遍认识能力的观念获得认同，人们对权威的迷信让位于对每个人都有能力完成事实判断认知的普遍自信。17世纪的哲学家，如培根、笛卡尔、洛克等人都认为，任何人都可以通过努力去获得知识，都有人类共有的认识能力，而且这是其获得科学知识的唯一正确途径。到了 18 世纪后期和 19 世纪初期，法定证据制度被抛弃，欧洲启蒙思想家，如贝卡里亚和伏尔泰等人成功地把关于人类普遍具有的合理认定事实能力的观念在欧洲推广开来，并由司法改革家们贯彻到司法改革之中。新的自由心证证据制度在理性和对法官认识判断能力的信任的基础上建立起来。

在马克思主义者看来，法定证据制度和自由心证证据制度作为对神权崇拜的克服和对人类理性的承认，是具有历史进步性的。但是，法定证据制度把具体的实践经验无条件地奉为一般性准则而适用于一切情况，使真理在形而上学的思维方式中化为谬误，因而法定证据制度是以唯心主义和形而上学为其理论基础的。自由心证证据制度则以"真诚的确信"这种精神因素，而不是以特定的客观实在性作为判断证据的标准，这显然是主观唯心主义思想方法的体现；自由心证中的"盖然性"证明标准的理论基础是不可知论，它把人的理性看成决定者，必然要以对理性思维能力的贬低作为逻辑合理性的哲学补充。而马克思主义唯物辩证法的认识论则认为，存在决定意识，同时人的意识又具有主观能动性，能够通过现象认识事物的本质，因此，在证据问题上，只要具备一定条件，人类通过证据的取得和审查判断，就能准确无误地查明案情。

这一认识论和理性主义的发展过程也说明了侦查发展的根本动因：随着人类认识水平的提高，取证方式、取证主体、取证视角都在发生变化。

二、诉讼活动所面临的实际限制

英美法系的理论从实用的角度为侦查提供了另一套理论基础。美国学者 Morgan 指出，诉讼不是也不可能是发现真情的科学调查研究，在调查事项、信息来源、观察事实的能力和动机、调查目的、研究和作出结论的时间限制等方面，诉讼和科学研究都有着极大的差别。事实审理者必须推测当事人已提供了完整资料；法庭不是科学单位，而是由精通法律和一般调查技巧的人组成的，法官不一定精于争执所牵涉的领域，但法官必须凭现有的不完整的资料对争端迅速作出裁决，审理不可能是纯粹的智力演出而必然带有感情因素。因此，不能期待法官作出完全正确的结论。

有学者从实践的角度指出，要制定一套供事实审理者为确定事实而使用的证据法规则，必须正视事实审理者所面临的一些根本性的限制：其一，事实审理者必须依赖不完整的信息渊源，对自己不可能重新见到的"过去发生的事"作出判断。事实是法律不可解决的问题之一，想象的或模拟的重建都不能确切地重现过去，但法院的判决却必须以关于"过去发生的事"所作的假定为依据，法官被迫充当历史学者的角色，却必须在有限的时间内依靠不完整的信息作出结论和决定。其二，人们对存在世界的认识具有主观性，证言与事实注定不能完全重合。其三，事实审理者的判断常常含有无意识的和有意识的曲解。其四，法律的参数划定出一个人造世界，这个由法律建构的世界与真实世界不可能绝对一致。

基于这些前提，具有程序意义的取证规则诞生了，其目的只有一个，就是为了司法裁决者能够更好地依据事实适用法律。为此，甚至可以牺牲掉个别实体的真实，从非法证据排除规则可见一斑。

三、司法审判的诸目标及其矛盾

司法审判的重要目标之一是发现案件真相。但同时司法审判还必须追求其他目标，至少还包括：①保持法律的稳定和统一。为此法律必须制定明确统一的标准和规则，在一定程度上，不同时间和空间内的司法判决必须一致，而这往往以牺牲少数情形下的实质正义为代价。②讲究效率。审判不可能为了彻底查明案件真相而不计成本地投入人力、物力，也不可能无限期地拖延下去，在很多情况下迟来的正义将变为非正义。诸目标加诸司法审判，必然使经审判程序认定的事实与客观真相之间产生差异。这就需要侦查作为程序正义的保障，为这种差异提供合法性和正当性。

四、法律职业阶层的作用

法律规则产生于日常生活常识，但又相对地与日常生活常识相分离，构成其独立的规范体系。显而易见，较之于实体法规则，程序法规则与日常生活的分离程度更高。因此，一个专门从事这种法律规范体系的生产与再生产，并将这种规范体系与民众的日常生活需要连结起来的法律职业阶层，就成为法律特别是程序法有效运行所不可或缺的重要因素。历史的发展也证明了这一点：罗马法的繁荣离不开法学家和审判官的努力，中世纪欧洲大陆的法定证据制度与当时司法官员的专业化是相适应的，而英国形成抗辩式的诉讼制度则与律师行业和私人侦探的发达有关；美国之所以能实行双轨制"侦查"，除了采用抗辩式诉讼制度这一前提之外，还有以下三个条件：一是社会中存在着大量的私人侦探机构和民间司法鉴定人员，可以满足辩护方的侦查需要；二是法律保证辩护律师在刑事诉讼的初期阶段就可以接触被告人并了解案情，从而有侦查的时机；三是各地执法机关之间相互独立，有可能为辩护律师的侦查提供方便。

第三节　中国侦查制度变迁

在不同的诉讼制度时代，侦查始终作为一种不可或缺的、还原事实真相的手段运用于诉讼活动。尽管侦查的主体、方法、手段、形式、结果大相径庭，但无一例外的是，侦查在诉讼过程中起着关键的作用。从诉讼行为的角度分析，中国侦查活动的产生与断案工作的产生是一致的。本节探讨我国侦查制度的变迁，把它作为法治的本土历史资源进行研究，在解释历史演进的逻辑的意义上来看，有益于中国当前正在展开的法治化、现代化建设。

一、原始社会

在原始社会中，氏族或部落总要有某种形式的道德规范或行为准则。一旦有人违反了这些规范或准则，就需要由一定的机构依据某种制度来调查事实和裁决纠纷。这大概就是人类社会中最早的"犯罪侦查制度"了。假设这是人类社会中"最早的犯罪侦查制度"，那么最早的侦查主体当然也就是氏族或部落的最高权力机构议事会和涉案人员，当然这是我们的一种假设。侦查制度是国家法律体系的重要组成部分，没有国家和法律的存在，侦查制度也就不存在。

中国在从部落联盟向国家过渡的五帝时代，就出现了负有调查问案职能的官员。据《史记·五帝本纪》和《尚书·舜典》记载，舜担任部落联盟首领时，在议事会中设立了九种官职，其中，皋陶任"士"，掌管兵刑。舜曾告诫皋陶说："蛮夷猾夏，寇贼奸宄，汝作士，五刑有服，五服三就，五流有宅，五宅三居，惟明克允。"这里所说的"蛮夷猾夏"，是指外族侵夏；"寇贼奸宄"则是指内部成员的暴乱不轨行为。《尚书今古文注疏》引马融之说，士为"狱官之长"；又引郑玄之说："士，察也，主察狱讼之事。"由此可见，"士"既有抵抗外族侵扰的军事职能，也有维护内部秩序的警察职能，是我国历史上最早具有调查问案职能的官员。

二、奴隶社会

随着夏王朝的建立，我国开始有了国家和法律。《左传·昭公六年》记载："夏有乱政，而作禹刑。"激烈的阶级斗争要求奴隶主阶级加强国家机器的军事和司法职能，夏王朝因此而分别设置了负责军队和刑狱的官职：设置司马为军事长官；设置士（后来又叫"理"或"大理"）为刑狱主管，主要负责对犯罪案件的调查审判工作。《礼记·月令》注曰："理,治狱官也。有虞氏曰士,夏曰大理。"兵刑分职是我国犯罪侦查职能专业化的第一步。

商朝建立以后,开始出现中央政府与地方政府的划分,即所谓"内服"与"外服"之分。与此相适应,也出现了中央与地方两级犯罪侦查制度。

到了西周,国家建立了三级政权机构:天子(王畿)—诸侯(国)—大夫(邑)。在这三级政权机构内,都设有专门负责刑狱的官职。周朝的中央司法长官被称为"司寇"。《尚书·周官》注曰:"司寇掌邦禁,诘奸匿,刑暴乱。"司寇之下设士师数人,负责王畿之内的刑事案件的审问与裁断。同时还设置司刑主管刑罚;司刺主管察举;司圜主管监狱;掌囚主管囚犯;掌戮主管司法行政;等等。各诸侯国也设有司寇,负责刑狱。各大夫封邑则由其家臣负责刑狱,称为"宰"。西周的基层社会组织分为"乡"(贵族聚居的城区)和"遂"(百姓散居的农村)。乡有"乡士",遂设"遂士",分别负责各自管辖区内的狱讼查断,遇到重大案件才"弊其讼于朝",听司寇审决。

春秋时期,各诸侯国司寇属下的官职增多,特别是出现了专门负责管理奴隶和缉捕盗贼的"司隶";专门负责维护社会治安的"司圜";主管巡查市井并拘捕犯禁者和盗贼的"司稽";负责执行宵禁的"司寤氏";负责查禁暴乱和诈欺活动的"禁暴氏";负责诛杀、拒捕、拒证或阻止他人告讼等行为的"禁杀戮";等等。

尽管如此,我国奴隶社会还没有形成独立的犯罪侦查制度,它仍然是审判职能的一部分。这一时期,犯罪侦查在官职设置和活动过程两个方面都与审判合为一体。负责审案的官员就是负责侦查的官员;审案的过程也就是侦查的过程。也正因为如此,办案者在犯罪侦查活动实践中总结出了一些比较科学的问案方法。例如,周朝时就有人提出了"听狱之两辞",不能片面听信"单辞"的问案思想;也有人总结出以五声听狱讼的审讯经验。《周礼·秋官·司寇》中说:"以五声听狱讼,求民情,一曰辞听,二曰色听,三曰气听,四曰耳听,五曰目听。"这些问案方法都在一定程度上反映了中国古代个人问案的"犯罪侦查制度",也反映了当时的犯罪侦查应用理论、方法的水平和教育、传递状况。

三、封建社会

由于封建社会的主要犯罪是危害统治阶级利益的"盗贼",所以侦查活动和侦查职能都与缉捕盗贼和维护治安紧密相关。在某种意义上讲,古代的侦查,既包含在审判职能之中,也包含在治安职能之中。换言之,从事侦查的主体包括行政官员、审判官员、检察官员和治安官员等。

纵观历史,有学者总结了中国封建王朝的证据制度的七个基本特点:①坚持"断罪必输服供词"的原则;②审讯时可以依法刑讯;③诬告者反坐,伪证者受罚;④"以五声听狱讼,求民情"的审判方法;⑤疑罪惟清,有罪推定;⑥据众证定罪;⑦重视勘验检查。

从现代法学的立场来看,就古代仅有的有关伪证、对不依法勘验的惩罚等规定而言,它们所引起的只是对违反禁令者的刑罚制裁,而并不必然导致违规者在争讼利益上的不利后果,更不会导致其争讼对手因此获得裁判上的有利后果。这些规定不是超然于审判官和争讼者主观之外的中性的程序规则,其在根本上只是以官吏的审判行为为控制对象的统治机构的内部规范。

我国从秦朝到清朝末年,一直实行的都是纠问式诉讼。其最典型的特征是司法机关主动追究犯罪和法官集侦查、控诉和审判于一身,原告(在审判中实际并不存在)被告都不是诉讼主体,尤其是被告人,完全沦为诉讼客体。我国从秦朝开始就规定了严格的官吏举报追究犯罪的制度,《睡虎地秦墓竹简》中记载:"若弗智(知),是即不胜任、不智殹(也)。智(知)而弗敢论,是即不廉殹(也)。此皆大辠(罪)殹(也),而令、承弗明智(知),甚不便。"《唐律疏议·斗诉》中规定:"诸强盗及杀人贼发,被害之家……即告其主司。"唐朝甚至实行了"风闻弹事"制度,允许监察御史在没有核查清楚事实时,以出公心,将所闻之事及时上奏皇帝。在这种制度下,不仅仅官吏负有追诉犯罪的责任,而且被害人以及知情者都有追诉犯罪的义务。对于被害人而言,对犯罪者提起诉讼不仅仅是其权利,更是其义务。对于官吏而言,不是"不告不理",而是负有积极启动诉讼和追究被告人刑事责任的职责。

因此,纠问式诉讼模式下的侦查主体就是皇帝及其下属的各级官吏,只有他们才有权进行侦查,才有权在侦查程序中行使权力。被告人只是被动的承受客体,没有任何权利可言。被害人虽然负责提起诉讼,但此时他并不是诉讼中的一方主体,而只是诉讼的启动者,一旦侦查正式开始,被害人就只是一个证人的角色了。

1. 秦汉

秦始皇统一中国之后,建立了统一的封建官僚制度,其犯罪侦查制度也已初具雏形,形成了中央—京师—地方三级司法刑狱机构,建立了我国两千年封建社会司法制度的基本模式。

秦朝在中央设置司法长官"廷尉"和官吏监察机构主管御史大夫。京师的司法和治安实行中央（即朝廷）和地方（即京师行政长官）双重负责制。由朝廷任命"中尉"（专管京师治安和缉捕盗贼的官员），其下设"丞""侯""司马""千人"等属官。

秦朝的地方行政机构分为郡、县、乡、里四级。"郡守"属下设"郡尉"，专门负责治安和捕盗。县令或县长属下设"县尉"和"县丞"：县尉负责治安和捕盗；县丞可以辅佐或代替县令（或县长）审理狱案，其属下设"狱吏"协助办案；狱吏之下设"令史"，其大概是我国历史上最早的专职犯罪调查人员，兼有后代基层司法机构中书吏和仵作的职能。乡一级设置"啬夫"，负责审理一般性的诉讼纠纷；另外设置"游徼"，负责治安和捕盗。里一级设置"里正"（后改称里典），协助上级官吏处理狱讼和维持地方治安。此外，秦朝还在驿道、关津等交通要道和街道、市场等人群集中的场所设置可能是我国历史上最早的专门警察机构——亭，其主要职责是查禁盗贼和维护治安。亭的主管称为亭长或亭啬夫。其下设有"求盗"，专管捕盗之事。

到了汉朝，虽在官职设置方面有所变化，但总体而言，仍是汉承秦制。即所谓的"汉承秦制，萧何定律"。其后的各个朝代的刑律也多是由此发展、演变而来的。在犯罪侦查制度方面，也出现了一些变化：一是在中央最高司法官"廷尉"的属下，设置"左右正""左右监""左右平"等官职，负责具体的狱案工作。二是较大地扩充了京师的官僚体系，以加强京师的司法治安工作。三是建立了从中央到地方的比较完整且权力极大的监察系统（可以看作今日检察系统的前身）。四是在各郡守属下增设"决曹掾"一职，专管审理狱案。五是各县增设"游徼"一职，专司巡逻缉盗之事。

2. 唐宋

唐代的中央官僚机构为三省六部制，司法机关也已"三权分立"，建立了"大理寺""刑部""御史台"三大司法机关。"大理寺"是中央最高审判机关，负责审理中央百官犯罪及京师徒刑以上案件，并负责重审地方经刑部移送的死刑疑案。"刑部"是中央司法行政机关，负责复核大理寺流刑以下及州县徒刑以上案件。"御史台"是中央监察机关，负责监督大理寺和刑部的司法活动。遇到特别重大的案件，大理寺卿和刑部尚书以及御史中丞共同审理，称为"三司推事"。

宋代是我国早期犯罪侦查制度发展历史中的一个重要时期，这是一个进一步加强中央控制、明确犯罪侦查职能的时期。在加强中央控制方面，一是进一步扩大了监察机关的职权。中央监察机关"御史台"不仅有权弹劾百官,而且可以侦讯违法官吏,并设立"推直官"和"推勘官",负责审案和勘查。这实际上近似于今天的职务犯罪案件侦查职能。中央还在各州府设立了可以直接向皇帝报告的监察官——"通判",以监督地方官员,号称"监州"。二是在各路设立由中央直接委派的"提点刑狱"(南宋称"宪司")。各路提刑主管复核及审查所属州县的判决和囚帐,有疑狱时便亲自调查问案,从而加强中央对地方司法工作的监控。

在明确犯罪侦查职能方面,随着司法实践的发展,宋朝的犯罪侦查职能进一步与审判职能分离。在中央,大理寺分为左右二寺。右寺负责审问人犯和查明案情,左寺负责定罪量刑。这很像现代司法系统中预审和审判的分工。在地方,州、县的长官负责审判案件;司寇参军(司理参军)和县尉负责缉捕和审讯案犯。此外,宋朝还建立了独立的"警察"系统——巡检司,负责全国各地的巡逻、捕盗、缉私等工作。"巡检司"分设在路、州、县三级,实行双重领导,同时受同级行政长官和上级巡检长官的领导。但"巡检司"只是警察机构,它对罪犯只有缉捕权,没有审判权。除路、州、县三级巡检外,在河道、驿道、边境等地方还设置了专门巡检机构,如现在的水上警察、公路警察、边防警察等专门警察组织。各级办案机构一般也都固定有调查勘验人员。由于犯罪侦查工作的专门化得到加强,宋代的犯罪现场勘验鉴定技术及调查访问和利用耳目收集犯罪情报等方法都有了较大的发展。

3. 元明清

元明时期中国古代侦查制度发生了一定的变异。元朝实行民族压迫和民族歧视政策,刑事司法制度出现了一定倒退,如取消大理寺以刑部代之,将二者的职能合二为一。因信奉佛教和军事立国,设立兼有侦查职能的"僧官"及"奥鲁"官。

明朝侦查制度发展较快,突出成就是统治阶级出于控制社会的需要创立秘密侦查机关"厂卫",秘密侦查手段获得充分发展的空间。"厂卫"由宦官统领的东厂、西厂、内行和锦衣卫组成,直接向皇帝负责。其职权范围,据《明史纪事本末》记载:"大权小事,方言巷语,悉探以闻。"

清朝时,中国古代侦查制度发展得比较成熟,虽然仍沿袭明朝的"三法司",但是分工更细,如在刑部,专门设立追捕逃犯的"督捕司"、管理监狱的"提审厅"和收缴赃款赃物的"赃罪库"等部门。在地方,侦查职能仍由省、道、府、县的官吏兼任，其中县级官吏承担大部分案件的受理、侦讯、预审拟罪等职责。

四、清末民国时期

清末朝廷在列强环伺、内外交困的情况下，不得不变法以自存。中国的法律和司法传统借助于对西方法律的移植，从立法层面开始了现代转型。对于诉讼法，修订法律大臣沈家本的基本观点是：中国封建的传统司法制度已经不能适应目前形势发展的需要，必须全面引进外国先进经验，在外国经验中，以日本的最为适合中国国情。"日本旧时制度，唐法为多。明治以后，采用西法，不数十年遂为强国。"而日本法律明显移植自德国，由于日德是君主立宪制国家且君主权力较重，与清廷的需要最为接近，日本文化又与中国渊源颇深，则清廷采纳日德法律为修订法律之蓝本，自在情理之中。因此，清末修律时诉讼法中的证据法律规范内容自然照搬日德法律。

1909年清廷颁行《各级审判厅试办章程》。该法从西方法律中移植了强制作证制度、鉴定人制度以及有关证人的回避与报酬规定，第一次在中国的立法上初步确立了有关证据制度的法律规则。该法乃包括证据法在内的西方诉讼法向中国移植的第一项正式成果，标志着中国诉讼法律制度的历史性变革，意义重大。学者对该法的颁行评价极高，称它"揭开了中国民事诉讼制度近代化的序幕"。

中华民国成立后，1928年7月28日公布《刑事诉讼法》，定于同年9月1日起施行。该法总计513条，其中有关证据制度的规定近百条，相当详细完备，其主要制度和特点如下：

1. 采纠问式诉讼模式，职权主义特征明显。根据该法，由设于法院内的检察官指挥刑事案件的秘密侦查取证并向法院起诉，检察官应自诉人的请求可以协助自诉。法律赋予检察官很大的权力，而对于有关被告人的诸多权利，特别是辩护权利，常以有碍侦查为理由或在检察官、审判官认为有必要时加以限制甚至取消。

2. 规定了一些对被告有利的制度。如讯问被告不得用强暴、胁迫、利诱、诈欺及其他不正当方法，讯问被告应予以机会，使其辨明犯罪之嫌疑及陈述有利之事实，若被告有辩明，则应命其作始末连续陈述，其陈述有利之事实者，应命其指定证明之方法。法院认为被告之犯罪嫌疑不能证明或其行为不成犯罪者，应作出无罪判决。

3. 该法第七章"证人"的条文达40条之多，对证人制度的规定十分详细，在规定了可强制证人作证的同时，对证人的保护也比较详尽完备，并规定了证人具结制度。第九章"扣押及搜索"、第十章"勘验"对扣押、搜查和勘验作了具体规定，赋予检察官和审判官较大的权力。

从立法文本来看，国民党政府以大陆法系的德国法为蓝本，并吸纳了英美法上的一些制度，全面移植了西方证据法。同时，有关立法还采纳了中国传统法制中的一些因素，例如，关于亲属免除作证义务的规定，即体现了亲属相为隐的传统法律原则，而且与国外有关立法相比，可以免除作证义务的亲属的范围也大得多。

五、我国现阶段的侦查制度

20世纪初到今天的中国，政治和法律制度历经了巨大变迁。仅就国家侦查权的发展演变而言，可以概括为以下五大特点：

第一，随着封建制度退出中国历史舞台，旧式国家侦查权制度和模式消逝，深深打上中国烙印的"现代侦查权"制度逐步建立起来。

第二，由于中国特殊的政治过程和现实，中国形成了四个不同法域，大陆和港、澳、台，各个法域的侦查权力性质和制度模式呈现出很不一致的特点。

第三，在"西法东渐"的宏观背景下，20世纪中国各个法域的侦查权模式，主要是学习英美或者借鉴欧陆的产物，包括大陆曾经一度"以苏联为榜样"，而1996年刑诉法改革又以抗辩制为目标，中国的现代侦查权模式带有各种外来因素。

第四，中国大陆的侦查权与整个大陆现行政治、法律、政策紧密联系在一起，具有诸多的自身特点，如它是人民民主专政的工具，是控制、打击、惩罚犯罪的直接和主要武器，侦查权往往在实际政治和法律生活中高于检察权和审判权，等等。

第五，我国大陆刑事侦查权的思想理论、制度内容、功能目标和价值取向正在经历一个长久的变革，侦查权开始了自身的"现代化"进程，它与中国整个刑事司法现代化、与整个国家的法治化正在发生良性互动，突出表现为：侦查权力行使方式迈向人道化、人性化，权力行使程序迈向正当化，侦查权力的目的更合理，追求实体真实与遵循正当程序渐渐平衡统一。

本书将在中国侦查制度一章中详细论述以上内容。

第三章 侦查制度的基本理论

侦查制度是一个多层次、多单元的功能系统，它主要包括侦查机关的组织结构、侦查活动的程序方法和侦查人员的权力责任等。由于历史传统、政治哲学观念、法律文化及诉讼模式等诸多因素的差异，大陆法系和英美法系对侦查的概念、侦查的主体、不同侦查主体间权力分配关系的界定各不相同。在本章，我们将讨论几个侦查制度的基础理论，以作为本书以下各章的立论前提。

众所周知，20 世纪中叶以来，两大法系几乎同时步入了刑事司法改革的进程。尽管它们有着不同的法律传统和法律思想，但是在刑事司法体制改革特别是刑事侦查体制改革上，面对的几乎是相同的问题，而且采取了一些近乎相同的改革措施和类似的程序制度。当然，各国由于各自的国情不同，其存在的问题也略有区别，分析其中的经验教训，可以为我国侦查制度改革提供参考。本章我们也将讨论这个话题。

第一节 刑事诉讼基础理论

侦查制度的研究受到刑事诉讼制度研究的深刻影响，现有的关于侦查制度研究的体系，都是以刑事诉讼理论为基础的。从国外的刑事诉讼模式理论来看，主流观点主要有犯罪控制模式与正当程序模式，弹劾制、纠问制与混合制，职权主义模式和当事人主义模式。

一、犯罪控制模式与正当程序模式

这种理论由美国刑法学家赫伯特·帕卡提出，即犯罪控制模式和正当程序模式。前者主要是以保障社会福利、大众安宁为主的团体主义思想模式，建立在将社会视为一个与组成分子个人意志有别的独立实体的基础上，超出个人之上，同时坚信社会福利的价值。为达到此目的，国家对刑事程序的运作有所干预是必要的。后者则为崇尚个人自由，强调人权至上的个人主义思想模式，其基础建立在自然法思想上，认为人类拥有某些基本权利，如果统治者侵犯了此等权利，人民将不信任政府并撤回授予统治者的权利。

犯罪控制模式强调效率，认为刑事诉讼程序的首要功能是迅速地惩罚犯罪以维护社会秩序，主张尽量扩大和容忍侦查机关以及警察的权力，整个刑事诉讼程序，从侦查、起诉到审判，应该采取快速的流水作业程序；正当程序模式强调自由，认为刑事诉讼程序的首要功能在于保障被告人的权利，主张应该限制国家侦查机关以及警察的权力，整个刑事诉讼程序（从侦查、起诉到审判）应该是障碍赛跑式的程序。

在诉讼制度的设计上，帕卡认为犯罪控制模式与正当程序模式完全对立：①犯罪控制模式应该赋予警察广泛的、适用逮捕的自由裁量权。正当程序模式则必须对警察的逮捕权进行限制，除非犯罪已发生或者极有可能发生。②对于侦查中的电子窃听，犯罪控制模式认为原则上不应限制。而正当程序模式则主张，由于在侦查中使用电子窃听可能侵犯公民的隐私权，因此，只有在确有必要的情况下才可以使用。③对于非法搜查所得的证据，犯罪控制模式认为只要该证据与其他证据印证属实即可采信。而正当程序模式则主张，非法搜查所得的证据以及由此衍生的其他证据必须予以排除。④犯罪控制模式主张对被告人大量地适用有罪答辩，且在有罪答辩中国家没有义务为其提供律师。正当程序模式不鼓励适用有罪答辩，即使被告人自愿作有罪答辩，也需由其律师在场协助。

帕卡学说将犯罪控制模式与正当程序模式截然对立，并表现出了对后者的偏爱，这对我国刑诉理论界以及立法实践产生了深远的影响。但事实上，在两大法系中，从侦查机关的权力、犯罪嫌疑人与被告人的权利以及对侦查权的司法控制几个方面来看，基本上都是趋同的，而绝不是完全相反。

随着两大法系的融合，侦查程序呈现出以下几个方面的发展趋势：①普遍建立了针对侦查行为的司法授权和审查机制；②普遍建立了对审前羁押的司法控制机制；③被告人的沉默权和律师帮助权得到了较为普遍的确立；④辩护律师在侦查中的参与范围得到扩大；⑤普遍通过司法裁判程序对侦查活动进行制约。

二、弹劾式诉讼、纠问式诉讼和混合式诉讼

弹劾式诉讼主要实行于古罗马共和时期、欧洲日耳曼法兰克王国前期及英国

的封建时期，从时间上看，弹劾式诉讼是对奴隶社会初期到中世纪初流行于欧洲的刑事诉讼结构类型的一种描述。

弹劾式诉讼结构的主要特点是：起诉权由每一个公民自由地行使；实行原始的不告不理；控告人与被告人在诉讼中的地位平等，权利对等；法庭审理中由双方自行举证，法官处于一种消极被动状态；在案件事实无法确认时实行神灵裁判。这种诉讼形态也常常被称为控诉式诉讼。

纠问式诉讼产生于罗马帝国时期，从中世纪到19世纪上半叶盛行在除英国以外的欧洲各君主专制国家，它也是欧洲中世纪宗教裁判所采取的诉讼构造形式，典型的法律有德国的《加洛林纳刑法典》和法国的《法兰索瓦一世令》。纠问式诉讼的主要特点是：不实行不告不理原则，法院主动追究犯罪，被告人不是诉讼主体而是诉讼客体，整个诉讼活动都秘密进行，法官依照法定证据制度的要求裁决案件。

纠问式诉讼的产生意味着社会已经走出了弹劾式仅仅将诉讼作为个人补偿和寻求个人安宁的藩篱。从历史上看，几乎所有地方，纠问式诉讼都继控诉式诉讼之后而得到实行。从政治上看，中央集权国家的领导者热衷于纠问式诉讼，尤其是在政治制度具有专制倾向以及把社会利益放在个人利益之上的情况下更是如此。

纠问式诉讼所要做的正是竭力防止由于过分尊重个人权利而不能确保对犯罪人进行追究的情形发生，况且一个坏人也不值得受到给予一个公民的全部保障。纠问式诉讼所追求的首先是效果。按照这种诉讼程序，可以认为"在某种程度上，结果始终都可以证明使用的手段正确"。在弹劾式诉讼中，由于诉讼完全由私人提起，出于种种原因，犯罪分子受不到处罚的可能性相当大，但是其体现出来的诉讼民主性和平等性却值得肯定。纠问式诉讼由法官全面承担侦查、控告和审判职能，诉讼活动秘密进行且允许刑讯逼供，被告人毫无权利可言，但是它所确立的国家机关追究犯罪的模式确是符合历史发展规律的。

法国资产阶级大革命后，在意大利法学家贝卡里亚的抨击和法国思想家孟德斯鸠的倡导下，法国等许多大陆法系国家废除了纠问式诉讼，改行弹劾式诉讼，但简单地全部废除旧制显得矫枉过正、不合国情，因此这些国家不得不在原有的纠问式诉讼和外来的弹劾式诉讼之间加以折衷，形成了一种新的混合式诉讼结构。

从当今世界各国的诉讼结构演变过程来看，混合式诉讼结构结合了弹劾式诉讼与纠问式诉讼二者的精华并加以融会贯通。在不同的国家，混合式诉讼结构的表现又不尽相同，产生了职权主义诉讼和当事人主义诉讼的差异。

三、职权主义诉讼与当事人主义诉讼

职权主义诉讼是大陆法系国家适用的一种诉讼结构，指诉讼活动主要由司法机关特别是审判机关主导进行的一种诉讼结构，既可以被理解为职权主义，也可以被翻译为纠问式诉讼，但这并不意味着二者等同。

从历史上看，职权主义诉讼是在纠问式诉讼之后产生并出现的，从应用范围来看，职权主义诉讼的应用国家也基本上是纠问式诉讼原来适用的国家，但是，我们不能简单地将纠问式诉讼视为职权主义诉讼的前身。

法国大革命之后，刑事诉讼领域的改革首先是以英国对抗式诉讼作为改革目标模式的，宪法规定对重罪的审判实行陪审团制度，但陪审团设立后在控制犯罪局势方面的无能为力引起了人们对该制度的非议。1808 年的《重罪审理法典》的制定者开始注意在纠问式和对抗式中进行调和，对于审前程序，倾向于纠问式；对于重罪案件的审判程序，仍然保留了陪审团对抗式的审理方式。也就是说，职权主义诉讼作为纠问式诉讼和弹劾式诉讼的混合，更多地体现了纠问式诉讼的精神，即强调犯罪控制。

英美法系国家的诉讼结构被称为当事人主义诉讼，这也被译为对抗式诉讼。这两种翻译方式在倾向性上存在一定的区别，当事人主义主要是从主体的角度来界定的，而对抗制则更倾向于从原被告双方的地位与关系的角度来界定。当事人主义这种译法的优点在于它体现了当事人与裁判者的关系，而对抗制强调当事人双方的关系更多一些，更多地反映了当事人双方的对抗关系。但二者没有实质的差别，指向的都是同一事物。

当事人主义诉讼和职权主义诉讼中都存在对抗，不同的是，在当事人主义诉讼中，双方的对抗非常激烈，诉讼的最后结果也基本上依赖于双方对抗的结果。而在职权主义诉讼中，双方也是存在着对抗的，只不过对抗没有当事人主义诉讼中的对抗激烈，诉讼的进程主要还是由法官来把握，但是，如果将职权主义诉讼称为非对抗式诉讼就未免绝对化了。

第二次世界大战以后，两大法系国家也加快了相互吸收和融合的脚步。表现在刑事诉讼构造领域，职权主义和当事人主义两种诉讼形式相互吸收对方的优点来弥补自身的不足，这是在诉讼构造领域发生的新的一轮的混合化趋势。如日本在二战后通过了由美国指导修改的宪法，宪法条文对刑事诉讼法产生了直接影

响，也决定了日本刑事诉讼结构转型的必然性。

而以英国和美国为代表的普通法系国家，在"9·11事件"和伦敦大爆炸恐怖袭击发生后，开始反思以前的个人权利至上的诉讼理念，注意增强警察的权力并限制公民的权利。英国内政部、上议院大法官和总检察长于2002年向议会提交了司法改革报告，为在英格兰和威尔士进行的刑事司法制度改革制定了一个广泛、详细的计划，其中提到刑事司法制度存在的目的在于打击和减少犯罪，代表被害人、被告人和社会实现公平有效的公正。解决犯罪是实现社会公正的首要问题。我们的目标是建设强大和安全的社会，这意味着对反社会行为、顽固的毒品犯罪和暴力犯罪采取强硬行动，给予警察和检察官更多依法惩处罪犯的手段。

第二节 侦查制度的几个基本理论

一、单轨制与双轨制

所谓单轨式侦查体制，是指侦查活动由代表国家的侦查机关单独进行，公民个人无权进行侦查活动的一种侦查体制。

根据大陆法系国家的法律规定，侦查被认为是国家侦查机关的单方行为，犯罪嫌疑人负有忍受国家侦查机关侦讯的义务，辩方即使认为有证明自己无罪或罪轻的证据，也只能请求国家侦查或审判机关收集。单轨式侦查体制强调对侦查机关和侦查人员的信任，并赋予其较大的侦控权力，因而有利于侦查迅速而富有成效地进行，但其缺点是对犯罪嫌疑人权利限制太大，有违现代刑事诉讼程序正当原则，不利于在侦查过程中调动辩方的参与积极性来对侦查机关的行为进行监督并收集有利于辩方而不利于控方的无罪、罪轻的证据。

职权主义理念是大陆法系的产物，其直接影响有着大陆法系传统的国家的法制建设，尤其是诉讼制度，包括刑事、民事、行政诉讼制度。与侦查权配置、运作、监控相关的职权主义理念的基本内容主要包括：国家权力是一种公共权力，必须由公共权力的代表——国家机关来行使，公共权力不应分割给国家机关以外的任何机关、团体和个人，否则就会损害权力的公共性，损害国家的利益。侦查权作为维护国家利益和统治秩序、维护社会治安的最重要的权力之一，以强大的国家机器作后盾，更是必须由国家统一行使，不得分割。为了维护国家利益和统治秩序，维护社会治安，国家机关要主动干预犯罪、追究犯罪。在侦查权的行使上，限制越小，越有利于提高侦查效率，有利于打击犯罪，有利于保障国家和社会利益。由于行使侦查权而对相对人利益造成的损害，应当看作是一种代价，虽然应当给予一定的救济，但这种代价是难以避免的。

以法国为例，司法警察、司法警官、共和国检察官和预审法官都有权进行侦查。对于每一起需要进行正式侦查的犯罪，这四类侦查主体都同时享有侦查权。司法警察在侦查中负责查明罪行、收集犯罪证据以及在案件未被破获前确认犯罪人，案件破获后，司法警察应执行预审法官的命令并听从其要求。司法警官除行使司法警察的职权外，还可以根据共和国检察官的指示或依自己的职权，进行讯问、勘验现场以及搜查、扣押和拘留任何有迹象表明其犯有罪行或企图犯罪的人，但以24小时为限。共和国检察官有权指挥其所在法院辖区内的司法警官或司法警察的一切活动，有权决定采取拘留的措施，享有法律授予司法警官的一切权力和特权。预审法官担负双重职能，一是领导和指挥对现行重罪和轻罪的侦查，二是批准拘留、逮捕、司法监督和临时羁押，对刑事案件进行预审。

在德国，侦查主体也很广泛，警察、检察官和侦查法官都享有一定的侦查权。按照法律规定，在侦查过程中，检察官领导和指挥警察的侦查，警察实施具体的侦查工作，在侦查过程中扮演检察官助手的角色。侦查法官在侦查过程中负责强制性侦查措施的审查批准，并在情况紧急时可以不经检察官请求而依职权直接采取有关侦查措施。这样，警察机关、检察机关和侦查法官紧密结合，形成一股强大的侦控力量，共同对抗犯罪嫌疑人，有利于迅速有效地搜集罪案证据和遏制犯罪嫌疑人的反侦查行为。但缺点是警察、检察官、侦查法官三位一体，控方合力过大，控辩力量明显失衡，犯罪嫌疑人的主体地位受到抑制，有违现代程序正义原则。

所谓双轨式侦查体制，是指侦查活动由代表国家的侦查机关和代表公民个人的辩护方同时进行的一种侦查体制。双轨式侦查体制突出了犯罪嫌疑人的主体地位，官方侦查和私人侦查相互监督，有利于诉讼的公开和公正，并能有效保证有利和不利于犯罪嫌疑人两方面的证据都能进入诉讼轨道，但其缺陷是犯罪嫌疑人过于广泛的诉讼权利有可能被用来作为其湮灭证据、逃避侦控的手段。

英美法系国家实行基于当事人主义理念的国家侦查体制。当事人主义的法学理念来源于英美法系，又影响着有着英美法系传统的西方国家的法制建设。与侦查权配置相关的当事人主义理念的基本内容主要包括：国家权力来源于人民；法律面前人人平等；任何人没有超越法律的权力；国家权力是由具体的人来行使的；国家机关工作人员没有超越其他任何人的特权，与国家权力相对人一样享有宪法权利、承担宪法义务；国家权力的行使必须与它要保护的利益相适应，不能为保护一些利益而牺牲公民的宪法权利。侦查权是维护社会公共利益和公民个人利益的工具，国家机关应当享有，用于保护公共利益，公民个人也应当享有，以用来保护公民的宪法权利。国家机关的侦查权由于有强大的国家机器作后盾，因而与公民个人相对弱小的侦查权形成了强烈反差，必须予以限制和严格制约，以求得平衡。承认有着强大国家机器为后盾的国家机关的侦查权为维护公共利益所必须，但是，鉴于侦查相对人、被告人、犯罪嫌疑人在强大的国家权力面前处于弱者的位置，必须予以特别的保护和救济，这是人权价值的体现。司法权的行使在维护国家公共利益和公民个人利益中居于裁判位置，需谋求二者的平衡。

二、集中制与分散制

所谓集中式侦查体制，是指全国各级警察机关上令下从，统一归属中央警察机关领导和指挥的侦查体制。

法国是大陆法系的代表，其警察体制堪称集中制的典型。法国有两个警察系统，一个是普通警察系统，另一个是军事警察系统，被称为国家宪兵，他们分别隶属于内政部和国防部。这两个警察系统又分别在各省、市、镇设有分支机构，这些机构上令下从，形成一个集中统一的整体。集中式侦查体制有利于统一执法，有利于加强地区之间的联系和提高打击犯罪的工作效率，但其缺乏适应地区特点的执法灵活性，在地区差异大的国家中，这一问题尤为突出。

所谓分散式侦查体制，是指各级警察机构分别受当地政府领导，中央和地方各级警察机构之间没有严格隶属关系的侦查体制。

与大陆法系国家相反，英美法系国家的警察机构具有高度分散的特点。美国是典型的分散型国家，据统计，除联邦政府外，美国还有 50 个州政府和接近 8 万个地方政府，因此它被称为"由许多政府组成的国家"。美国警察体制属于分散型，全国没有统一的、上下一体的警察机构，联邦和各州的侦查主体并存，并分别在各自的范围内独立地行使侦查权。分散式侦查体制致命的弱点是缺乏执法的统一和效率。在美国，不同州和地方的警察机关在业务工作中往往相互牵制，已严重影响了对犯罪的追诉效果。在近年的法律改革运动中，许多法律组织大力呼吁加强各州警察机关之间在司法程序上的合作。

三、一步式与二步式

根据警察机关的内部侦查组织有无阶段划分，可以将侦查体制分为一步式侦查体制和二步式侦查体制。

所谓一步式侦查体制,是指整个侦查过程没有明确的阶段划分,一个案件的侦查工作由一个部门的警员从头到尾负责的侦查体制。

所谓二步式侦查体制,是指刑事案件的侦查过程明确分为初步侦查和后续侦查两个阶段,而且这两个阶段的侦查工作由两个不同部门的警员分别负责的侦查体制。通常情况下,初步侦查阶段的主要任务是询问报案人、受害人、目击人及有关群众并初步勘验现场,以便查明案件的基本情况并尽快收集可能与作案人有关的信息,然后写出报告,报送给负责此类案件的后续侦查部门。后续侦查部门通常是按不同的案件组建专业化侦查组织,其任务是通过深入细致的调查来查明案件情况,并全面收集证据和查明作案人。

一步式侦查体制与二步式侦查体制各有其优缺点。一步式侦查由一个侦查部门或一组侦查人员负责一件刑事案件的所有侦查工作,有利于减少侦查环节并加强侦查人员的责任心,从而提高侦查效率和避免相互推诿的现象。此外,一步式侦查还可以简化侦查管理和案件分配,便于在人员较少的情况下安排日常侦查工作,但缺点是难以实现侦查工作的专业分工。二步式侦查由巡警或基层侦查部门负责比较简单的初步侦查工作,反应灵活,便于根据案件情况及时开展初步侦查工作;而由专业化比较强的侦查部门负责比较复杂的后续侦查工作,有利于在人员使用上扬长避短、提高效率,并能较好地集中力量侦破重大和疑难犯罪案件,但缺点是后续性侦查机构接手案件后又必须从头了解和熟悉案情,造成重复劳动和侦查资源的浪费。

现代世界各国很少有全部采用一步式侦查体制的,也很少有全部采用二步式侦查体制的。而是根据不同地区,不同案件的具体情况,有的采用一步式侦查体制,有的采用二步式侦查体制。通常情况下,侦查机关人员较少时多采用一步式侦查体制,人员较多时采用二步式侦查体制,因为只有人员较多时才有可能根据每个人的不同特长来组成专案组负责后续侦查。农村地区多采用一步式侦查体制,城市地区则多采用二步式侦查体制,因为农村地区案件类型相对单一,一步式侦查即可满足诉讼要求,而城市地区发案率较高,案件复杂,案件专业化程度较高,进行二步式侦查,既能保证及时收集犯罪证据,又能进行深入的专业化侦查。此外,一步式侦查通常适用于比较简单的犯罪案件,二步式侦查适用于比较复杂的犯罪案件。无犯罪现场的案件可用一步式侦查,有犯罪现场的案件适宜用二步式侦查;无须采用紧急措施的案件可用一步式侦查,有必要采取紧急措施的案件适宜用二步式侦查；等等。因此，在西方国家，不仅不同地区的警察机构采用不同的侦查体制，即使是在同一警察机构内，特别是大中型警察机构内，也经常会根据不同地区、不同案件采用不同的侦查体制。

第三节　侦查体制的发展趋势

如前所述，不同的侦查体制各有所长，也各有所短。随着全球化的发展，不同法系、不同国家在侦查体制上也出现了互相借鉴、互相吸收的趋势，从而呈现出一些共同性的发展趋向。

20世纪中叶以来，不论是大陆法系国家还是英美法系国家，几乎同时踏上了刑事司法改革的旅程。由于各国各自的国情不同，其存在的问题也略有差别。例如，在英国，其刑事司法存在的弊端主要是诉讼成本过高；在美国，尽管其诉讼成本很高，但情况略有不同，因为它不存在诉讼成本转移规则，而且其诉讼成本多支出在证据开示、书面质问等方面。在大陆法系国家，如法国，调查发现社会公众对其刑事司法制度很不满意，位列公共服务行列的最后，首当其冲的就是诉讼延迟的问题。在德国，虽不存在诉讼迟延和诉讼成本过高的问题，但是，诉讼量过大，法院不堪重负。

尽管这些国家有着不同的国情、法律传统和法律思想，但是在刑事司法体制改革，特别是刑事侦查体制改革上，采取了一些近乎相同的改革措施和类似的程序制度。

一、双轨取证的趋同

司法实务证明，虽然各国的法律都要求行使侦控职权的国家机关在收集证据时能客观行事，收集有利和不利于犯罪嫌疑人的两方面的证据，但作为侦控机关的特定的诉讼立场决定了警察机关和检察机关在侦查时总是有意或无意地侧重于对控诉证据的收集，而对有利于辩方的证据往往顾及不够。这不仅可能导致无罪被判有罪或轻罪重判，侵犯犯罪嫌疑人、被告人的合法权益，而且有可能使有罪的人逃脱法网，损害社会的利益。

为了克服单轨制侦查体制下侦控机关在收集辩护证据方面的天然不足，近几十年来，许多大陆法系国家在修正刑事诉讼法时，都非常注意给予辩方以一定的调查取证权，从而出现了由单轨式侦查体制向双轨式侦查体制靠拢的趋势。

以法国为例，预审法官是法国的司法传统之一，他担负双重职责，一是领导和指挥对现行重罪和轻罪的侦查；二是批准拘留、逮捕、司法管制和临时羁押，对刑事案件进行预审。预审法官在刑事诉讼中起着举足轻重的作用。在法国，预审法官实际上起着"超级警察"的作用，对此学界一直有反对意见，认为预审法官职能混淆，又缺乏制约，需要加以改革，取消预审法官领导和指挥对现行重罪和轻罪的侦查的权力。1993年1月4日的法令废除了预审法官的这项权力，但1993年8月24日的法律又重新确立了预审法官领导和指挥对现行重罪和轻罪的侦查的权力。而法国从1997年开始的司法改革又重新吸收了反对意见，取消了预审法官领导和指挥对现行重罪和轻罪的侦查的权力。

为了达到当事人之间的权力平衡，检察官原来所拥有的在预审期间要求预审法官任命鉴定人、询问证人、进行新的调查等权力，现在均已赋予被审查人和被害人。该项要求预审法官有权拒绝，但检察官、被审查人、被害人都可向上诉法院刑事审查庭上诉，申请复议。改革主要体现在扩大预审程序中双方当事人的权利。现行法律没有规定受讯问者可以要求预审法官作出某种行为的权利。改革后双方当事人可以要求预审官为一切他们认为可以发现事实真相的行为。在转变讯问场所时，他们可以要求律师到场。但预审法官仍有权裁定是否接受当事人的请求。

值得注意的是，虽然大陆法系国家在立法上对辩方的调查取证权给予了很多限制，如法国法律规定在预审期间，被告人要求任命鉴定人、询问证人、进行新的调查等，必须经预审法官同意。但在司法实务中，私人调查权还是得到了大陆法系官方的承认。现在，法国和德国的私人侦探业都非常发达，私人侦探收集的证据经国家侦控机关确认后通常可进入诉讼轨道。

二、检警关系的修正

传统上，大陆法系国家通过检察引导侦查的模式形成了一个强有力的侦控主体，但司法实务中的情况却是：要么警察仍然承担了绝大多数的犯罪侦查，检察引导侦查仅停留在少数案件中，要么警检两家因分工不明而互相推诿责任，以致影响到犯罪的侦控效率。

比如，大陆法系国家中的意大利，在1988年修改刑事诉讼法时加强了检察机关对警察机关侦查的控制，规定侦查活动由检察机关负责，结果导致在实践中警察认为，在接受检察机关的批示以前不需要做任何调查工作，以致警察失去了许多本应在案发后即刻收集的重要的案件信息；并且，由于检察官通常缺乏在犯罪侦查方面的专业训练，其所发布的侦查指令经常发生错误，这使警察和检察官之间经常发生冲突。因而在司法实践中，包括德国在内的许多大陆法系国家，对于中等程度以下的刑事案件，均规定由警察独立进行侦查，案件基本确定以后，才交给检察官。

与此同时，值得注意的是，检警完全分立也不是一种理想的侦查体制。因为警察机关进行的侦查活动最终是为了检察机关提起公诉服务的，警检完全分立，缺乏配合和制约，不利于警察机关在侦查时就按检察机关控诉犯罪的需要来收集确实、充分的证据，因而许多传统上在侦查体制上实行检警分立的英美法系国家也出现了要求给予检察机关以一定的侦查建议和监督权的呼声。

在英国，法律规定侦查完全由警察进行，检察官无权指挥警察侦查。只有在警察认为案件已经查清，决定对嫌疑人提起指控时，才将案件材料移交给检察机关。检察官的责任就是对案件材料和证据进行仔细的审查，然后决定是否向法院提起公诉。如果发现证据不足，可以要求警察补充收集证据，但检察官无权自行侦查。因此，如果警察对检察官要求补充侦查的建议不予理睬，检察机关就只得终止诉讼。这已经引起了公众的不满，皇家刑事司法委员会已提出建议，要求检察机关在侦查阶段给予警察必要的司法建议，指导警察收集和发现充分的、能证明案件事实的证据。

相对于颇受辖制的英国皇家检察署，美国检察机关的权力要大得多，其具有一定的侦查权和指挥侦查权。联邦检察官"对在其司法区内实施的违反联邦法律的犯罪行为，有权要求进行或继续侦查"；地方检察机构的检察官"可以要求警察继续侦查"；助理检察官"在提起诉讼前调查犯罪事实，有些案件，首席检察官可派本署侦查员参与侦查"。由此可见，尽管在美国，侦查权主要掌握在警察机关手中，但通过法律特别赋予的部分侦查权、要求继续侦查以及参与侦查的职能，美国检察机关在侦查权上有一定的空间。

在全球范围内，警察机关及其刑事警察（司法警察）是最主要的侦查力量。无论是英美法系警检分立的侦查模式，还是大陆法系警检一体的侦查模式（甚至预审法官指挥侦查的三方合作模式），立法机关都将绝大部分侦查权赋予肩负维护社会秩序、保护公民人身安全和财产权益的警察机关。即使大陆法系将司法警察作为侦查的辅助力量，但在侦查一线中，司法警察仍然是侦查的主力军，他们充分利用警察机关在执法活动中的各种便利条件，由专门负责侦查的警察查明案件事实，收集相关证据，抓获犯罪嫌疑人。由此可见，警察机关的基本职能决定了其充当主要侦查力量的必然性。

但与此同时，侦查主体又表现出多元化设置的趋势。无论是英美法系还是大陆法系，对侦查主体都是采取多元化的设置方式，即除了警察机关以外，其他的行政机构、检察机关，甚至预审法官都可以在各自的职权范围内享有一定的侦查权。同时，根据侦查的需要还可以不断增设侦查机构。如美国的劳工部、农业部、商业部、邮电部、交通部、卫生部、海关总署等部门；俄罗斯联邦麻醉管制机关等在各自的职权范围内行使一定的侦查权。又如，香港的"廉政公署"、英国的"严重欺诈侦查局"等也都专门承担某一类刑事案件的侦查任务。这与当前世界范围内犯罪活动的复杂性、隐蔽性、组织性、多样性、多发性及侦查专业化程度不断提高的趋势相适应。

三、集中与分散

虽然集中式侦查体制具有运作高效的优势，但其无法适应各地执法的具体情况的缺点也非常明显，因而许多大陆法系国家开始试图在传统的高度集中的警察体制中增加一些地方性因素。例如，近年来，法国一些小市镇开始组建自己的警察力量，以保证地方法规的实施。虽然其规模甚小，但是也反映出了一种分散化的趋向。

与此同时，英美法系传统分散式的侦查体制相互之间缺少配合，不利于犯罪侦查工作的开展，特别是对于跨地区犯罪案件，侦查工作缺乏统一指挥，有时还存在警察机构之间的"消极竞争"。因此，美国已有许多法律机构和组织大力呼吁适当合并警察机构，以强化侦查体制的集中性。

英国传统上也是一个典型的分散式侦查体制国家，但是自19世纪中期以来，其警察体制的发展也出现了一定的集中化的趋势。首先，英国政府采取了一系列措施来合并地方警察机构。在过去的100多年中，英国警察机构的数量已从数百个减至数十个。其次，英国政府还通过财政拨款来加强中央对地方警察机构的控制，伦敦警察厅直接受内政部领导，其他警察机构也要接受内政部的监督，包括警察局长的任命权。因为各地警察机构的经费中有一半来自内政部的拨款（另一半来自地方政府）。由此可见，英国的警察体制不再是纯粹的分散式，而是分散与集中相结合的折衷式。

分 论

第四章 中国侦查制度

第一节 中国侦查制度的历史

如前所述,我国从秦朝至清朝末年,一直实行的都是纠问式诉讼。其最典型的特征是司法机关主动追究犯罪,法官集侦查、控诉和审判于一身,被告人完全沦为诉讼客体,刑讯成为侦查的主要手段。

以下我们将讨论这种模式何以延续数千年并且影响至今的原因。

一、侦查、审判合一的侦查模式

(一) 表现形式

社会职能分工不细,是中国古代社会一个固有的现象。侦查功能为审判所吸收并沦为审判的附庸,也是中国古代刑事诉讼制度发展的一个误区。

早在奴隶社会初期,犯罪出现的同时,侦查也应运而生。当时的刑事侦查即是采用侦查、审判合一的侦查模式。《尚书·舜典》曰:"帝曰:'皋陶,蛮夷猾夏;寇贼奸宄。汝作士,五刑有服。'""士"是古代最早掌管侦查、打击"寇贼奸宄"和"明五刑"的军事官吏,可见当时是兵刑合一的。

侦查制度的初步形成时期是在秦代。秦代的侦查制度初具雏形,侦审合一的侦查模式也随之确立。秦代的中央司法长官为廷尉,负责审理皇帝直接交办的案件和地方呈送的疑难案件。中央还有负责监察官吏的御史大夫。同时实行中央和地方的双重负责制。在郡县设"郡尉、县尉"执掌禁捕盗贼,在县以下设"亭","亭"的负责人亭长及其属下求盗的职责是求捕盗贼、维护治安,在乡设有"游徼",其职责也是缉捕盗贼。此后历代受秦朝刑事侦查职权机构设置模式的影响也很大。

至唐朝时期,伴随司法机关的"三权分立",唐朝建立了大理寺、刑部和御史台三大司法机关,遇到特别重大案件时由大理寺会同刑部尚书和御史中丞共同审理,称为"三司推事"。此时,虽然侦查活动已不局限于公堂之内,但刑事侦查仍然在很大程度上附属于审判职能。

至宋朝时期,犯罪侦查制度进一步完善,刑事侦查进一步与审判职能相分离。在中央,大理寺分为左右二寺。左寺负责定罪量刑,右寺负责审讯犯人和查明案情。

元明时期,中国古代侦查制度发生一定变异。元朝刑事司法制度出现一定倒退,比如取消大理寺以刑部代之,将二者的职能合二为一。而到了明代,刑事侦查制度侦审合一的特点表现得更加明显。特务组织"厂卫"的办案手段是秘密侦查和刑讯逼供,所以这一时期也很难实现侦查和审判的分离。

清朝时期,中国古代侦查制度发展得比较成熟,虽然仍沿袭明朝的三法司,但是分工更细,如在京师,治安机构为五城兵马司和京城绿营组成的巡捕五营。

(二)侦查、审判合一的侦查模式的成因

1. 和为贵的传统文化

中国古代崇尚和谐,如同儒家所说:"礼之用,和为贵。"对于"和"的重要性,荀子说:"和则一,一则多力,多力则强,强则胜物。"所以,中国古人认为"德莫大于和"。和为贵是中国传统伦理道德的重要精神。

为了实现这一目标,中国古代统治者坚持认为,和谐与稳定无法依靠法律取得,需要借助崇礼重德的中国文化,因此大力提倡兴教化、重人伦、厚风俗、明礼义的社会风气,在实际的执法施政中积极主张息讼、止讼,由此使得中国古代民众处处以合礼义为其行为的准则,很少发生违礼行为,犯罪率普遍较低。

即使在犯罪率较高的朝代,人们往往也在亲孝观念下不去纠举犯罪,从而导致刑事侦查很难发现犯罪。既然犯罪较少,侦审分离的办案模式也并非必须,所以中国古代的执政者更倾向于侦查、审判合一的侦查模式,此种模式不仅仅符合中国古代的社会现状,而且能够更好地节省人力物力。

另外,历代统治者大力提倡"息讼",地方官吏们不仅以调解、劝谕等方式来贯彻统治者"无讼"的价值追求,甚至还以地方立法的形式来劝阻、威胁诉讼。由此导致人们恐惧诉讼,以诉讼为耻,维权观念不强,忽视对自身权益的保护,侦查与审判分离这种有利于维护当事人权益的诉讼模式自然也就很难建立起来了。

总之,在中国古代追求和谐,以诉讼为耻,官吏以少诉为政绩衡量标准的社会氛围之下,刑事侦查中侦查、审判合一的侦查模式更适合官吏迅速结案,符合人们不愿对簿公堂的心理,易于为整个社会所接受。

2. 中央集权体制的影响

中国历代封建王朝一直采用的都是中央集权的专制主义统治形式,都是由皇帝统揽国家最高立法、行政、司法权。皇帝不但是最高的统治者,也是最高的审判官。

这种行政与司法合于皇帝一身的司法传统自然也对中国古代刑事侦查制度产生了影响。主要表现为:在刑事侦查审判中,皇帝常常根据自己的意志断案。另外还通过建立让许多行政、军事甚至内廷机构参与审判的体制,以制约刑事侦查审判机构可能出现的独立倾向,使之完全听命于自己。因此可以说,在集权制专制的国家里形成侦查、审判合一的刑事侦查模式是一种必然的结果。

另外,从司法机关与行政部门的关系上来看,我国历代司法机关都从属于行政部门,是行政部门的分支机构。从地方到中央,司法都是从属于行政的。如在中央,秦汉的刑侦机构廷尉是中央政府的九卿之一,唐、宋、明、清的刑侦部门刑部也是中央政府的六部之一。在地方上,司法更是处于行政的从属地位,不具备侦审分离的侦查模式建立的条件。地方长官就是同级司法审判官,侦查断案也是地方长官的主要职责之一,根本无须在行政管理机构外另设刑侦机构去专门履行刑侦职能。

应当说,这种地方官亲任侦查审判职责的现象是有其合理性的。一方面,这是刑事侦查制度发展过程中的必然阶段。在古代社会经济不发达、社会分工不明显时,侦查、审判合一能提高管理效率,实现资源利用最大化,有效满足社会需求。另一方面,也是最重要的一方面,即专制皇权的影响。在中国古代,无论中央或地方,也无论是否有专门的侦查审判人员和机构,中国的历朝历代,法律中都是规定由皇帝掌握最高司法权,其余司法官吏只不过是他的大大小小的代理人而已。而专制皇权的最本质特征是对权力的垄断性,他不愿意也绝不可能许可各级司法行政机关在刑事侦查时出现侦审相分离的二元并立结构,因为这实际上会妨碍自己意志的有效贯彻。于是，侦查、审判合一的刑事侦查模式便被很好地维护并延续下来了。

二、刑讯成为侦查定案的重要手段

高度的中央集权和至高无上的皇权统治，使侦查制度的发展以体现历代统治阶级权威的刑讯为主线。侦审合一的纠问式诉讼制度带来了古代审讯策略方法的繁荣，但这种繁荣却主要表现为整个古代盛行的刑讯逼供制度。

（一）纠问的历史

中国古代审理案件一直采用纠问式。根据从西周的铭文中找到的一些有关诉讼审判的记载，可以看出当时的审判已经完全是纠问式的。法官审讯称为"鞫问"或"推勘"，原被告双方都必须接受法官的讯问，在只能依实吐供这一点上是完全平等的，双方当事人当庭争辩往往被认为是"咆哮公堂"，是被禁止的，辩论的言词也很少会被采纳为事实的根据。如果认为已有其他证据可证明犯罪事实，而被告依然狡辩不已，就要采用刑讯，有时甚至原告被认为是说谎，或证人回答问题被认为不实时也可能遭到刑讯。

当然，中国古代的法律将这种纠问式审讯的方式发展为一种相当规范的制度，并不是单纯地以威吓取得口供。除了逼供之外，也有一些科学的讯问策略。据《周礼·秋官·小司寇》的说法，早在西周时就已经有了关于审讯原则的规定，即所谓"五听"，包括耳听、目听、辞听、色听、气听。五听的审讯方式实际上是强调通过五个方面来观察被审讯对象的心理状况，以此为根据判断被审讯对象是否在说实话，而被审讯对象是否讲实话又被认为是有罪还是无罪的直接证据。

云梦出土的秦简《封诊式》中有"治狱""讯狱"两篇，可能为当时的审讯原则，其中已提到审讯不能依靠刑讯："治狱能以书从迹其言，毋治（笞）谅（掠）而得人请（情）为上；治（笞）谅（掠）为下，有恐为败。"要求审讯者尽力让受审对象陈述，即使明知是谎言也不要急于揭穿，经过反复盘问，实在是多次改变供词、不肯服罪，依法需要拷打的才予以拷打。五听在后世成为法定的审讯制度。如北魏《狱官令》规定："诸察狱，先备五听之理，尽求情之意。"

不过，五听的利用相当有限，刑讯制度，逐渐规范化。

（二）"无供不录案"的审判原则

在中国古代，无论是在立法上还是在刑事侦查审判当中，被告人的口供都普遍受到重视并被赋予了异乎寻常的重要性。除了对一些难以断定或违礼的疑难案件可以"据众证定罪""据状科断"外，在一般情况下，侦查审判时必须取得被告人认罪的供词，才可以对其定罪处刑。即所谓的"断罪必取输服供词""罪从供定，犯供最关紧要"，都表明了我国古代司法官吏在刑事侦查时必须要遵循"无供不录案"的审判原则，若无口供，古代司法官吏是无法结案的。

秦汉魏晋南北朝时期"无供不录案"的审判原则开始迅速发展，如汉代规定可以用刑讯的方法使被告服告劾之辞，即"会狱，吏因责如章告劾，不服，以答掠定之"，而且认为"捶楚之下，何求而不得"。也就是说，在审讯时，如果被告人不服罪，就可以采取答掠的方法使之服罪。因此，为了使罪犯服罪，取得供词作为侦查定案的依据，中国古代的司法官吏势必求助于刑讯作为主要的手段，以至于助长了刑讯的恶性发展。

(三) 有罪推定的原则

封建社会有罪推定的司法传统是刑讯逼供产生的另一个重要根源。在我国刑法史上，古代曾有"疑罪从赎"之说，即将那些事实不清、证据不足、曲直难辩的存疑案件的嫌犯仍以犯罪论并从轻处罚。其本质上是一种"疑罪从有"，而"疑罪从有"与刑讯逼供存在逻辑上的联系，既然"从有"，为了取得"有"的证供，司法官吏就会采用刑讯逼供的手段使罪犯毒打成招，难免会造成大量的冤假错案。

有罪推定赋予了古代司法官吏不以事实为根据而主观擅断的权力，因此，刑讯逼供这种行之有效的、能够满足官吏们权威的侦查手段必定成为首选，从而使很多无辜的人受到刑惩。

应该说，刑讯逼供制度的源头与刑罚的产生背景是一致的。在原始社会，便有这样一种习俗，即对侵害氏族或部落内部的行为进行复仇。当这些原始习俗演变为统治阶级的意志表现的习惯法时，就成了刑罚。这些刑罚大多是死刑或残害身体的肉刑，很显然，司法办案的过程不可能不受其结果的严酷事实的影响，加上古人认识能力的局限和侦查方法的简朴，以及口供在定罪量刑中的决定作用，因而滥施刑罚必然成为侦查案件中经常性的手段和方法，也是统治阶级维护皇权和社会秩序的重要手段。

在封建时代，口供既然是定案的主要依据，刑讯逼供便不可避免。而古代刑讯逼供的盛行带来了极大的危害后果，它不仅造成了大量冤假错案的产生，而且作为一种主要的侦查方法严重地阻碍了侦讯谋略向更深更广的领域发展。

第二节 侦查主体

一、我国的侦查主体类型

侦查主体有广义和狭义之分。广义的侦查主体,是指在刑事诉讼活动中为了查明案件事实真相,实施调查行为,发现、收集、审查、核实证据,查明犯罪嫌疑人的一切机关和个人。狭义的侦查主体,是指在刑事诉讼活动中拥有国家赋予的侦查权力,依照法定程序实施侦查行为,收集犯罪证据材料、查获犯罪嫌疑人,对侦查结果自行作出移交公诉或撤销案件的处理决定的机关和人员。就我国国情而言,本书涉及的侦查主体是指狭义的侦查主体,简言之,就是指依法拥有侦查权并从事侦查活动的机构和个人。

根据法律规定,我国享有侦查权的机关包括:公安机关、人民检察院、国家安全机关、军队保卫部门、监狱和中国海警局。这些机关中各自设置了相应的内部机构,承担具体侦查任务。侦查人员是隶属于侦查机关并承担具体个案侦查任务的人,其相对独立地进行侦查实践活动。侦查人员之间按照被侦查案件性质和侦查人员具体负责的案件范围存在一般化侦查和专门化侦查之分。不过从中国实践来看,我国实行一般化侦查为主、二者结合的模式。

作为侦查主体,必须具备以下两个条件:

（一）依法拥有侦查权是成为侦查主体的先决条件

法律赋予侦查主体侦查权,是保障侦查主体履行职责的需要。《刑事诉讼法》第19条规定,人民检察院和公安机关是两大侦查机关;第308条规定,军队保卫部门、中国海警局、监狱也可以行使侦查权。

由于侦查是一项专门性活动,侦查权是法律赋予特定机构的职权,其他任何机关、团体和个人都无权行使,因此,侦查主体一经法律确定,即具有了法定性。

侦查主体的基本任务是通过侦查,揭露、证实犯罪,发现、收集证据,查缉犯罪嫌疑人。要查明犯罪事实,收集犯罪证据,抓获犯罪嫌疑人,就必须采取现场勘验、询问、讯问、拘留、逮捕等侦查措施,这会涉及单位或个人的权利和义务,尤其涉及公民个人的人身权利、民主权利等。我国宪法和法律保障公民和法人的合法权利不受任何非法侵犯,因此,侦查主体拥有法律赋予的侦查权,一方面能够保证侦查主体履行职务，完成侦查任务；另一方面也保证了侦查主体职务行为的合法性和行为结果的法律效力。

（二）侦查主体必须是从事侦查活动的机构和个人

根据法律规定，公安机关、人民检察院、国家安全机关等均具有侦查权，但由于其工作的多面性和复杂性，其内部均设有多种不同的部门，人员也具有不同的分工，应根据分工依法实施侦查行为。只有那些从事侦查活动的机构和个人才能行使侦查权。

侦查权具有侵犯性，会对公民权益构成严重的威胁，所以应把侦查权的主体严格限制在一定范围内。虽然侦查措施里面也包括非强制性的取证措施，但侦查权仍然只能被赋予侦查机关。也就是说，除侦查机关之外，其他任何组织和个人不得行使侦查权。

二、侦查主体之间的关系

如前所述，在我国，侦查权主要集中于公安机关和检察院，二者都是法定的侦查主体。在权力配置上，参照各国家机关的固有职能，将侦查权依案件性质进行分配，这种配置方式集中体现了"分工负责、相互配合、相互制约"的总体原则。

（一）分工负责

公、检机关作为侦查主体，分别对不同性质的案件行使管辖权。根据我国《刑事诉讼法》第19条的规定，在侦查权的行使上，二者对各自负责侦查的案件独立行使侦查权，分工明确，各自负责，彼此间并不存在谁主谁从的关系。

（二）相互配合

公、检机关作为侦查主体，对共同管辖的案件进行充分的合作。按照惯例，公安机关在侦查中发现涉及人民检察院管辖的案件时，应当将案件移送人民检察院；人民检察院在侦查中发现涉及公安机关管辖的刑事案件时，应当将属于公安机关管辖的刑事案件移送公安机关。在上述情况中，如果涉嫌主罪属于公安机关管辖，由公安机关为主进行侦查，人民检察院予以配合；如果涉嫌主罪属于人民检察院管辖，由人民检察院为主进行侦查，公安机关予以配合。因此，公、检机关的配合是以案件的共同管辖为基础的，并根据罪责在所涉案件中的地位来确定公检机关的合作关系。

（三）相互制约

公、检机关在行使侦查权时，应当互相约束，互相制衡，以保证准确行使侦查权，做到不枉不纵。应当说，在侦查权的配置层面上，我国法律并未确定侦查的从属性和公诉的主导性，与此相适应，我国的检察官并非基于其公诉主体地位而当然拥有侦查权并主导整个侦查程序，在权力的分配上，检察机关与公安机关实际上不分主次，以其固有职能以及案件性质来对侦查权进行分配，彼此间互不隶属。

而法律规定和实践中检察机关与公安机关的相互制约关系，源于我国刑事诉讼法所确立的公检法三机关分工负责、相互配合、相互制约的原则。而且这种制约是双向的，并不能体现公、检作为侦查主体的主从关系。如在逮捕权限上，公安机关逮捕犯罪嫌疑人，要提请检察院批准，如不批准，公安机关认为应当逮捕时，可以要求复议，如果检察院不接受，还可以向上一级检察院提请复核。同时在不起诉权限上也体现了这种双向制约关系，对于公安机关移送的案件，检察院决定不起诉的，应当将不起诉决定书送达公安机关。公安机关认为应当起诉的，可以要求复议，如果意见不被接受，可以向上一级检察院提请复核。

三、监察委与侦查机关之间的关系

我国《监察法》于2018年3月20日起施行，修改后的《刑事诉讼法》于2018年10月26日起施行。此次《刑事诉讼法》修改，其中一项很重要的任务就是完善监察与刑事诉讼的衔接，进一步明确监察委与侦查机关的关系。

具体而言，刑事诉讼法调整了人民检察院的侦查职权。新修改的《刑事诉讼法》将人民检察院自侦案件的范围，修改为"人民检察院在对诉讼活动实行法律监督中发现的司法工作人员利用职权实施的非法拘禁、刑讯逼供、非法搜查等侵犯公民权利、损害司法公正的犯罪，可以由人民检察院立案侦查"。在涉及监察体制改革的衔接部分，对监察机关调查终结将案件移送到检察院进行审查起诉的环节涉及的程序性机制作出了衔接性规定。

检察机关相应作出规定，例如，最高人民检察院发布的《关于人民检察院立案侦查司法工作人员相关职务犯罪案件若干问题的规定》明确规定，人民检察院立案侦查时，发现犯罪嫌疑人同时涉嫌监察委员会管辖的职务犯罪线索的，应当及时与同级监察委员会沟通，一般应当由监察委员会为主调查，人民检察院予以协助。经沟通，认为全案由监察委员会管辖更为适宜的，人民检察院应当撤销案件，将案件和相应职务犯罪线索一并移送监察委员会；认为由监察委员会和人民检察院分别管辖更为适宜的，人民检察院应当将监察委员会管辖的相应职务犯罪线索移送监察委员会，对依法由人民检察院管辖的犯罪案件继续侦查。人民检察院应当及时将沟通情况报告上一级人民检察院。沟通期间，人民检察院不得停止对案件的侦查。监察委员会和人民检察院分别管辖的案件，调查（侦查）终结前，人民检察院应当就移送审查起诉有关事宜与监察委员会加强沟通，协调一致，由人民检察院依法对全案审查起诉。

综上，分析监察委和侦查机关之间的关系，不难得出以下结论：

第一，根据《监察法》第4条的规定，国家监察委员会在全国人大之下，接受国家权力机关的监督；监察委员会在履职时应当与审判机关、检察机关、执法部门分工合作，相互配合，相互制约。

第二，从《监察法》的规定来看，调查行为不同于侦查行为。监察机关的调查权统合了原行政监察权和检察机关的职务犯罪侦查权。按照《监察法》第11条第2项的规定，监察机关对涉嫌贪污贿赂、滥用职权、玩忽职守、权力寻租、利益输送、徇私舞弊以及浪费国家资财等职务违法和职务犯罪进行调查。该法在第四章完整规定了监察委员会调查过程中可以采取的具体措施，从第18条到第30条的规定来看，具体措施包括向有关单位和个人了解情况、要求被调查人作出陈述、谈话、讯问、询问证人、留置、查询、冻结、搜查、查封、勘验检查、技术调查、通缉等多种手段，这些措施有的延续了原《行政监察法》的内容，如作出陈述和谈话等体现出行政调查的特点，更多的则是原《行政监察法》中未体现出来的形式。《监察法》中对于查封、扣押、讯问、通缉等手段的规定和《刑事诉讼法》的相关规定有类似的特点。

第三，监察机关查处职务违法和职务犯罪以《监察法》为依据，当案件移送至人民检察院依法审查、提起公诉之后则适用《刑事诉讼法》。

综上所述，监察委员会是由国家权力机关设立的监督机关，是反腐败工作机构，其职责是监督、调查、处置，本质上与公安、检察机关等执法和司法机关性质不同，监察机关行使的调查权不同于刑事侦查权，强制性的调查手段也不能等同于侦查机关的强制措施。

四、当前我国侦查权限

根据我国《刑事诉讼法》第108条的规定，侦查是指"公安机关、人民检察院对于刑事案件，依照法律进行的收集证据、查明案情的工作和有关的强制性措施"。

所谓"收集证据、查明案情的工作"，是指《刑事诉讼法》第二编第二章侦查中所规定的讯问犯罪嫌疑人，询问证人、被害人，勘验、检查，搜查，扣押物证、书证，鉴定，通缉等诉讼活动。司法实践中还有辨认、侦查实验等调查活动。

所谓"强制性措施"，是指侦查机关采取的涉及限制或者剥夺公民个人人身自由、财产、隐私等权益的措施，它既包括搜查、扣押、查询、冻结、通缉等侦查措施，也包括拘传、取保候审、监视居住、拘留和逮捕这五种强制措施。

侦查的目的就是查明案情，收集证据和查获犯罪嫌疑人。从某种意义上说，侦查的中心就是证据和犯罪嫌疑人，因此，为收集、审查、核实证据，查获犯罪嫌疑人的一切行为，也就当然地具备了侦查的性质。其中强制措施是以犯罪嫌疑人、被告人为实施对象的，目的都是使其处于司法机关的控制之中，以保证其配合司法机关开展各项诉讼活动。侦查阶段采取强制措施不仅具有避免犯罪嫌疑人逃避惩罚的目的，同时也具有收集证据的作用。例如，拘传明显侧重于对口供这种证据的收集；取保候审与监视居住则侧重于对犯罪嫌疑人的人身控制，为审判的实现和刑罚的执行提供保障；拘留侧重于对现行犯罪嫌疑人的控制和防止犯罪嫌疑人对证据的毁灭、伪造；逮捕则是采取取保候审、监视居住等方法还尚不足以防止发生社会危险而对犯罪嫌疑人进行的人身控制措施。由此可见，《刑事诉讼法》规定的强制措施，不论是从实施的目的，还是从各措施的行为特点都鲜明地带有侦查取证的色彩。综上，以是否施加强制力为标准把侦查行为分为两大类，一类是任意侦查，一类是强制侦查。

（一）任意侦查

任意侦查是指通过侦查主体之自然发现就可以获得，比如在犯罪现场进行勘验后发现的犯罪痕迹和犯罪工具，现场物证上所遗留的指纹、血迹、唾液的鉴定结果，或者不需要使用强制力进行的侦查行为，比如询问、侦查实验。任意侦查由于取证方法不涉及强制力的发动，因此没有正当程序的要求。但需要注意的是，这些侦查行为也有自身的规则，需要按照规则进行。任意侦查措施中，比较典型的是询问、勘验检查、侦查实验和鉴定。

侦查中的询问是指侦查人员通过和案件有关人员进行谈话或者问话来了解案件情况的活动。询问对象一般是证人和被害人。询问应当遵守的规则包括：个别进行；告知法律责任义务；不得使用威逼、引诱或者欺骗的手段来使被询问者提供证言。

侦查实验是指侦查机关为了确定刑事案件中的某种事实与现象在现实生活中能否发生或怎样发生，而运用科学技术方法，模拟刑事案件原有条件将其加以再现的一项侦查行为。侦查实验应当遵循的规则包括：近似条件下进行；反复实验；不得造成危险后果，侮辱人格或者有伤风化。

辨认是指侦查机关根据侦查刑事案件的需要，对犯罪嫌疑人、无名尸体、犯罪赃证以及有关场所进行的辨别与认定。正确地运用辨认，对于缩小侦查范围，发现侦查线索，认定与否认犯罪嫌疑人有重要的作用。辨认应当遵循的规则包括：个别辨认；混杂辨认；自由辨认。

勘验是指侦查人员对于与案件的场所、物品进行的观察、测量、检验、拍照、绘图等活动，其目的是发现和提取证据；检查是指侦查人员对案件有关的人进行的观察、询问、检查等活动，其目的是确定犯罪嫌疑人的某些特征和被害人的情况。勘验检查过程中一般不需要实施强制力。

（二）强制侦查

因证据或者证据方法存在的形式无法自然发现，更无从任意取得，而此项证据与待证事实之间存在关联性，为了通过证据发现事实真相，不得不通过公权力的强制介入，以确保证据得以浮现作为认定事实的凭据。强制侦查最典型的强制方式是对于供述性证据的取证方法，即拘留、逮捕；对于物理性证据的取证方式，就是搜查、扣押。

1. 拘留

拘留是一种重要的刑事强制措施，对于防止犯罪嫌疑人逃跑、自杀、串供、毁灭证据，保障刑事诉讼顺利进行有着其他强制措施不可替代的作用。对拘留的目的作出准确、明确的定位，才能确保刑事拘留的准确适用和切实维护犯罪嫌疑人的合法权益。

我国《刑事诉讼法》第82条的规定，设置拘留的意图是强调在紧急情况下控制犯罪嫌疑人。因此，拘留具有临时性和过渡性的特点。也就是说，对于被拘留的人，除了证据充足需要逮捕的以外，必须在24小时以内释放或变更为取保候审或者监视居住。然而，在司法实践中，一些基层公安机关及其侦查人员破案心切，急功近利，为了突破案件，往往把犯罪嫌疑人拘留起来作为破案的"法宝"，特别是把拘留后24小时以内进行讯问作为一种形式，用拘留代替侦查，而不在破案的能力、技术和水平上下功夫，更不能严格按照该条规定去办理案件。

2. 逮捕

由于逮捕完全剥夺了公民的人身自由，是最严厉的强制措施，因而有必要在程序上严格加以控制。根据我国《刑事诉讼法》的规定，公安机关对其侦查的案件，发现需要逮捕的，应当向人民检察院报请批捕，由人民检察院作出是否批准逮捕的决定；人民检察院在其自行侦查的案件中，发现需要逮捕的，由侦查部门报请审查批捕部门审查决定。

按照这个规定，我国的逮捕制度存在两个问题，其一，作为公诉机关的人民检察院，其职能在一定程度上与侦查机关具有同质性，能否客观公正值得怀疑。其二，在采取逮捕措施之后，我国立法规定审查系由自身来进行，完全是一种"自律"机制，缺乏一个中立的第三方来对逮捕措施的合法性进行审查。由此导致的后果是，在逮捕措施的适用方面，侦控机关享有绝对的控制权。这容易造成权力滥用，不利于对犯罪嫌疑人、被告人合法权益的维护。

3. 搜查、扣押

搜查是侦查机关为了收集犯罪证据、查获犯罪人，对犯罪嫌疑人的人身以及可能隐藏罪犯或者犯罪证据的人的身体、物品、住处和其他有关场所进行搜索、检查的侦查行为。由于搜查不仅可能对犯罪嫌疑人、被告人的人身、财产及隐私权造成侵犯，还有可能对犯罪嫌疑人、被告人以外的人的权利造成侵扰，因此，我国《宪法》和《刑法》都有专门条文予以约束。但由于《刑事诉讼法》尚未确立搜查的正当程序，故在司法实践中缺少对搜查行为的规制。

按照《刑事诉讼法》的规定，搜查的主体是侦查人员，无论是搜查的决定还是执行均由同一侦查机关负责。并且搜查程序可以轻易启动，缺乏应有的证明标准。对于搜查的实质条件，《刑事诉讼法》及相关司法解释均未作规定，只是重复强调"为了收集犯罪证据、查获犯罪人"这一目的性要求，缺乏具体的针对性。尤其是在现行的搜查程序中，被搜查人完全处于消极、被动地位，欠缺从权利的角度对搜查权的制约。对于违反法定程序的搜查，由于缺少一个中立的第三方，被搜查人无申请权利救济的渠道，只能坐视权利遭受侵犯。最后，对非法搜查的后果没有明确规定。比如，非法搜查获得的证据是否会被排除。

对于扣押，法律对扣押物品的范围界定得非常广泛，根据《刑事诉讼法》第141条的规定，在搜查过程中，只要发现了可以证明犯罪嫌疑人有罪或无罪的证据，无论这些物品与案件事实的关联性是否微弱，也无论是否有必要全部作为证据使用，都必须全部予以扣押，结果导致司法实践中公检法机关滥用权力随意扩大扣押范围的现象非常普遍，严重侵犯了公民的合法权利。不仅如此，我国《刑事诉讼法》第145条虽然规定，对于扣押的款物，经查明确实与案件无关的，公安机关应当及时退还有关当事人。但自我审查并纠正错误实际上是要求自己否定自己，难度之大可想而知。

从我国刑事诉讼中侦查取证的方式来看，并未强调取证手段的任意性。实际上，侦查可以分为任意侦查和强制侦查。任意侦查是指不采用强制手段，不对相对人的生活权益强制性地造成损害，而由相对人自愿配合的侦查。而强制侦查是指为了搜集或保全犯罪证据、查获犯罪嫌疑人而通过强制方法对相对人进行的侦查。对于任意侦查，法律应当鼓励侦查机关使用；而强制侦查的实施必须在符合法定的条件下，经过法定的程序才可以进行。几乎各国法律都要求应尽可能地使用任意侦查手段，而只有在法律规定的例外情况下方可使用强制侦查手段，这些都充分体现了侦查的法治性特点。这一点，我国的立法和司法实践尚有待体现。

第三节 我国对侦查取证的控制

一、现状

尽管我国法官不参与侦查程序，但无论是我国的刑事诉讼立法还是司法实践，对侦查取证应受到适度控制都是持肯定态度的。一般认为，中国对侦查权的控制主要是通过以下几种方式进行的：

第一，由侦查机关对侦查权进行内部控制。在我国，无论是公安人员还是负责案件侦查的检察官，在实施有关侦查措施时，必须取得其单位负责人的授权或批准，并由负责人签发相关的许可文件。

第二，我国对侦查取证的控制主要来自人民检察院，这是我国对侦查权进行控制的主要方式。根据我国《宪法》和《刑事诉讼法》的规定，人民检察院是我国的法律监督机关，其有权对公安机关的侦查活动实行法律监督。这种法律监督体现在以下几个方面：一是检察机关有权对公安人员的整个侦查过程进行一般性的监督，在发现公安人员的侦查行为违法或不当时，可以向公安机关提出纠正意见。二是审查批捕，在侦查阶段，逮捕一律由检察机关批准或者决定，公安机关要对犯罪嫌疑人进行逮捕，必须首先向检察机关提出逮捕申请书，并提交有关的报告和案卷材料，以证明逮捕的必要性和合法性，然后由检察机关进行审查并作出是否批捕的决定。人民检察院发现提请批准逮捕的证据不足或事实不清的，可以退回公安机关补充侦查。三是审查起诉，公安机关侦查终结移交人民检察院提起公诉的案件，人民检察院通过审查，发现公安机关的侦查行为违反法定程序的,还可以建议公安部门予以纠正或对有关责任人员进行惩戒,比如,最高人民检察院在《人民检察院刑事诉讼规则(试行)》第 379 条中规定:"检察院公诉部门在审查中发现侦查人员以非法方法收集犯罪嫌疑人供述、被害人陈述、证人证言等证据材料的,应当依法排除非法证据并提出纠正意见,同时可以要求侦查机关另行指派侦查人员重新调查取证。必要时人民检察院也可以自行取证。"

第三,在法庭审判阶段,人民法院也可以通过对非法证据进行排除,来制约侦查机关的侦查取证。

二、侦查取证控制的缺陷

根据前文的介绍,我国刑事诉讼中对侦查取证的控制主要是通过检察监督来实现的。

首先,由于我国公、检、法三机关分工负责、互相配合、互相制约的刑事司法体制的设计,在刑事诉讼中,公、检都行使控诉职能,均承担着追诉犯罪的任务,彼此之间有着内在的、必然的、不可分割的联系,这就使得检察官很难摆脱追诉犯罪的心理负担,往往在监督公安机关时流于形式。其次,从前面论述可以看出,检察机关的监督方式相当有限,同时也缺乏相应的保障措施,致使监督常常流于形式。例如,检察机关发现公安机关在侦查活动中有违法行为的,只能以提建议的方式促使其纠正,假如公安机关置之不理,检察机关通常也别无良法。尽管人民检察院在审查起诉中,对于公安机关通过上述五种手段所获得的三种非法证据,可以拒绝作为控诉犯罪的证据,但由于"配合原则"的要求以及各种法外因素的干扰,司法实践中,人民检察院很少使用这种手段。而且,检察机关审查批捕和审查起诉的大量工作都是书面审查侦查机关报送的材料,而侦查活动违法的情况很难全面反映在案卷中。

总之,由于我国侦查取证控制相对薄弱,现行的以检察监督为主的侦查控制模式又存在内在的缺陷,致使侦查实践中出现了不少问题。

实践证明,刑事诉讼中的非法搜查、扣押、诱供、骗供乃至刑讯逼供,大都发生在侦查阶段。法治社会,"它的要害,在于如何合理地运用和有效地制约公共权力的问题"。总之,改变我国侦查权的控制的现状,使侦查程序更加符合程序公平的要求,已成为我国刑事司法体制改革面临的首要课题。

第四节　加强对侦查取证的控制

一、确立保障人权的侦查观，用权利限制权力

就刑事诉讼而言，侦查权先天强大，而犯罪嫌疑人的人权容易被忽视，因而犯罪嫌疑人的人权遭到侵犯的现象特别严重。因此，限制侦查权，保障犯罪嫌疑人的基本人权就显得非常有必要。"侦查机关与犯罪嫌疑人的关系，实际上不过是政府与个人之间法律上与现实中的关系在刑事程序中的延伸和具体体现"。因此，限制侦查权、保障犯罪嫌疑人的人权不仅对制止侦查程序中侵犯人权的现象非常有必要，而且对于正确处理政府与公民的关系具有重要的意义。

社会契约说认为，权利是权力的唯一合法来源，同时，也是权力行使的目的和界限。自权力产生之日起，它就负有保障人民的职责和义务，如果权力的行使损害了人民的权利，则人民可以收回权力。马克思主义法学也认为，权力是权利的聚合，其力量强于权利，但没有权利的驱动和指引，权力就会在社会运行中蜕化变质。民主政治的理想状态就是使权力服务于权利，使权利有效地制约权力。依此立论，我们应强化用权利制约权力的机制。

在侦查阶段要赋予犯罪嫌疑人及其辩护人更多的诉讼权利。因为犯罪嫌疑人诉讼地位的先天不足和控方力量的先天强大，如果任其发展，将形成侦查机关对犯罪嫌疑人的以强凌弱的局面。诚如梅利曼教授所言，"诉讼权利的不平等以及书面程序的秘密性，往往容易形成专制暴虐制度的危险"。

第一，赋予犯罪嫌疑人一定的沉默权。因为犯罪嫌疑人是拥有辩护权利的诉讼主体，而不是侦查机构用来控诉的诉讼客体。而且，要求一个人自己反对自己，不但在道德上难以成立，也会使整个诉讼法律关系遭到扭曲。

第二，犯罪嫌疑人有获得诉讼权利告知的权利。犯罪嫌疑人对法律有着不同程度的陌生感，尤其是那些受教育程度低、生活在下层社会的犯罪嫌疑人，他们常常不知晓自身所享有的权利范围和权利内容，从而更不懂得用这些权利来抵御非法侦查活动。如果侦查机关不主动告知其权利，便意味着犯罪嫌疑人诉讼权利的丧失。因此，权利告知反映了侦查机关愿意接受外部制约的明朗态度，体现了侦查活动的民主与公开，有利于增强人们对侦查活动的信任度，有利于对公民权利意识的培养。

第三，赋予律师讯问时的在场权。讯问是获取口供及其他证据的重要侦查手段之一，同时也是犯罪嫌疑人的权利最容易受到侵害的环节之一。因此，许多国家为防止侦查人员在讯问中滥用权力，规定了律师在犯罪嫌疑人被讯问时有权在场的制度。我们应允许在讯问犯罪嫌疑人时律师在场，比如，在侦查活动中设立值班律师制度就是一个比较好的思路。

第四，赋予律师在侦查阶段的调查取证权。实际上为了实现控辩平衡，赋予律师这一权利也未尝不可。因为调查取证权是辩护权的核心，如果律师在侦查阶段有辩护地位，就可以顺理成章地享有取证权。律师早日介入取证，有利于发现真相，保证结论的可靠性；并且可以打破警方在调查中一统天下的局面，进而促进警方的工作效率。侦查机关以国家强制力为后盾，可以实施各种侦查手段和强制措施，而律师的活动仅限于调查、了解、走访、记录等任意性行为，不足以妨碍侦查进行，反而有利于发现事实真相。

二、司法审查

对侦查取证的司法审查体现在两个方面，一是强制性取证措施的司法授权，二是法官对证据合法性的审查判断。

（一）司法授权

所谓司法授权，是指侦查机关进行的所有涉及公民权利的活动，必须获得一个中立的不承担追诉职责的机构的授权。这种制度使得侦查机关和侦查人员除现行犯和紧急情况外，原则上无权动用强制性措施。

在西方国家，行使侦查权的司法警察或检察官要运用逮捕、搜查、扣押、窃听、监控、羁押等侦查措施时，必须事先向法官提出申请，法官经过专门的司法审查程序，如果认为符合法定条件，才许可进行上述侦查活动，并颁布许可令。许多国家的司法实践证明这种以司法权抑制侦查权的做法十分有效，这正是"要防止滥用权力，就必须以权力制约权力"。

这种侦查机关不享有强制措施决定权的做法应是"司法最终裁决"这一现代法治原则的典型体现，它也符合"控诉与裁判职能分离"这一基本诉讼原则。

（二）加强对非法证据的排除

确立非法证据的排除规则，以使司法权能够在法庭审判阶段继续对侦查权的合法性进行事后控制。所谓非法证据，是指在刑事诉讼中，法律授权的官员违反法律规定的权限或以违法的方式取得的证据，包括实物证据和言词证据。

对违法证据的排除与否，从根本上讲，是一种价值选择问题，其实，"与纯科学不同，法律的目的并不在于发现真相，并不在于发现全部真相，并不纯粹在于发现真相。这不但代价过高，而且往往与解决争执的目的不沾边"。因此，在辩护方明确就控方出示的某一证据提出异议时，法院应当就这一证据采信问题作出专门的裁定。

非法证据的排除，不仅体现为司法对侦查取证的控制，还体现为司法对犯罪嫌疑人、被告人权益的保护。控辩双方先天取证能力失衡，作为辩方而言，可以选择的对抗方式，一是收集对己有利的证据，二是攻击对方的对己不利的证据。其中控方取证是否合法就成为辩护方重点关注的目标。

第五节　侦审关系的改革

所谓侦审关系，是指包括侦查权与审判权的关系、侦查职能与审判职能的关系、侦查行为与审判行为的关系、侦查程序与审判程序的关系、侦查人员与审判人员的关系、侦查机构与审判机构的关系。

目前我国侦查制度的改革有一个非常重要的方向，即将"以审判为中心"的诉讼制度改革作为侦查制度改革的重要背景和要求。也就是说，侦查制度的改革需要符合"以审判为中心"的诉讼制度改革的总体方向。以下我们将讨论我国刑事司法中侦查和审判的关系。

一、侦查与审判的关系

（一）侦审的相互影响

一方面，侦查对审判的影响，主要是指侦查阶段的结论在审判阶段发挥何种作用，如何发挥作用。从理论分析的角度来看，侦查对审判的影响需要重点关注侦查结论是否会对审判结论造成预断。

以此作为区分标准，侦查对审判的影响可以分为两种情况：一种是侦查结论会对审判结论产生预断。侦查结论对审判结论形成预断的具体方式是侦查阶段形成的案卷笔录在审判阶段能够使用，并且成为审判阶段裁判的依据。另一种是侦查结论不会对审判结论产生预断。法官在庭审中根据控辩双方在庭上提交的证据独立地作出裁判，侦查阶段形成的案卷笔录原则上不能移交给法院作为审理的基础，以防止法官对裁判结论形成预断。

另一方面，审判对侦查的影响，即审判主体对侦查活动的影响，主要包括强制性侦查行为和审前羁押，能否形成有效的制约和控制；以及审判中对于非法证据的排除，能否制约和控制侦查行为。

基于侦查阶段的任务和侦查活动的性质，侦查具有侵犯嫌疑人权利、自由的极大可能性，因此应当建立特定的制度加以制约和控制。以审判主体对侦查活动是否具有司法控制机制为标准，可以确定侦查活动是否具有正当性。这是从侦查活动正当性的角度讨论侦审关系，也是从此角度分析侦审关系的目标。

据此，审判对侦查的影响可以分为两种情况：一种是审判主体对强制性侦查行为和审前羁押具有法定的控制机制。具体来说，审判主体对强制性侦查行为和审前羁押存在司法审查和司法授权机制，侦查机关采取强制性侦查行为、实施审前羁押措施前，应当向法院提出申请、证明符合法定条件，获得法官的司法授权，否则侦查机关的强制性侦查行为和审前羁押措施是违法的。另一种是审判主体对强制性侦查行为和审前羁押措施没有制约和控制机制。在这种情况下，侦查主体实施强制性侦查行为、采取审前羁押措施，不需要经过法院的审查和授权，即使有一定的内部审批程序，甚至是由检察机关实施的审查程序，但是从整体来说，侦查活动不受审判主体的制约。

（二）侦审关系的应然状态

从无罪推定的基本原则出发，减少、阻断侦查结论对审判结论的预断，加强审判主体对侦查活动的制约和控制，是大多数国家刑事诉讼的理念。

从刑事司法基本理论的角度来说，只有法官拥有认定被告人是否有罪的决定权，除此之外其他主体都不能行使该项权力。因此，从刑事诉讼程序的角度来说，审判阶段是整个刑事诉讼程序的中心环节，侦查和公诉都是为审判活动进行准备、提供证据；从法庭审理方式的角度来说，法官基于庭审中控辩双方出示的证据、发表的意见和法律规定，独立地认定案件事实、适用法律、作出裁判。在审判过程中，侦查机关收集的证据，作为指控证据的一部分在法庭上出示；经过举证、质证等活动，法官最终对指控证据是否具有证据能力、证明力，能否作为定案依据等作出裁判。

因此，侦查机关收集的证据并不具有天然的证据能力和优先的证明力，对法官裁判结论的形成不具有决定性的影响。为减少、阻断侦查结论对审判结论的预断性影响，大陆法系国家普遍规定的直接言词原则，与英美法系国家广泛存在的传闻证据规则，不承认证人在法庭之外所作的陈述具有证据资格，不论这种证言是以书面还是以他人转述的方式在法庭上提出。又如，美日等国采取起诉状一本主义，检察官起诉时只能向法官提交起诉状，而侦查卷宗只能对预审法官发挥作用，庭审中不具有可采性；在德国法中，职业法官阅卷、案卷笔录不具有预设的法律效力以及集中审理原则的保障，使得侦查卷宗只能发挥非常小的影响。

再来看审判对侦查的影响。对强制性侦查行为和审前羁押措施建立司法审查和司法授权机制，体现在很多国家的具体制度之中。例如，不少国家建立了由法官颁布许可令的"令状制度"。无论是逮捕、搜查、扣押、窃听，司法警察或者检察官都要事先向法官或者法院提出申请，后者经过专门的司法审查程序，认为符合法定的条件后，才能许可前者进行上述侦查活动。

法官对审前羁押的决定，需要按照法庭审理的方式加以确定，审前羁押的适用应当符合比例原则、必要性原则等的要求。这些具体制度的背后，体现出审判对侦查的制约和控制。

从程序正当性和保障犯罪嫌疑人、被告人基本权利的角度来说，都不应当将此权力交由侦查机关独立实施，而应由法院进行审查和授权。这既是保障犯罪嫌疑人、被告人权利的重要措施，也体现出审判对侦查的有效控制和制约。

二、我国刑事诉讼中的侦审关系现状

对照我国的司法现状可以发现，我国刑事诉讼中的侦查结论对审判结论具有预断性影响，而审判对侦查缺乏基本的控制和制约。

（一）侦查结论对审判结论的预断性影响

我国刑事庭审呈现出案卷笔录中心主义的基本特征。具体而言，侦查机关在侦查过程中会形成各种案卷笔录，并在侦查终结时将案卷材料移送给检察机关；经过审查，检察机关在向法院移送审查起诉时，会将侦查阶段形成的以案卷笔录为基础的指控材料，在庭审前全部移送给法院。负责审判的法官在庭审前会查阅包括侦查案卷笔录在内的卷宗。在庭审过程中，检察机关会出示大量侦查机关制作的案卷笔录；而法庭审查的对象，也主要是以侦查案卷笔录为基础的指控证据。

因此，我国的刑事法庭审理方式无法体现直接言词原则的要求。大量言词证据的提供主体（包括证人、鉴定人、被害人等）不出庭作证，证言笔录、被害人陈述笔录、书面鉴定意见大行其道；为证明侦查取证的合法性等问题，控诉方在法庭上出示侦查取证时形成的各种笔录、文书时，作为取证主体的侦查人员基本不会出庭作证。而且，在庭审中，即使被告人、证人等出庭，其庭前供述笔录、证言笔录仍然具有证据能力；即使在庭审中被告人当庭推翻庭前供述笔录，证人当庭推翻之前的证言笔录，除非有非常确定的证据能够压倒性地证明被告人的当庭辩解、证人的当庭证言成立，否则法官仍然会采信被告人的庭前供述笔录、证人的庭前证言笔录。

可以说，我国的刑事法庭审判在很大程度上就是对侦查案卷笔录的确认程序。在该过程中，侦查结论对审判结论的预断性影响体现得非常明显。

（二）审判主体对侦查活动的失控状态

在我国，审判主体无法对侦查活动进行控制和制约，这种现状在我国《刑事诉讼法》和相关的法律规定中有明显的体现。从职权配置来说，审判主体若要对侦查活动进行控制，需要按照"司法最终裁决"的原则享有司法审查权力。也就是说，审判主体享有的司法审查权力，是对侦查活动进行控制和制约的权力保障。然而，从我国法律规定的角度来说，审判机关享有的权力中并不包括司法审查权力。具体而言，我国《刑事诉讼法》第3条规定了公安机关、人民检察院和人民法院的具体权力。其中，"审判由人民法院负责"。根据学界的解读，我国法院享有的审判权是对案件进行审理并定罪量刑的权力，并只具有相关的职权。

这意味着我国法院享有的审判权被限定在审判阶段，而且只是针对定罪量刑等问题作出裁判的权力。因此，法院对于侦查主体实施的侦查活动和审前羁押措施，并没有进行控制和制约的职权基础。

按照《刑事诉讼法》第108条的规定，"侦查是指公安机关、人民检察院对于刑事案件，依照法律进行的收集证据、查明案情的工作和有关的强制性措施"。其中，收集证据、查明案情的工作包括讯问嫌疑人、询问证人、被害人、勘验、检查、侦查实验、鉴定、辨认、技术侦查措施等；而这里的强制性措施，除了法定的强制措施之外，还包括具有强制性的侦查措施，如搜查、扣押、查封、冻结等。按照《刑事诉讼法》和相关司法解释的规定，强制性侦查行为的实施都是由侦查机关自行决定，即使存在一定的审批流程，也是由侦查机关进行内部审批。

再来看审前羁押的运用。我国的审前羁押措施主要包括拘留、逮捕。按照法律规定，拘留由作为侦查机关的公安机关、人民检察院决定实施，而逮捕则由人民检察院批准，或者由人民法院决定实施。

通过以上分析可见，在我国刑事诉讼的侦查阶段，是不存在司法控制的，侦查机关独立地实施侦查活动，法院既不参与其中，也无法对强制性侦查行为的合法性进行司法审查。

由此可以看出，我国的审判主体对侦查活动没有足够的控制权力。

三、对我国侦审关系现状的反思

我国刑事诉讼中的侦审关系，呈现出侦查结论对审判结论具有预断性影响，而审判主体对侦查活动缺乏控制机制的现状，主要体现为以下几个弊端：

（一）审判活动流于形式

按照现代刑事审判的基本理念和制度，在法庭审判过程中，法官应当按照直接言词的方式进行审理。在该过程中，证人、鉴定人、收集证据的侦查人员等应当尽可能出庭，接受控辩双方的调查和询问，侦查主体在庭前制作的案卷笔录不应具有在法庭上出示的证据资格。只有这样，法官才能真正按照证据裁判原则的要求作出裁判。这是刑事审判活动发挥实质作用的基本机理，也是我国推行"以审判为中心"的诉讼制度改革、强调庭审实质化的理论根据。

然而，根据前面的分析，我国的庭审呈现出"案卷笔录中心主义"的特征。也就是说，侦查过程中形成的案卷笔录成为刑事审判的主要对象。证人、鉴定人、收集证据的侦查人员等在庭审过程中基本不出庭，导致控辩双方无法对证据进行有效的审查、质证；法官无法接触到证据的原始形式，控辩双方，尤其是辩护一方无法有效发表质证意见，使得法官的裁判结论只能来自案卷笔录。最终，法庭审判活动无法实现实质化，只能是对侦查案卷的审查和确认。此种情况下审判活动已经失去了实质性和存在的意义，不再是案件结论的实质形成程序，而沦落为侦查结论的确认程序。

另外，由于法官无法接触到大多数证据的原始形式，很难通过庭审的方式了解控辩双方的意见，因此无法真正对控诉一方的证据进行审查，也无法真正审查指控主张在实体法、程序法方面的问题，就更谈不上纠正其中的错误了。从这个角度来说，我国的侦审关系现状导致了法院纠错机能的缺失。

（二）侦查活动处于司法控制缺失状态

按照刑事诉讼中侦查权力运作和控制的基本原理，为了防止侦查权的滥用，需要对侦查权采取必要的制约措施。从刑事诉讼职权配置的角度来说，侦查机关和检察机关均属于控诉一方，由检察机关对侦查权进行制约，在权力制约的效果方面会大打折扣。因此，审判机关对侦查权进行控制，是实现对侦查权力制约的有效途径。

然而，我国刑事诉讼中的侦查机关，除了适用逮捕这种强制措施需要检察机关的批准外，其他强制性侦查行为和审前羁押措施的运用，都可以自行实施；即使存在所谓的"批准",也是在侦查机关内部的审批程序,由本侦查机关的负责人或者主管者,或者上级侦查机关负责人进行审批,而无法受到外部的监督和制约。在这种制度安排之下,侦查活动基本不受制约,审前羁押措施的适用、强制性侦查行为的实施,完全由侦查机关自行决定。

由此可见,我国现行的侦审关系现状,导致审判机关难以真正有效地制约侦查机关,而侦查机关权力过大,缺乏制约。

(三)犯罪嫌疑人、被告人的权利难以得到有效保障

具体来说,只有审判主体能够做到公正审判,根据案件的证据和相关法律规定作出独立的裁判,才能切实保障被告人的权利;而如果审判结论无法摆脱侦查结论的预断性影响,无法对以侦查案卷笔录为主的指控证据进行实质性的审查判断,无法进行有效的纠错,则最终必然损害被告人的权益。

侦查活动的控制问题同样如此。强制性侦查行为和审前羁押措施在很大程度上是针对犯罪嫌疑人实施的,出于侦查机关和犯罪嫌疑人在侦查阶段的对立状态,以及为了成功侦破案件的需要,侦查机关具有侵犯犯罪嫌疑人的内在动力和可能性,而侵犯的具体方式就是强制性侦查行为和审前羁押措施。如果审判主体无法有效制约侦查主体的侦查活动,就为侦查主体侵犯犯罪嫌疑人的权利打开了方便之门。

四、侦查制度改革的反思与展望

从比较法上考察,大体存在三种侦查观,即纠问式侦查观、弹劾式侦查观和诉讼式侦查观。

纠问式侦查观把查明实体真实作为侦查的目的,它强调作为查明实体真实手段的讯问犯罪嫌疑人的意义,并且认为逮捕和羁押可以出于讯问的目的,侦查机关与犯罪嫌疑人不是对等的当事人,而是上位对下位的关系,换言之,犯罪嫌疑人处于讯问客体的地位。纠问式侦查观承认司法令状主义,其程序上的归结点主要在于确认犯罪嫌疑人对侦查机关讯问的"忍受义务"以及侦查机关出于侦查目的而动用强制措施的权力,相应地追求令状主义、沉默权、律师帮助权的形式化。

弹劾式侦查观认为,侦查的目的是侦查机关与犯罪嫌疑人及其辩护人双方独立为审判进行准备。在程序上的主要归结点是出于正当程序的要求而否定犯罪嫌疑人接受讯问的义务,并且要求令状主义、沉默权、律师帮助权和辩方的诉讼准备活动应当尽可能实质化。

诉讼式侦查观认为，侦查是独立于审判而存在的一种程序。其目的是作出起诉和不起诉的决定而查明有无犯罪嫌疑以及有关的情节，如果不存在足以起诉的犯罪嫌疑或没有起诉必要，就应当尽快让嫌疑人从程序中解脱出来。

反观中国侦查制度与实践运作，可以看出，我国的侦查观并不满足上述三种典型侦查观中的任何一种，因为中国式侦查由国家垄断侦查权，实行所谓单轨制侦查体制，还没有形成正当程序观念以及侦查的对抗化和平行式。

如果侦查制度改革在"以审判为中心"的诉讼制度的背景下进行，从侦审关系的角度来看，侦查制度改革的总体方向是加强审判对侦查的控制和制约，减少侦查对审判的预断性影响，建立符合现代刑事司法规律的侦审关系，那么我们的侦查观应该逐渐向弹劾制或诉讼制靠拢，才能适应"以审判为中心"的诉讼制度。

第五章 英国侦查制度

英国是世界上第一个步入资本主义社会的国家，其犯罪侦查制度发展较早，并对世界上许多国家的侦查制度产生过影响。英国的侦查制度是英美法系国家的代表。

第一节 英国侦查历史沿革

一、警务官

公元5世纪中期，盎格鲁和撒克逊等日耳曼部落侵入不列颠群岛并相继建立了七个王国。当时王国下分为若干郡，郡下分为若干"百户区"，百户区下再分为若干"十户区"。郡长和百户长由当地贵族担任，他们既是地方行政长官，也是郡法院和百户区法院的法官。十户长则由区内各户主轮流担任，其职责主要是维持地方治安。此后逐渐形成"十户连保制"，即十户区内年满20岁之自由民男子均应宣誓不得违法并对区内违法犯罪行为负有共同责任。区内一人犯罪，其他人都有义务缉拿之，并对该犯罪后果承担连带赔偿责任。这是一种集体负责性质的，以治安为核心、以预防为手段的居民自治警察。

1066年诺曼征服后，英吉利城镇的发展使得原来那种以誓约和连带赔偿责任为基础的十户联保制失去了效力。于是，一些城镇便推举"诚实能干的人"担任巡夜人，并要求"每个百户区从那些最强壮的人中推举两位守法居民"负责本地治安。后来，这些人被称作"警务官"，并逐渐取代了百户长和十户长的地位。虽然这些警务官和巡夜人也都没有报酬，但他们已在一定程度上属于维护治安的"专门人员"了。至此，集体负责性质的居民自治警察制度已开始向专人负责性质的居民自治警察制度转化。不过，以缉捕罪犯为主要形式的犯罪侦查职能仍然只是社会治安职能中的一小部分。这种警务官制度一直延续到十九世纪初期。

二、大陪审团

诺曼征服后，在审判中设立陪审团的古老习惯也被带到了不列颠。开始时，陪审团仅具有证人的功能。1166年，亨利二世颁布"克拉灵顿诏令"，要求在暗杀、强盗、抢劫、窝藏罪犯、伪造货币和纵火等重大刑事案件中都要有12名当地居民组成的陪审团向法庭提出控告。此时的陪审团已经具有侦查职能，因为它要查明犯罪事实并呈请法院逮捕被告人。

古代大陪审团的职能比较广泛，实际上包括现在的侦查、预审和起诉。19世纪以后，由于专门负责犯罪侦查和起诉的机构相继出现，所以大陪审团只剩下了预审职能。20世纪初，治安法官又逐渐接替了大陪审团的预审职能，于是设立大陪审团的情况日益罕见。1948年，大陪审团彻底退出了英国的历史舞台。

三、验尸官

英国的验尸官制度大概可以追溯到盎格鲁撒克逊王国时期。这种官员最初是由国王任命的，其职责是作为国王代表来保护国王的财产和王室的利益并制约郡长的权力。后来在地方发生死亡案件时，由于其具有公正性和权威性，所以便由其主持勘验尸体和询问证人，并作出裁断。久而久之，由验尸官主持死亡案件调查便成为一种惯例。

长期以来，验尸官一直从当地有固定财产的正直居民中推选，并不要求其具备专门的法律知识和医学知识。但是16世纪以来，法医学的发展使得人们认识到这种非专业化验尸制度的弊端。1926年的《验尸官修正案》进一步规定验尸官本人必须是具有5年以上执业经验的医生或律师。目前，验尸官仍然活跃在英国的侦查活动中。

四、治安法官

英国的治安法官制度也起源于盎格鲁撒克逊王国时期。各郡郡长指定辖区内的一些骑士或乡绅为治安维持官，负责郡内的治安以及起草起诉书和押解罪犯等工作。后来，这种作法得到了国王的认可。治安法官的职责是对刑事案件的调查和审判，包括对罪犯的查缉和逮捕，以及对扰乱社会治安行为的管制。实际上，治安法官是郡一级的最高司法官员，郡内的警务官和验尸官都要受其领导。由于治安法官是由非法律专业的贵族担任没有报酬的业余法官，所以法律规定各郡应配置一些熟悉法律的"书记官"协助其办案。治安法官制度的确立标志着在郡一级地方政府中司法权与行政权的分离。不过随着近代正规警察机构的建立，治安法官的犯罪侦查职能逐渐被代替。

五、检察官

13世纪，金雀花王朝为巩固王权和加强国王对司法活动的监督，开始设置国王律师，其主要职责是对涉及王室利益的杀人案件进行调查，起诉并监督审判，此外还负责叛逆、谋杀、纵火、抢劫、强奸等被列为"破坏王室安宁"案件的调查和决定是否起诉。国王律师是英国检察官制度的起源，而且其显然肩负着一定的犯罪侦查职能。

1461年，国王律师被改名为总检察长，并设立国王辩护律师一职。1515年，国王辩护律师改名为副总检察长。1827年，英国改变了检察官仅为王室利益参与刑事诉讼的惯例，增设了负责追究普通犯罪行为的检察官。1879年的《犯罪追诉法》进一步规定在英国各地建立地方检察机关——公共追诉处，在总检察长的领导下对地方的刑事案件行使追诉权。不过，在20世纪80年代中期以前，英国的绝大多数刑事案件都是由警察或公民向法院起诉的。1985年5月，英国新颁布的《刑事起诉法》把全国分为31个区，每区设一名刑事检察长和若干名刑事检察官，原来属于警方的刑事案件起诉权转入检察官手中。

六、私人侦探

英国的犯罪侦查具有"以民为主、以官为辅"的传统，因此其私人侦探业亦发展较早。大约从16世纪开始，在伦敦等大城市就开始出现了一些专门代理警务官执行警务的"个体户"。当时，被任命的警务官不得拒绝履行职责，但是那既费时间又无报酬且颇具危险的工作往往影响其从事本身的职业，于是一些警务官便自己花钱去雇穷人代替其执行警务。后来，法律也认可了这种雇人代理警务官的做法。

这些人大概就是英国最早以私人身份专门从事治安和侦查职业的人。20世纪以来，随着警方侦查力量的加强，私人侦探业逐渐向私人保安业转化。1935年，英国出现了第一家私人保安公司。目前在英国影响较大的私人保安公司共有16家，其中最大者雇员上万人。虽然其业务多以犯罪预防为主，但是在犯罪侦查领域内仍然起着拾遗补阙的作用。

七、警察

1829年的《大伦敦警察法》标志着英国近代正规警察机构的诞生。英国是最早创建近代警察的国家。早在1829年9月,当时的内政大臣罗伯特·皮尔爵士便在伦敦建立了第一支近代意义上的警察部队——大伦敦警察厅。大伦敦警察厅的总部设在白厅街4号,由于这所房子在历史上曾是苏格兰国王在伦敦下榻的地点,所以人们习惯性地称之为"苏格兰场",并以此作为大伦敦警察厅总部的代称。当时的大伦敦警厅下设若干警区,每区设一警察署;警区下设若干巡区,由警察昼夜巡逻。警察都穿统一的燕尾服并戴盔帽,以便公众识别。到1930年6月,大伦敦警察厅已有警察3000多人。

大伦敦警察厅成立后不久,英国政府便要求各地方政府按照首都的模式建立正规警察机构。到了19世纪中期,英格兰和威尔士的56个郡和178个市都新建或改建了自己的警察机构。由于这些相互独立的警察机构的规模相差悬殊,大者警员数千,小者警员数十,而且一些小城镇仍在试图建立自己的警察机构,所以严重地阻碍全国警察的标准化发展和中央对地方警务的控制。地方警察的合并已势在必行。1882年的《地方政府法》规定人口少于2万的市镇不得再建立独立的警察机构。1888年的《地方政府法》又进一步规定人口不足1万的市镇的警察机构都得并入郡警察局。

然而,到1939年时,英格兰和威尔士仍有183个独立的警察机构,其中最小的尚不足25人。苏格兰的警察机构虽建立较晚,但到1964年时也有33个独立的警察机构。后来又经过一系列的合并运动,英国三大警区的警察机构到80年代中期已减至52个,其中英格兰和威尔士有93个,苏格兰有8个,北爱尔兰有1个。这就是现代英国以警察为主体的侦查制度的雏形。

纵观英国犯罪侦查制度的历史,我们可以看到三条发展演变的规律:一是从民众侦查发展到官方侦查。例如,"十户联保制"和大陪审团都属于民众"自侦自查",警务官和验尸官也只是半官方的侦查;治安法官、检察官和近代正规警察才属于官方侦查。二是从业余侦查发展到专业侦查。早期的十户长、百户长、警务官、大陪审团乃至治安法官都具有业余侦查的性质,直到苏格兰场的建立才开始了专业侦查,而正规警察机构的建立则是专业侦查发展的保障。三是从职能分散的侦查发展到职能集中的侦查。古代的警务官、大陪审团、验尸官、治安法官和检察官都曾具有一定的侦查职能,但是随着社会的发展,警务官和大陪审团已退出历史舞台,治安法官和检察官不再参与侦查而分别负责预审和起诉,验尸官和私人侦探也仅在某些领域内辅助侦查,于是侦查职能便集中于警察一身。

英国犯罪侦查制度的历史可以使我们更好地理解其侦查制度的现状。

第二节 侦查主体

就侦查机关的机构设置而言,英国的侦查机构设置体现出分散型的特点,这也是由英国长期以来形成的较分散的国家组织形式所决定的。当然,随着社会的发展,尤其是二战结束之后,英国政府就国家组织形式做了调整,日益呈现出一种分散型和集中型相结合的特点,侦查机构的设置亦然。就侦查主体而言,英国的侦查权利不完全属于国家公权力,这一点由其所在的英美法系的法律制度所决定,其主体除了传统意义上的警察机构外,还存在着民间的侦查主体——私人侦探。

一、警察系统

英国的警察系统主要由中央警务管理机关、地方警察机构和专门警察机构组成。中央警务管理机关指的是英国内政部的警政司,其职权包括指导与协调全国的案件侦查工作,当然,根据英国的法律,这种指导与协调对于地方警察机构而言只是参考性的而不具有领导力。

英国的地方警察机构除大伦敦警察厅直属于内政部外,其他的均接受内政部和地方政府的双重领导,地方各级之间没有隶属关系。

专门警察机构是指英国附属于行政或军事部门的警察机构,如:交通运输警察署、原子能总署警察局、内政部关税总署稽查处、内政部毒品管理署稽查处、国防部警察局等,在一定范围内行使执法和侦查职能。在其内部的各级侦查职能机关之间亦不存在领导与被领导的关系。

现今,全英国共有52支警察部队。其中英格兰和威尔士有43支警察部队;苏格兰有8支警察部队;北爱尔兰有1支警察部队。这些警察部队名义上都归属于内政部管辖,但实际上是各自独立的,每一支警察部队的警服与标志各不相同,彼此间也没有隶属关系。不过,由于伦敦的警察机关最为庞大,承担的任务最重,人员也最多,它的一些政策和做法,对全国各地的警察机关有很大的影响,一般起着示范的作用。各地区警察机关的经费由内政部和当地政府共同负担。内政部每年派出考核小组对地方警察局的工作实绩进行考核,并据此决定其下一年的预算。

由于英国有着根深蒂固的自诉形式的刑事诉讼传统,所以在绝大多数的刑事诉讼中是不存在公诉人的，因此，检察系统的侦查权在绝大多情况下是不被履行的。直至 20 世纪初，英国才在内政部下设由检察长监督的公共追诉处，来负责有关国会和政党选举贿赂案件的侦查和公诉。也就是说，在英国，可以不将检察系统视为案件侦查的主体。

二、非公调查系统

虽然英国的侦查工作主要由警察负责，但是，在一些警方不便介入或无暇介入的一般性案件中，私人侦探则发挥着重要的作用，但其不得侦查涉及国家机密和政府机关的案件，不得妨碍警方的犯罪侦查和执法工作。如果私人侦探在调查其受理的案件过程中发现该案为重要犯罪案件，他们应将该案移交警方处理，并有义务向警方提供全部案情材料。换言之，英国私人侦探虽然在历史上曾经担任了非常重要的侦查力量，但现如今几乎成为一种附属于公权力的补充性力量。

是否允许私人、民间机构享有一定的侦查权限是区分两大法系的又一个特征。允许私人、民间机构享有一定的侦查权限是英美法系双轨制侦查的一种体现。在英美法系的许多国家和地区，私人侦探如同律师和医生一样，已得到社会公众的广泛认同，成为社会不可或缺的一种自由职业。这种做法实质上是承认国家权力对社会的管理有限性及容许国家权力适当让渡于社会公民。

私人侦探在英美法系的国家中有着悠久的历史，一些西方发达国家实行正规警察与私人侦探并轨体制，私人侦探具有适量的侦查权，社会承认这支力量。这种模式与英国历史上侦查主体产生于民间有着直接的关系。而大陆法系的国家，从历史上看，始终没有给私人侵入国家权力的空间和机会。在传统理念的支配下，这些国家和地区的公民在内心深处早已习惯和接受了国家权力绝对化、国家权力高于一切的思想。因此，对侦查权而言，绝对不允许私人、民间机构有丝毫的"侵入""分割"，甚至在国家机关内部，侦查权也必须严格控制在绝对信任的机关和人员手中。

第三节　英国侦查程序制度

英国属于典型的普通法系国家，其刑事诉讼承袭的是典型的对抗式或当事人主义诉讼制度。侦查程序与起诉和裁判地位等同，并且其起诉审查和裁判工作是可以贯穿于整个刑事诉讼过程中的。

当今的英国具有相对分散的国家组织形式的传统,受普通法系的影响,在处理社会整体权益和个人权益这一对矛盾关系时通常把个人权益放在比较重要的位置,即在二者出现冲突时,法律更注重个人权益的保护。英国的侦查程序伴随着中立司法机构的监督,侦查机关在侦查各个阶段受到的法律的制约相对较多。在整个侦查过程中,所有的调查和侦查措施的使用都要经过庭审的方式进行,全程接受陪审团和各级治安法院的制约。英国的法律在保护犯罪嫌疑人合法权益方面做了很大的努力,比如沉默权的使用。律师可以受当事人的委托全程参与到案件诉讼过程中,并且在法庭对抗中起着非常关键的作用。

在英国,刑事案件的侦查全部由警察机关进行。1984年《警察与刑事证据法》和1996年新颁布的《警察与刑事证据法的实践法》赋予警察从事侦查活动所必要的权力,同时又对警察的权力加以限制。以下简要介绍英国侦查程序中比较有特色的几个制度。

一、讯问

(一) 讯问要求

在英国的刑事诉讼中,对证据有三条基本要求:公正、可靠、充分。如果证据不可靠、不充分,对其存在合理怀疑,法官就可以对犯罪嫌疑人宣告无罪释放。因此,对于如何保证警察能够有效、公正地收集证据,防止舞弊行为,他们从制度上和方法上做了一些重要的改革。

从1991年开始,根据英国内政部颁布的《录音实施法》,警察讯问犯罪嫌疑人的,必须同时制作两盘录音磁带。在开始录音时,要说明被讯问人的姓名、讯问人和在场人的姓名与身份等。讯问结束后,当提供的录音带记录的内容出现异议时,则由法官主持,将封存的那一盘录音带调出,当众拆封播放,同警察提供的录音磁带进行核对。

近年来,英国警察机关根据《录音实施法修正案》的规定,在进行讯问时,除了必须同时制作两盘录音外,有条件的还要同时制作两盘录像。从1999年开始,所有的警察机关在进行讯问时,必须同时录音、录像,两盘录音带须由一个录音机同时录制,两盘录像带也必须由一个录像机同时录制,不允许拷贝。这种制度和做法保证了警察调查取证的合法性和证词的可靠性。自从实行这一制度后,人们很少对录音和录像的真实性产生疑问,警察的讯问笔录被法庭采纳的概率大大提高。这是将现代高科技运用于刑事诉讼,加强对侦查机关的有效制约,以确保诉讼公正的巨大进步,它使公众对诉讼的公正性增强了信心。当然,这需要很大的投入。

（二）沉默权的发展

沉默权，又称为反对自我归罪特权。沉默权的核心内容"反对自我归罪"可追溯到英国的古老格言"人民不自我控告"。究其根源，在 13 世纪，英国宗教法庭在刑事诉讼中强迫被告人进行"职权宣誓"，否则将被处罚。后来，为了对抗这种不人道的审讯方法，被告人经常以"不必自我归罪"作为辩护理由。经过发展，"不必自我归罪"逐渐演变成一项重要的司法制度，沉默权即源于此。

关于沉默权的基本含义，一般包含以下几个内容：①犯罪嫌疑人、被告人有权在讯问中保持沉默，有权拒绝回答任何讯问，警察、检察官和法官有义务告知其该项权利，并不得因其沉默而使其处于对己不利的境地或作出对其不利之判决；②犯罪嫌疑人有权作出对己有利或不利之陈述，但必须处于其自愿。被迫作出的任何陈述不得作为认定案件之依据；③犯罪嫌疑人、被告人没有义务向追诉方和法官提供可能使自己陷入于己不利之证据，控方不得强迫其作出陈述或提供证据。

沉默权之根本目的就是保护人权，沉默权是抗辩式制度的传统组成部分。尤其是沉默权与抗辩制之"均衡对抗"的理念之间具有深层关系。在抗辩制刑事司法程序中，尤其是在侦查程序中，警察基于其侦查目的，与犯罪嫌疑人之间存在着一种"先天的"不均衡，而不均衡的对抗是无法得到正义的结果的，所以，为追求双方在均衡状态的对抗，就要进行"平等武装"，在这个意义上，可以说沉默权是平等武装的最基本的一项要求。事实上，沉默权制度不仅保障了犯罪嫌疑人的权利，给予其在侦查程序中抗辩的保障和机会，加强了其对抗力，同时也加重了控方的举证责任，这符合"谁主张、谁举证"的古老原则，从而使侦查行为为做到"有证控诉"而完善化、科学化。

沉默权的确立与发展，与英国历史传统上的"崇尚自由理念"是分不开的，这种理念追求公民免受国家的权力侵扰，也是"自由法律主义的正当程序"观念。沉默权在英国虽然经过了多年的实践，但在当代同样遇到了不可回避的挑战：无条件、绝对的沉默权将抹煞刑事司法制度的最初目的，即预防和惩罚犯罪。另外，由于"被害人学"的兴起，过于强调犯罪嫌疑人权利保护将对被害人的权利产生影响。

所以，英国《1994 年刑事司法与公共秩序法》在下列情况下削弱了被告人在侦查阶段的沉默权：①被告人在警察讯问阶段有合理机会提出辩护的事实根据却没有提出，而是留待审判阶段提出，可以从中得出不利于被告人的证据性推定；②在警方讯问时，要求被告人对控告证据的细节作出解释，诸如犯罪现场附近的衣服或可见物的标志而他却不能解释时，也可以得出不利于被告人的证据性推定。

赋予被追诉者沉默权是抗辩制之必然要求，即必须赋予被追诉者在侦查中的沉默权，否则，无沉默权之保障的侦查程序与抗辩制模式本身呈矛盾之势，因为作为最基本、最起码的抗辩权，沉默权在侦查阶段其实可以看作是抗辩制模式的标志之一。

然而，预防和控制犯罪的需求也需要满足。这一点，通过英国《1994年刑事司法与公共秩序法》对沉默权的削弱可对我们产生启示。

二、搜查与扣押

为了取得确实证据，侦破刑事案件，英国法律赋予警察广泛的搜查权。搜查分为有证搜查和无证搜查。

（一）有证搜查

在一般的情况下，警察对嫌疑人进行搜查时，必须事先向治安法官提出书面申请，由治安法官批准后签发搜查证，由警察负责执行。搜查证自签发后的1个月以内有效，每张搜查证只能使用一次。

如果是有证逮捕，则可以在逮捕后进入犯罪嫌疑人的房屋进行搜查而不必另用搜查证。但如果是无证逮捕，则不允许在逮捕后直接进入犯罪嫌疑人的房屋进行搜查。

（二）无证搜查

无证搜查是指警察在紧急情况下没有搜查证而对犯罪嫌疑人进行的搜查，其对象一般是人身与车辆。只要警察有合理的怀疑认为某人携带有违禁品或在其车辆中藏匿有盗窃来的赃物，警察就有权对其进行无证搜查。但无证搜查只能由穿制服的警察进行。如果警察在发现犯罪嫌疑人时没有穿制服，则必须把要搜查的对象带到穿制服的警察面前才能进行搜查。

（三）扣押

警察从犯罪嫌疑人身上或者从他的住处搜查到的犯罪证据，有权将其扣押。但是，根据1984年《警察与刑事证据法》的规定，下列物品不得扣押：①当事人与律师之间有关本案的通信或通话录音；②当事人与他的诉讼代理人之间关于法律咨询或涉及诉讼程序的通信或通话录音。

三、侦查中的羁押

同沉默权类似，羁押同样不仅仅存在于侦查阶段，它可能在整个刑事司法程序中被采取。本节仍围绕侦查程序中与犯罪嫌疑人的权利相关的角度来论述。

（一）英国法律规定

警察对被逮捕人的羁押期限一般不能超过 24 小时。对于犯严重的可捕罪者，如果警察认为放出去可能再犯罪，可以由警长决定将其关押 36 小时。届时如需延长羁押期限，警察必须将犯罪嫌疑人带到治安法官面前，由治安法官决定是否继续关押。治安法官在作出延长羁押期限的决定时，必须有律师在场。对被逮捕人的羁押期限最多可达 96 小时，但法院必须每 24 小时审查一次，作出是否再延长的决定，直到可以延长至 96 小时。

英国 1984 年《警察与刑事证据法》针对羁押问题建立的核心制度包括：①设立拘留警察，扮演拘留的独立看门人、被拘留者权利的保护人以及被拘留者处遇和福利的监督人等角色；②确立犯罪嫌疑人的咨询律师和通讯权；③规定授权方的级别，决定对一个人的权利或自由的影响越大，作出决定的官员的级别就应越高；④确定讯问的条件和方式；⑤规定严格的记录保全；⑥自由裁量权、例外以及"法律的精神"。

根据英国的法律，任何人被警察逮捕后，除非有足够的理由证明继续关押他是合法的并由治安法官决定继续羁押外，对于大多数犯罪嫌疑人，在被逮捕后一般都可以很快保释出去等待审判。

英国的保释有两种：一种是无条件保释；另一种是附条件保释。所谓"无条件保释"，就是要犯罪嫌疑人出具一个保证书，保证不妨碍侦查和不逃避审判。当犯罪嫌疑人在保证书上签字后，就可以回家去等待审判。所谓"附条件保释"，就是在决定准予保释前，由预审法官对犯罪嫌疑人明确宣告几条要求，例如，在保释期间不得与哪些人接触；不得离开居住的地区；定期向当地警察报告情况；等等。在犯罪嫌疑人表示愿意遵守这些条件后，即将其释放。

（二）一点比较

取保候审制度从 1979 年就被写进了我国《刑事诉讼法》，它是公检法三机关对于符合法定条件的犯罪嫌疑人、被告人，责令其提出保证人或交纳保证金，以防止其逃避侦查、起诉、审判，保障刑事诉讼程序顺利进行的一种强制措施。从现有立法来看，主要根据是"采取取保候审、监视居住是否足以防止社会危险性"。这里存在着一个逮捕的"必要性"问题。在这一点上的误区是，认为只要不属错捕,均为合理。这种看法正是忽视了立法精神——逮捕与取保候审、监视居住之间"是否足以防止社会危险性"即必要性的价值选择,究其实质,仍然是人权与程序正义观念的淡薄所致。

在实践中,取保已沦为对那些不能被羁押、但仍然需要继续控制的人而采取的替代措施。虽然取保的初衷是既要保障诉讼顺利进行,又要减少对犯罪嫌疑人、被告人的自由权利的侵害,不过它的真正价值并没有体现出来。立法机关意识到中国刑事审前羁押率居高不下的问题,于 2012 年修订《刑事诉讼法》,对取保候审制度进行了扩充,力图增强其可操作性。

然而,根据 2015 年、2016 年两份《新刑诉法实施调研项目数据报告》的数据可知,被调查的律师群体中,有接近 80%的比例是从来没有或者极少成功申请取保的。

波斯纳在《法理学问题》中说过,由于标准给予运用标准的官员较大的裁量权,这就会成为滥用这种权力的开始。我国的取保候审制度权力的意味明显,着眼点更多在于对犯罪的控制。所以一旦可能存在对打击犯罪不利的因素,比如逃跑、毁灭证据等或然风险,权力主体自然怠于行使取保。

英美的保释制度和我国的取保候审有相同的地方,然而其内在理念差异颇大。英国保释制度被定义为"在被逮捕的人提供担保或者接受特定的条件的情况下,将其释放的制度",美国对于保释的理解也和英国大致相同。对于前者,保释是个人的权利;对于后者,取保是国家的权力。在英美,被逮捕的被告人,有接近 80%被保释,这证明保释制度使较多的涉嫌犯罪者提前获得自由,免受羁押痛苦。

美国保释制度中最让人印象深刻的是具结保释。具结,就是出具保证书的意思。具结保释的发明,是世界保释制度发展史上的一个里程碑。这是美国在 20 世纪 60 年代的保释改革中出现的新方法,是由美国弗拉基金会提出的。弗拉基金会的学者们调查发现,在当时的美国,很多被告人因无力交付保释金而不能获释,被关在狱中候审。为了探索代替传统的财产保的新保释方法,学者们决定去识别潜在的安全被保释人。那些人没有钱支付保释金,但实际上他们根本不会逃跑,如果把他们放了,他们也会按时到庭受审。此项目的工作人员通过对被保释人的访谈来获取相关信息,然后在证实这些信息的基础上,根据一个客观的标准来对被告人进行打分,最后根据打分情况来决定是否向法官推荐具结保释,这个项目被称为"曼哈顿保释项目"。该项目获得了巨大的成功,经过它推荐的被保释人呈现出超低的逃跑率，这使更多的被告人，不管有钱没钱，都获得了审前释放，在对犯罪惩罚需要的前提下，最大限度地满足了保护个人权利自由的需要。

我国取保候审制度的改革关键，似乎也应该从提高取保候审适用率开始，从危险驾驶、交通肇事、轻微盗窃、轻伤害以及被害人已经达成谅解的案件原则上就可以适用取保开始，逐渐扩展到其他罪名。

第四节 令状制度

英国是令状制度的发源地，近现代英国的令状制度主要用以规范警察机关所实施的强制性处分，并体现于成文法。如《英国治安法院法》1984年《警察与刑事证据法》等，这些法律都详尽地规定了令状制度。

一、令状制度的起源

令状制度产生于英国，这与英国自由主义的思想传统密不可分。自由主义思想将个人的自由视为与生俱有的天赋权利，法律应当保障个人的自由，这种保障主要体现在正当程序当中。正当程序要求对任何权利和自由的剥夺，必须有正当的根据。刑事侦查中的令状制度是正当程序的重要组成部分，它为国家权力的运行设定了必要的界限，并要求国家实施的强制措施必须具有正当的根据，因此被视为审前阶段的正当程序保障的重要内容。如果说自由主义思想孕育了正当程序理念，那么自由主义思想也孕育了刑事侦查中的令状制度。

令状制度起源于英国而发展于美国。它最初是英美法系国家控制侦查权的主要方式，此后初步为大陆法系国家所认可，并成为法治国家共同奉行的制度。因此，英美作为令状制度的输出国，其令状制度具有重要的研究价值。

令状制度在刑事诉讼中主要用于保障犯罪嫌疑人的权利。在英国，侦查阶段必须由治安法官签发搜查、逮捕或授权羁押犯罪嫌疑人的令状。《警察与刑事证据法》规定，签发搜查令状的权力由治安法官行使。警察应当向治安法官提出书面申请。该申请是由警察单方进行的，也就是说，房屋的主人或者居住人没有权利被通知或者在申请的时候在场。根据法律规定，警察必须说明申请的理由、要搜查的地点和寻找的物品。治安法官必须以司法程序进行审查，并且考虑现有证据是否表明存在合理的理由相信一项严重的可捕罪已经发生以及要搜查的场所中是否存在侦查犯罪所需要的证据。治安法官还必须确信，通过令状的方式是获得该项证据所必需的。

英国治安法官的职位可追溯到 12 世纪末，理查德一世提名若干绅士作为"太平守护者"，其主要工作就是处理犯罪，侦查阶段的令状签发是其重要工作。1679 年，查理二世签署了《人身保护法》，法案的主要内容为：非依法院签发的逮捕令，不得逮捕羁押。已依法逮捕的，应视路程远近，定期移送法院审理。这标志着现代刑事司法令状制度的诞生。

随着对美洲的征服，英国殖民者把风靡于英国的自由和权利带到了北美大陆的各殖民地，其中就包括令状主义。美国建国以后，《联邦宪法修正案》第 4 条规定，"人民保护自己的人身、房屋、文件及财产不受任何无理的搜查和扣押的权利不容侵犯；除非是由于某种正当理由，并且要有宣誓或誓言的支持并明确描述要搜查的地点和要扣留的人或物，否则均不得签发搜查证"。从此，美国也正式确立了令状主义制度。

第二次世界大战结束后，人权保障运动在全世界兴起，由于令状主义制度能够促进保护人权，同时随着美国对德国、日本等战败国进行了大规模的法律改造，许多大陆法系国家也相继制定了类似的规定。目前，英美法系国家和许多大陆法系国家已经把令状主义制度作为一条宪法原则普遍确认下来。

二、令状制度的主要内容

总的来说，令状制度的内容包括以下几个方面：

（一）令状的申请

侦查机构要获取司法令状，须提出正式的申请。一般而言，侦查机关申请司法令状的时候，都要递交一份"申请书"。

申请主体就是有权向法院申请司法令状的机关，这是令状申请的一项重要内容。如果申请主体不合格，是不可能获得令状的，这也是为了防止令状申请权的滥用。当今世界各国侦查权的行使主体主要是警察机关，但在有的国家，检察机关对刑事案件也同样拥有侦查权。所以一般情况下，申请主体是警察机关或检察机关。

令状原则上以书面方式申请，例外情况下可以采取口头方式申请。书面申请具有优点，比如内容具体、确定、逻辑性强等，既有利于法官作出理性的决定，在以后法庭辩论中因为强制侦查行为产生争议的情况下，也有利于进行审查。

申请的内容就是申请司法令状的申请书所包含的内容，它包含两层含义，一是哪些侦查行为需申请司法令状，二是申请书必须列明的具体内容有哪些。各国的法律一般都禁止签发一般令状。一般令状又称普通令状，是指不指明强制侦查行为针对的特定人、特定物、特定场所的令状，其基本特征就是缺乏"特定性"。由于一般令状严重威胁公民的自由和权利，而且起不到令状主义的限制侦查权、保障人权的作用，所以一般令状在各国普遍被禁止。各国法律一般都明确规定，申请书必须要具体指明扣押的人或物品。

另外，令状申请书需要说明"合理根据"证明强制侦查行为实施的必要性，这是申请书最重要的部分。对于此部分，申请人通常需要说明以下事项：其一，描述相关犯罪的实施情况。如嫌疑人的动机、实施犯罪情况、目前嫌疑人的行为状态。其二，警方所认为的犯罪嫌疑人所涉嫌的罪名。因为法官签发令状时会考虑嫌疑人的犯罪行为涉及哪些罪名及严重程度。其三，有采取强制侦查行为的必要性。

在一般情况下，法官在签发令状时要规定令状执行的时间或期间，如果没有特殊情况，法官会作出"令状必须立即执行"的说明，以免时过境迁时批准签发令状的"合理根据"消失。但对于法律有特别规定的，法官则会依照法律，并根据犯罪嫌疑人的情况在令状中指定具体的执行时间。

（二）对令状申请的审查

在实行令状主义的国家，令状的签发标准通常就是是否存在"合理根据"。对令状申请的审查，主要就是对"合理根据"的审查。签发令状的司法官员必须拥有充足的信息，以使任何一个有理性的人相信确实存在"合理根据"。

各国令状签发主体通常都是独立于侦查机关的法院、检察院等机关或人员，而且大部分国家都是处于中立地位的基层法官。同时，有些国家和地区由于其法律传统，检察官也有签发令状的权利。各国法律通常规定了令状审查需要的证明标准，法官的内心只需要达到"大致相信"就可以，而且法官在审查的时候也可采信犯罪嫌疑人的前科记录、传闻证据，并不适用严格的证据法则。

另外，由于法官对案件的掌握没有侦查人员准确，所以，一般情况下，对令状的审查只进行合法性审查而不进行合理性审查。虽然令状主义强调对侦查权的限制，但是并不意味着司法权可以对侦查权任意干涉，甚至替代侦查权。总之，只要令状的申请符合法定要件，法官就应当签发。所以在实践中，英美法系国家令状批准签发率很高。

（三）令状的执行

令状的执行是指将已经发生法律效力的令状交付执行机关，以实施其确定的内容，以及处理执行中的各种程序问题而进行的活动。令状签发后，要马上交给申请机关执行，令状的执行主要包括执行的时间和期间、执行的范围以及执行时应注意的问题等。

令状的执行时间必须按照令状指定的时间进行。为了避免时过境迁而使可成立的理由消失，令状一旦签发就要马上执行。另外，有些法令规则也含有时间限制。执行后，应当"无不必要迟延"地回复签发令状的官员。而任何未予执行的令状也将缴回原签发的官员并宣告撤销。

执行范围是指依照令状执行时的范围。由于令状中会明确写明执行所针对的特定人、特定物、特定场所，通常情况下，执行活动就应当限定在令状所指定的范围内。这对逮捕、拘留等涉及人身自由的强制侦查行为不存在什么问题。但对于搜查、扣押、监听等涉及财产权和隐私权的令状，其执行范围则往往出现较大争议，争议的焦点在于是否可以超出令状指定的执行范围。

三、令状制度的救济

没有救济就相当于没有权利，虽然令状主义可以对强制侦查行为进行司法审查，达到限制侦查权的目的，但是只有设立相应的令状主义救济机制，令状主义才能起到保护公民权利免受非法侵害的作用。目前令状主义的救济主要有以下三种方法：

（一）当事人的异议权

对于令状的执行，如果当事人有异议，可以向法官等特定机构提出异议。当事人既可以对令状本身的合法性提出异议，如对令状中的"合理根据"存在异议，也可以对令状执行中的合法性提出异议，如执行时没有出示令状，执行时间错误或者不符合无证搜查、扣押、逮捕的情形等。在错误执行后，还可以通过提出异议进行救济。

（二）非法证据排除

一项权利的救济通常有实体性制裁的救济和程序性制裁的救济两种方式。非法证据排除规则就是一种程序性制裁的救济方式。现代世界各国普遍设立了非法证据排除规则，其中非法搜查、扣押、监听等所获得的证据就是非法证据排除规则所要排除的证据之一。

为了保障令状主义的实施，顺利对当事人进行救济，大多数国家规定了违反令状主义而获得的证据将要在日后的法庭审判中被排除。毫无疑问，非法证据排除规则是对违反令状主义的强制侦查行为最有效的救济手段。因为警察侦查的直接目的就是为了获取案件的证据材料,为此,甚至不惜违反法律进行强制侦查,如果将由此获得的证据加以排除,那么这种违法操作就失去了意义,警察也就会停止无谓的非法侦查行为,从而使违反令状主义的强制侦查行为得到抑制。

(三) 民事赔偿

民事赔偿是令状主义的另一种救济方式。在侦查机关对被执行人进行违法侦查时,会损害公民的人身权、财产权、隐私权等权利。为了更好地保护当事人的利益,有些国家还允许当事人可以通过提起民事诉讼的方式,要求获得民事赔偿。赔偿的范围通常是实际造成的损害,而对于尚未执行的令状,一般不能提出民事赔偿。

四、令状制度的价值

(一) 令状制度对侦查权力的规制

令状的控权功能体现在以下几方面:

第一,令状的事前审查制度对侦查权将起到一定的抑制作用。由于第三方的存在,将使侦查方形成一定的压力,再加上作为中立的令状签发者可以行使自由裁量权,这迫使侦查方必须按照令状签发者的标准准备申请材料,否则令状签发者有权拒绝签发令状,使侦查工作难以开展。尤其对于证据不充分的案件,令状签发者可以拒绝签发令状,从而保障公民权利免受不合理的侵害。

第二,令状的存在便于对公民进行救济。令状记载的内容包括法官签发令状的根据和执行令状的范围,它是侦查人员执行令状的依据,也可以为将来公民与侦查方可能发生的争议明晰焦点。令状副本、令状回执将会送达给被执行令状的公民,使其能够获取相关信息作为将来提出质疑和申请救济的依据。

第三,令状可以防止法官受事后调查的结果影响,形成对犯罪嫌疑人的偏见。如果通过未经合法程序的强制措施发现了控诉证据,法官很难不受这些事后取得的证据的影响,而对侦查人员违法实施的强制措施多持宽容态度。但有了令状制度,排除非法证据就具有了合理性。

(二) 令状制度对公民基本权利的保障

天赋人权的观点在英国深入人心,英国人民普遍认为诸如人身自由之类的实体权利乃是人生来就有的,始终存在的,无须法律来进行特殊的保证和赋予。这样的观点体现在两个方面:一是只要程序正确合法,权利便可以实现;二是只有程序正确合法,实体权利才可以被剥夺。所以,在英国的法律中,基本概念是和程序概念与诉讼意识联系在一起的,人们期待得到的更多的是公平的待遇和对正当程序的遵守，而不是关于权利和义务的理论定义。

搜查等强制处分行为作为特定的侦查手段，其行使难免要干涉到法律所保护的公民基本权利，比如财产权、住宅权、隐私权等，因此，原则上只有中立的司法机关根据"合理根据"审查签署令状后才能够实施此种强制处分行为，从而保障公民的基本权利不受任意侵犯。现代社会的一个基本原则即主体性原则要求法律必须尊重每个人的自由和尊严，国家在惩罚犯罪的同时要保障被追诉者以及第三人在刑事诉讼过程中的诉讼主体地位，切实保障其基本人权。令状原则便是根据此种精神，要求侦查机关在对公民的基本权利进行任意侵犯前，必须由中立的司法机关确保合理根据的存在，若申请人作了虚假陈述，还应该受到刑事处罚。令状原则期望用这种方式来避免侦查人员的草率行动和滥用职权，从而使每个人的权利受到应有的尊重。

（三）令状制度维护合法的侦查权力

通过司法审查控制侦查权的目的除了保障公民的权利外，还应当维护合法的侦查权力，这两个方面并行不悖。

第一，令状对于侦查机关而言，是一种对抗无理争讼的有效"护身符"。有令状的侦查行为一般被推定为合法，如果侦查行为的相对人对该侦查行为的合法性提出异议，则应当承担提供证明的责任，否则其主张不会被法官采纳。美国判例认为，被告人如果认为警察所提供的用以获取令状的誓愿有伪证或"不顾事实的疏忽"，有权提出听审要求，但在听审中其提供的证据必须达到优势证明标准，否则法院不会支持其主张。令状制度具有一定的归责机制，它能够保证其参加者（申请令状者、签发令状者和侦查行为的相对人）各司其职，从而减轻侦查官员的责任风险，最终保护合法行使权力的侦查官员。即使令状的形式上存在某些缺陷，在不影响侦查行为正当性的合理范围内，侦查机关也往往可以"善意例外"相抗辩，使侦查行为的法律效力得以维持。

第二，令状制度能够维护刑事执法的权威性。令状制度使追诉权力与司法权力得到合理的配置，进而使司法裁判权真正成为一支独立于追诉权力，并且对追诉权力构成合理制衡的力量，从制度上保证司法机关享有足够的权威。中立性是程序正义的基础，令状将侦查机关自行发起的单向的侦查行为转变为由中立的法官参与的司法裁判行为，通过充分、平等的发言机会，疏导不满和矛盾，尽管其决定不可能达到皆大欢喜的效果，但令状制度程序要件的满足可以吸收部分甚至全体当事人的不满，从而使决定变得容易为失望者所接受。因此，令状制度能够增强侦查机关依法行使职权的正当性，防止诉讼程序以外的力量非法干涉侦查机关依法办案。

第三，令状制度有助于保证侦查质量、提高侦查效率。令状的"特定性"要求以及令状签发救济程序的规范化，一方面体现了令状签发的严肃性，另一方面也明确了侦查官员与司法官员的权责范围，最大限度地避免了可能面临的争议。

第四，令状制度为侦查机关依法、合理地行使侦查权提供了明确的指导，防止其反复发生同一类型的违法或滥用职权行为，从而能够提高侦查的质量，减少冤假错案的发生，保证刑事诉讼的顺利进行，因此令状制度并非以牺牲侦查效率为代价。

令状制度可以说是一种"合法统治的技术"，是对政府采取强制措施的合法性或正当性的有效维护。就像整个司法裁判制度一样，令状制度将政府与人民之间具有宪法意义的"政治关系"纳入了"技术化"的程序处理系统，以规范侦查行为、维护个人权利和保障司法独立的形式予以"个别分解"，这不仅可以使直接的利害关系人通过正当程序获得救济，也可以使政府执法所必不可少的政治权威得以维持。

五、令状制度对我国司法改革的启发

从我国《刑事诉讼法》关于侦查程序的规定来看，侦查机关采取的所有专门调查工作均由侦查机关自行决定并执行。就强制措施而言，除了逮捕之外，公安机关可以自行决定对犯罪嫌疑人采取何种强制措施。根据《刑事诉讼法》规定，公安机关要逮捕犯罪嫌疑人，必须报请人民检察院审查批准。表面看来，人民检察院对公安机关报请批准逮捕的案件的审查是一种司法审查，但检察机关在刑事诉讼中承担控诉职能，尽管法律要求其作为法律监督机关应全面顾及有利和不利于犯罪嫌疑人的两方面的证据，但作为行使追诉权的主体，必然促使其更多地关注控诉证据而不是辩护证据的收集。行使控诉权的检察机关同时又必须客观地作为裁判者来决定逮捕措施的适用是否合适，这两种互相冲突的诉讼角色很难协调。所以检察机关在审查批捕时难以保持中立的地位，对公安机关逮捕权的制约极易流于形式。

严格来说，我国的《刑事诉讼法》没有规定令状主义规则，而将强制侦查行为的决定权交由侦查人员自行行使。我国的刑事程序之所以不存在令状主义，主要有以下几个原因：

第一,我国的侦查机关警力严重缺乏、装备落后,治安形势严峻,犯罪率持续增长,这些客观现实要求侦查机关在决定采用强制侦查行为时有更大的自主权,以充分发挥公安机关打击犯罪的主观能动性和灵活性,以协调我国刑事犯罪的复杂性、多发性与侦查技术、侦查力量有限性之间的矛盾。

第二,我国的立法理念一直认为,警察实施扣押、搜查等强制侦查行为主要是为了收集证据、查获犯罪人。如我国《刑事诉讼法》第136条规定:"为了收集犯罪证据、查获犯罪人,侦查人员可以对犯罪嫌疑人以及可能隐藏罪犯和犯罪证据的人的物品、身体、住处和其他有关地方进行搜查。"而实施这些侦查行为所伴随的强制性,则认为是必要的。

第三,"重实体、轻程序"的观念长期以来影响着我国的刑事诉讼立法,立法指导思想过分偏重于对犯罪的惩罚和社会整体利益的维护,忽视了对个人权益的保护,对可能侵犯公民人身权、财产权、隐私权的侦查行为的程序制约不够重视。

侦查程序作为刑事诉讼的"先行军",可以说是打击犯罪最为重要的程序,但同时也是最容易侵犯人权的程序,因此成为各国理论界和实务界历来所关注的焦点之一。令状原则作为对强制处分进行制衡的一个有效手段,以其在保障人权、抑制侦查权和维护司法权威等方面具有的独特价值而被广泛地采用。

我们也不得不承认,以我国目前的司法实践来看,即便推行令状原则也未必能够完全发挥它的作用。虽然令状原则在我国的实现可能存在着种种制约,但我们要看到,这一制度体现了"程序先于权利"原则、法律至上原则,发展出了最初的司法独立理念。因此,它的意义超越了程序本身,也超越了国度及其历史局限。

第六章 美国侦查制度

第一节 美国侦查的历史沿革

由于特殊的历史原因,英国的文化传统、政治制度、法律制度对美国产生了深远的影响。17 世纪前期,大批欧洲移民为了争取经济发展机会,寻找宗教信仰自由而来到美洲大陆。在这些欧洲移民中,英格兰人约占 90%。因此,英国的法律传统必然在美国的移民社会中占据主导地位,从而使美国的刑事侦查制度被深深地打上了英国的烙印。

一、大陪审团制度

欧洲移民在北美建立殖民地时,也将英国大陪审团制度移植到殖民地。大陪审团的基本职能是对指控进行调查并决定是否将案件提交审判,但该制度在北美的发展却不同于英国本土,其呈现出自身的一些特点,突出表现为:其一,大陪审团的组成人数不同于英国本土,虽然其最多人数与英国一样都为 23 人,但人数最少的可为 5 人且各州规定的组成人数多少不一;其二,大陪审团的重要职能依然是侦查和起诉,但是由于在美国独立前,它曾作为反抗英国殖民统治的重要工具,因此它的职能带有一定的政治色彩。在美国独立后,各州都对大陪审团制度表示了很大的尊重,并将它写进了宪法第五修正案。

进入 20 世纪 20 年代,由于大陪审团制度自身存在的某些弊端日益凸显,美国许多州先后废除了该项制度。到 1984 年为止,保留大陪审团制度的只有 20 个州,且其侦查职能仅仅适用于某些特殊案件,主要是指那些案情复杂、被害人不合作或者需要调取大量的商业记录等较警察侦查有明显优势的犯罪案件,包括官员腐败、滥用经济权力、大规模提供非法服务,如赌博或贩毒等情形。此外,对于涉及政党之争以及其他社会上影响较大的案件，大陪审团也享有侦查权。大陪审团侦查的管辖范围虽然不大，但它拥有的强大的调取证据权和有效的豁免权，则是美国警察所不具有的。因此，对于那些警察的侦查权不足以侦破的案件，最终常常要启动大陪审团侦查程序。1972年的水门事件中大陪审团的作用就给公众留下了深刻的印象。

二、验尸官

验尸官是英国历史上的重要侦查主体，主要负责对死因不明的案件、侵入民宅和其他可疑案件进行调查。美国在其殖民地时期便将该制度引入其本土。在相当长的时间里，验尸官一直是美国县一级政府中最重要的经选举产生的官员之一。

由于验尸官制度本身所固有的某些弊端，如查明死因通常采用询问证人的方法而非尸体解剖，担任验尸官不要求具备专门的法律和医学知识，死亡鉴定结论经常出错。因此，美国在19世纪后半期对此制度进行了改革。然而在美国，由于越来越多的州采用法医鉴定人制度，因而验尸官制度的作用已日渐减弱。从某种意义上讲，古老的验尸官制度已经被新生的法医鉴定制度所取代。

三、警察

美国警察制度是英国传统的产物。英国在进行殖民扩张的同时，也将它们初具雏形的警察制度及其执法模式带到了北美大陆，而且使美国警察制度基本上沿袭了英国的传统。

这集中体现为三个方面，即：①警察权力有限，警惕警察国家；②崇尚地方管理，反对集中统一的管理模式；③执法权力分散。这些传统对美国警察机构的创建具有重要影响，并集中反映于其发展过程中。

1833年，费城建立了美国历史上的第一个警察局；1835年，得克萨斯州建立了美国历史上的第一个州警察局——得克萨斯别动队。美国的联邦警察机构是在美国独立后建立起来的。1908年，美国联邦司法部成立调查局；1934年，该局改为联邦调查局，并成为美国最重要的刑事侦查机构。

在美国警察的发展历史上，铁路警察占有特殊地位。这与美国铁路的延伸及其沿线小镇的迅速发展直接相关。铁路沿线经济的崛起，导致了盗窃、抢劫及其他刑事犯罪案件发案率的急剧增长，这些罪行对铁路公司及其旅客的生命财产安全构成了严重威胁。所以，各铁路公司组建起自己的警察机构，并逐渐得到了各州政府的认可，通过法律正式授予铁路警察机构以完全的执法权力。

四、检察官

美国的检察官在刑事侦查机构体系中处于举足轻重的地位，主要负责侦查一些特别重大的贪污、行贿受贿、警察腐败、白领犯罪，以及在全国、全州范围内有影响的、公众特别敏感的刑事案件。这与英国检察官不承担侦查工作的现象差异较大。

五、私人侦探制度

无论是英国还是美国，私人侦探都是一支不可忽视的侦查力量，在历史上曾起过重要作用。美国在其殖民地时期就承袭了英国这种私家侦探的传统。但是私人侦探在美国的发展却不同于英国，这表现在两个方面：

第一是历史背景不同。虽然美国私人侦探制度也承袭了英国的传统，但更多的是受其本土影响，19世纪的美国专职警察机构无力控制犯罪的态势，是其私人侦探产生的重要历史背景。

第二是发展规模不同。美国的私人侦探业发展规模比英国大得多，这体现在私人侦探的人数上面。美国的私人侦探人数已逾百万，超过了美国警察的人数，成为美国刑事侦查系统中不可或缺的重要组成部分。

六、英美侦查制度的比较

美国的刑事侦查制度虽说是承袭英国传统的产物，但在刑事侦查机构的设置方面却明显不同于英国，这集中体现为：

第一，英国刑事侦查机构是按照集中化原则设置的，其中央警务管理机构对地方警察机构拥有领导与指挥权，而美国的联邦警察机构与地方警察机构之间是彼此独立的，享有同等的执法权。联邦警察机构对地方警察机构无领导指挥权，只存在协作关系，属于典型的分散型警察体制，与此相适应地，其刑事侦查体制也一样呈高度分散状态。

第二，就刑事侦查的中央机构而言，英国由内政部警政司单独行使最高领导指挥权，而美国拥有侦查权的联邦警察机构多达60多个，它们分属于联邦政府的司法、财政、国防、内政等7个部，有权在各自的管辖范围内行使侦查权。美国这种侦查权泛化的现象虽来源于英国执法权力四分五裂的司法传统，但显然其已与英国的现状迥然不同。侦查权泛化虽然有利于打击犯罪，但也容易造成职能交叉重叠、彼此推诿的现象。

第三，需要说明的是，美国本土法律文化的积淀与发展，也是促成英美刑事侦查制度差异的又一重要因素。对法律发达史的研究表明，任何一种刑事侦查制度的产生与发展都必须根源于特定的法律文化,并被打上深深的母体文化的烙印。虽然美国历史不长,但各种外国法律文化在美国的汇聚与融合,已经形成了独具特色的美国本土法律文化,进而影响和决定着美国刑事侦查制度的发展轨迹,使美国刑事侦查制度在某些方面明显不同于英国。

第二节 侦查主体

就侦查主体而言,美国的侦查主体呈现出分散型的特点,这也是由美国较分散的国家组织形式所决定的。当然,随着社会的发展,尤其是在美国内战结束之后,美国政府就国家组织形式做了调整,其日益呈现出一种分散型和集中型结合的特点,侦查机构的设置亦然。在考察美国侦查机关组织形式的时候,采取的方式和考察其他英美法系国家一样,通常分为警察系统、检察系统和非公权力系统三大内容来进行考察。

一、侦查主体

从现在的情况看,美国享有侦查权的主体可分为三类:

(一) 警察系统

1. 多元化的警察组织

众所周知,美国是双轨制国家,其侦查机构具有多元化的特点。其警察体制属于分散型,全国没有统一的、上下一体的警察机构,联邦和各州的侦查主体并存,并分别在各自的范围内独立地行使侦查权。但是,无论是联邦还是各州的侦查主体,警察是最主要的侦查力量。

在美国,不仅联邦司法部、内政部设有警察,其他一些执法机构,如国防部、财政部、劳工部、农业部、商业部、邮电部、交通部、卫生部、海关总署、联邦贸易委员会、文官委员会、赔偿委员会、联邦人事管理局、退伍军人管理局内都设有警察。这些专门的警察在各自领域范围内能够行使一定的侦查权。

例如,内政部下属 5 个执法机构,即印第安人事务局执法处、国家公园管理局森林警务处、鱼类和野生动物管理局、国家公园警察局和总督察署;财政部下属 5 个执法机构,即烟酒火器管理局、国内税收署、联邦保密局、联邦海关署和总督察署;国防部下属 8 个执法机构,即总督察署、国防调查署、陆军部犯罪调查局、陆军部情报及保安局、陆军部军事警察总队、海军部调查局、空军部保安警察处和特别调查处。此外，还有联邦邮政总局的邮政稽查署；联邦服务总局的联邦保卫处；交通部的联邦航空管理局警察署和联邦海岸警卫队情报与执法分队；商业部国际贸易管理局的调查处和情报处；联邦人事管理局的控告调查处；国务部的保安处；田纳西流域管理局的公共安全处；华盛顿市警察局；国家动物园警察局；联邦国会警察局；联邦最高法院警察局；等等。

2. 联邦调查局

美国联邦警察机构中最为重要的是联邦调查局，简称"FBI"，它隶属于司法部。从职能上看，其与警方侦查部门完全一样，都是负责侦破刑事案件。但其很少被称为警察机构，这和它管辖案件性质和范围的特定性有关。

联邦调查局成立于 1908 年，其最初的名称为美国调查部，直到 1935 年才正式被命名为美国联邦调查局。开始时，其主要负责调查反垄断案件、规定类型的欺诈、侵犯政府财产的特定犯罪及政府官员的犯罪。目前，联邦警察的职权主要包括：对外国间谍活动、恐怖活动、有组织吸毒等严重刑事案件的调查。此外，还可以对联邦、州的警察机构提供帮助。

联邦调查局虽然隶属于联邦检察长即司法部长，但是其执行职务时享有"半自主权"。一般来说，联邦调查局的特工人员在一个案件的侦查工作基本结束并需要起诉时，才会找当地的联邦检察署进行协商，但是在需要采取有争议的侦查措施时，他们往往会事先征求检察官的意见，譬如使用"侦查陷阱"或"侦查诱饵"。此外，在重大犯罪案件的侦查中，联邦调查局的特工人员还会和联邦地区检察署的检察官联合行动。

在此，特别值得我们关注的是联邦调查局的体制。联邦调查局总部设在首都华盛顿，下设三个直属科和三个职能处。三个直属科是国会与公共事务科、法律顾问科、计划与督察科。三个职能处是行政处、调查处和执法服务处。其中，调查处是该局的主要犯罪侦查部门，下设情报科和犯罪调查科。情报科负责收集有关国际恐怖活动和外国间谍活动的情报并对有关案件进行调查。犯罪调查科负责侦破各种依法律规定应由联邦调查局管辖的刑事案件，包括联邦官员受贿案等。

联邦调查局在美国各地还设有 59 个地区分部和 426 个驻区站。地区分部一般为每州一个，但也有一州两个和两州一个的情况。例如，加利福尼亚州就有两个联邦调查局的地区分部，洛杉矶为第 29 分部，旧金山为第 53 分部；而爱达荷州和蒙大拿州则共属第 10 分部。驻区站多设在主要城市，规模很小，一般为 2~7 人。此外，联邦调查局在香港、东京、堪培拉、温太华、墨西哥城、巴拿马城、波哥大、蒙得维的亚、伦敦、巴黎、波恩、罗马和伯尔尼设有 13 个外国联络站，以便协调与外国执法机关的合作。总而言之，联邦调查局属于高度集中型犯罪侦查体制。

（二）检察官

美国检察机关的主要职能是代表政府或人民对犯罪提起公诉，但是也承担一定的侦查职能。检察机关行使侦查职能的方式主要有三种：

第一种方式是检察官领导或指导警察进行犯罪侦查。如上所述，美国地方的检察官一般是当地的执法长官，而且往往是经选举产生的政治官员，所以警察机关在刑事案件的侦查中都会接受检察官的领导。另外，由于侦查是服务于起诉的，所以警察在调查取证的问题上一般也乐于接受检察官的指导。在有些地区，检察官为了集中打击某类犯罪，还会抽调当地警察组成专项行动队，在其直接指挥下开展侦查工作。

第二种方式是负责公诉的检察官自行侦查，这种情形往往是那些涉及政府官员或公司高管的职务犯罪案件。例如，20 世纪 80 年代轰动一时的美国股票市场"内幕交易"第一案和美国麦道飞机制造公司行贿巴基斯坦政府高级官员案都是由负责起诉的联邦检察官自行侦查的。检察官行使侦查职能时有两大利器：其一是大陪审团的强制传讯权，其二是检察官的豁免权。

虽然大陪审团并非附属于检察机关，但是对于任何一名检察人员而言，他们很容易能让大陪审团的成员相信传讯某证人确实是必要的。另外，检察官有权向那些有罪的证人签发豁免书，保证他们不会因为作证所涉及的问题而被起诉，但伪证罪和妨碍审判的罪名除外。对于那些有罪的知情人而言，这种豁免书很有诱惑力，因为他们只要与检察官合作就可以免除自己的某些罪过。当然，他们必须如实陈述。对于检察官而言，这些都是获取重要证据的有效路径。

第三种方式是检察系统内部的侦查机关进行侦查，其代表就是美国的联邦调查局。如前所述，美国的联邦检察长是司法部的首长，不仅领导联邦的刑事起诉机关，即联邦地区检察署，而且领导联邦的重要侦查机关，如联邦调查局。虽然美国法律没有就职务犯罪侦查职能作出明确规定，但是在实践中，联邦调查局是公务人员受贿和警察侵犯民权等职务犯罪案件的主要侦查力量。当然，联邦调查局还负责对杀人、爆炸、抢劫、诈骗、贩毒等违反联邦法律的刑事案件的侦查。

（三）私家侦探

在美国犯罪侦查历史中，另有一支私人侦探队伍发挥着重要作用。它在近代警察机构发展的"空隙中"产生并发展起来。19世纪中期,由于美国一些专职警察机构未能有效控制犯罪,特别是侵犯财产的犯罪,所以,很多工商企业都到警察机构之外去寻求更有效的保护力量,私人侦探业或私人保安业便应运而生。目前,美国的私人侦探业或私人保安业已成为美国刑事司法系统或犯罪侦查系统中不可缺少的组成部分。

二、刑事案件中调查权的分配

在英美国家的审前程序中同时存在两种调查活动:一是警察代表政府进行的收集证据的活动;二是犯罪嫌疑人、被告人在辩护人的帮助下进行的收集有利于自己的证据的活动。这两种调查都是控辩双方为准备诉讼进行的正当活动,二者并没有高低上下之分。司法警察为了查明案情,不仅可以动用政府赋予的各种合法手段来进行调查,比如逮捕、羁押、讯问、搜查、扣押、窃听等,还可以通过限制或者剥夺嫌疑人、被告人的人身自由或者隐私来完成,但是,警察的调查活动一般有一个不可逾越的界限:不能强迫嫌疑人、被告人自证其罪。

同时,根据无罪推定原则,对被告人的审前羁押一般只能成为一种不得已而为之的例外,作为羁押替代品的保释等手段被大量适用。同时,为了加强被告人的防御权,辩护律师应该尽可能早地参与诉讼活动,无力获得律师帮助的被告人应该尽早地获得法律援助。辩护律师不仅有权与被告人进行秘密会见和通讯,而且在警察讯问时有权始终在场。

不仅如此,英美国家还建立了针对警察调查权的司法审查机制,要求所有涉及限制或者剥夺公民自由、财产、隐私等权益的强制性措施一律由司法官员发布许可的令状,法院还可以通过非法证据排除规则来进行程序性裁判,从而对警察的调查行为实施事后审查。可以说,由不负有调查责任的法官对警察的调查活动进行司法审查和控制,这于控辩双方在审判前阶段的平等对抗中形成了"平衡器"的作用,成为被告人进行有效防御的必要保障。

第三节 侦查程序

美国采用对抗式诉讼制度,由辩诉双方的律师就案件进行辩论,而法官仅是消极的裁判者。辩诉双方律师的"竞争"并不局限于法庭之内,尽管法庭辩论往往是决定胜负的关键时刻。双方律师都要在审判之前就案件进行调查并搜集证据，于是便形成了"双轨制"侦查制度。诚然，以警察为主力的起诉方往往占据着主动地位。因此，本文所讲的犯罪侦查程序和方法也以警方的侦查活动为主。

一、二步式侦查

在绝大多数刑事案件中，最先接触案件的都是巡警。这有三种情况：第一种是巡警在执行任务过程中发现了现行犯罪分子或重大嫌疑分子；第二种是巡警接到受害人或有关人员的报案；第三种是警察局总部接到受害人或有关人员的报案后，通知在附近执行任务的巡警赶赴现场。

在有现场的案件中，巡警赶到现场后应立即询问受害人和目击人，并负责保护现场；有时也要对现场进行初步查看，以决定是否需要邀请技术人员前来勘查现场。中型和大型警察机构一般都有专门负责现场勘查的现场技术员，他们在现场勘查中发现和提取的各种证据要提交实验室人员进行检验和鉴定。小型警察机构一般都没有专职技术人员，轻微犯罪案件的现场往往由侦查人员自行勘验，重大犯罪案件的现场则要请当地的州警察机关或大型警察机构的技术人员帮助勘查。

巡警在初步调查中也要努力发现破案线索，以便为后续侦查打下基础。不过，由于巡警的主要任务是巡逻，其不能在一起案件上花费太多的时间和精力，所以其初步调查工作有时比较粗糙。巡警在完成初步调查之后要向警察局总部提交一份简单的报告，该报告包括案件的性质、现场的情况、有关人的陈述及已知的线索等内容。有的警察局允许巡警以口头方式向上级报告相关情况。

这也表明美国大多数侦查部门都采用"二步式侦查"模式，且美国的许多州的初步侦查活动往往是由巡警进行的，这是美国侦查模式上的一个重要特点。在巡警最先接手刑事案件后，由其负责对案件进行初步侦查。巡警接手案件的途径主要是：在其执行巡查任务时发现了现行犯罪分子或者犯罪嫌疑人；在巡逻时接到了被害人、目击者的报案；警察局总部得到有关案件的情况后通知在案发地附近执勤的巡警等。巡警遇有上述情况后，应当迅速赶赴发案地，并立即保护现场，向被害人、目击者进行询问，将第一手材料记录在案。

巡警在对犯罪现场进行初步勘查后要迅速作出是否请专门技术人员到达现场的决定。巡警对现场的勘查主要以静态勘查为主，尽量不要变动现场的原貌。巡警在发案地要努力寻找破案线索，以便为后续侦查打下良好的基础。巡警在完成初步侦查工作后，要向警察局总部提交一份简要的书面报告。该报告应当包括如下内容：案件的性质、现场概况、有关人员的陈述、被害人的情况、现场保护的情况以及已知线索等。如果案情简单，巡警也可以用口头方式向上级汇报。警察总局在接到巡警的报告后，根据案件情况和技术鉴定报告，在对案件进行综合分析的基础上，决定是否正式立案侦查。对于决定立案侦查的案件，警察局将案件直接分配给有关的专业化侦探组或者就近分配给下属警探。后续侦查则由刑事警察负责。其侦查活动一直延续至可以将案件移交给检察官为止。美国的后续侦查一般实行刑事警察个人负责制，重大案件的后续侦查则由侦探组负责。

后续侦查是侦查工作的主要部分，由询问、查档、搜集情报、发现线索、审查线索及各种秘密侦查措施等组成。后续侦查一般都采取个人负责制，重大案件的后续侦查多由侦探组负责。根据兰德公司所进行的调查情况，每个侦查员手中平均有 20~30 个需要侦破的案件。

侦查员一般把案件分为三类：第一类是急办案件，即已掌握重要线索、破案有望的案件；第二类是应办案件，即没有掌握重要线索的重大案件；第三类是待办案件，即没有掌握重要线索的轻微案件。

一般来说，侦查员在接到新案后都要进行一些例行的调查，如询问有关人员、在档案中查找有价值的资料、布置"耳目"以搜集有关的情报等。但这种工作一般不会超过 72 小时，然后便根据上述标准进行分类，决定是否继续进行调查。

二、现场勘查

在美国，往往最先到达刑事案件现场的是巡警。他们负责保护现场和对现场的初步勘查。正式的勘查工作由侦查人员和技术人员进行。

除了犯罪现场范围很大的情况以外，美国的犯罪现场勘查工作一般都由 2 人配合进行。在现场勘查中发现的各种物证必须由专人妥善保管，以构成完整的物证保管链。

这一保管链要说明该物证从现场到法庭的每一个环节，说明什么人接触过该物证以及该物证有无变化，从而证明在法庭上出示的物证就是在犯罪现场上提取的物证。由于美国法官们对物证保管链的要求非常严格，因此，办案人员在现场上提取物证之后都要将物证放在适当的容器内再加上标签。

三、立案审查

如前所述，警察局总部指挥中心或犯罪侦查部门的领导在接到初步侦查的报告之后，应结合现场勘查报告和有关鉴定报告，对案件进行分析，然后再根据分析得出的案件性质和破案的可能性决定是否立案侦查，并将需要侦查的案件分配给有关的侦查人员负责。然而在实践中，由于案件审查的工作量很大，所以对案件情况的具体分析往往留给了具体办案的侦查人员。

案件的分配有两种方法：一种是按地域进行分配；一种是按性质进行分配。这是以警察机关犯罪侦查部门的体制为基础的。

长期以来，美国的犯罪侦查部门一直采用分散的体制，即侦查人员被派驻某个警区并负责该警区内发生的各种刑事案件的侦查。但是20世纪70年代以来，在美国的犯罪侦查部门中出现了集中制和专业化的趋势，特别是在那些规模较大的大中型警察机关的调查中，发现有63%的警察局把全部侦查员集中于总部；22%的警察局把侦查员分散于各警区；15%的警察局把大部分侦查员集中于总部，把小部分侦查员分散于警区。

采用集中制的犯罪侦查部门往往把侦查员分为若干队组，分别负责凶杀、性犯罪、入室盗窃、抢劫、盗窃汽车和诈骗等类案件的侦查，因而案件分配也以其性质为依据。采用分散制的犯罪侦查部门多没有上述案件类别的划分，即使有划分也仅分为侵犯人身罪和侵犯财产罪两类，所以案件的分配以发生地区为依据。

四、逮捕和辨认

美国的大多数州都把逮捕分为三种，即有证逮捕、重罪的无证逮捕和轻罪的无证逮捕，并规定了三种逮捕分别适用的情况和条件。一般来说，逮捕证由治安官颁发，当然也可以由法官颁发。为获得逮捕证，执行任务的警察必须向治安官提交经宣誓的指控。有些州还规定该指控必须得到检察官的同意。

治安法官批准逮捕证的根据是警方提供的证明材料是否构成了认定所指控犯罪的合理根据。警察在进行有证逮捕时必须告知被捕者自己持有逮捕证，有些州则规定必须向被捕者出示逮捕证或提供逮捕证副本。

重罪的无证逮捕要求实施逮捕的警员必须有合理根据相信被捕者已经实施了某种重罪行为。而轻罪的无证逮捕的程度则比较复杂，各州的规定也不相同。有的州规定，只要有合理根据，警察就可实施无证逮捕，无论所犯罪行是重罪还是轻罪。有的州对轻罪的无证逮捕的规定不仅要求有合理根据，而且要求警察于该犯罪实施时在场。还有的州规定对某些种类的轻罪只要有合理根据，即可实施无证逮捕，而对其他轻罪则还要求有警察于犯罪实施时在场。

五、辨认

证人辨认是认定罪犯的一条重要途径。辨认包括照片辨认、录像辨认和真人辨认，后者所涉及的法律问题最为复杂。从审判实践来看，辨认结果能否作为证据主要看辨认的安排是否公正。

为了保证辨认的公正性，警察在组织辨认时应遵守以下程序规则：①混杂辨认，对嫌疑人的辨认要坚持"混杂"原则，"混杂"对象一般为7~10人，而且作为"陪衬"的对象应在身高、体态、发色、肤色和衣着等方面与嫌疑人相似；②在辨认开始之前，应允许嫌疑人自己选择其在"混杂"队列中的位置；③自由辨认，在证人进行辨认的过程中，警察不得以任何方式进行暗示，而且证人一般在离开辨认房间之后再讲出辨认结果，不得当场指认；④除应证人的要求外，辨认对象在辨认过程中不得讲话和走动；⑤分别辨认，如果证人为2人以上，应让他们分别进行辨认，以免互相影响。

以上规则适用于辨认的一般情况，在特殊情况下也可以有例外。例如，当罪犯逃离现场不远即被警察抓住时，警察可以立即让被害人对其进行辨认，无须安排"混杂"对象。

六、搜查和扣押

搜查和扣押是收集证据的主要方法。警察对嫌疑人或有关场所进行的搜查必须符合法律规定的条件。如果搜查是合法的，那么所扣押的物品就可以在审判中用作证据；如果搜查是不合法的，那么所扣押的物品就不得用作审判证据。

美国各州的法律一般都把搜查分为三种：第一种是有证搜查，即执法人员持有合法搜查证进行的搜查；第二种是为了查找证据的无证搜查，这要求具备两个条件，其一是有合理根据，其二是有不能按正常情况申请搜查证的正当理由，如对行驶车辆的搜查和紧急情况下的搜查；第三种是为了其他目的的无证搜查，如逮捕之后的搜查和存货清查。

无证搜查实际上是对"搜查必须有搜查证"这一法律要求的例外。从美国的侦查实践来看，这些例外主要有：紧急状态下的搜查、对行驶车辆的搜查、"趁热追击"时的搜查、对官方扣留物品的搜查、"一览无遗"原则下的搜查、边境搜查等情形。

搜查证与逮捕证一样，也由治安官予以颁发。警察在申请搜查证时无须证明某人犯罪的可能性，但要证明搜查要寻找的物品可能与犯罪有关而且该物品可能位于申请搜查的场所。警察在执行搜查的过程中，可以使用合理的强制手段来扣押其发现的证据。

七、审讯

审讯是侦查的一道重要"工序",但也是最容易引起争议的一项侦查工作。长期以来,警察一直把从嫌疑人口中榨取供述作为侦查破案的主要手段。在刑讯逼供被法律禁止之后,警察便发明了所谓"第三级审讯法"。到 20 世纪中期,"第三级审讯法"虽也被禁止,但警察仍有许多合法的方式强迫嫌疑人开口说话,其方法之一就是"持久战"或"疲劳战术"。

1966 年,联邦最高法院在米兰达诉亚利桑那州一案中,首次明确具体地规定了执法人员对被捕者进行审讯之前应告知对方的内容。按照米兰达规则,审讯者在审讯之前应告诉被审讯者:①你有保持沉默;②你说的话可能成为不利于你的呈堂证供;③你有权会见律师;④如果你请不起律师,政府可以免费为你指定律师。

在米兰达判例公布之后,很多警察机关都发给警察印有"米兰达告知"的卡片,以便他们在需要的时候可以"照本宣科"。而且,他们又找到了其他让嫌疑人进行供述的方法,如心理分析法、行为分析法、测谎法等。这些方法显然比逼取口供的方式更为科学。

八、鉴定

在侦查中收集到的物证要由专门的科学技术人员进行检验并作出鉴定结论。美国的大中型警察机构大多有自己的法庭科学实验室或犯罪侦查实验室,这是为警方侦查人员提供科学鉴定服务的主要机构。此外,很多教学科研机构也有法庭科学实验室,还有些公民个人也建有自己的法庭科学实验室,它们多向刑事案件的辩护律师、私人侦探提供科学鉴定服务,当然也会向警方提供相应的鉴定服务。

九、检察官的审查

在美国的大多数州,检察官在警方逮捕嫌疑人之后便开始对案件进行审查,以决定是否起诉。不过,如果认为美国的检察官在刑事诉讼中的作用仅限于决定起诉和法庭辩论,这种想法恰恰是错的。实际上,检察官参与了大量的犯罪侦查活动,因此,全美律师协会在 1971 年的一份报告中指出:检察官一般依靠警察和其他调查机关来对指控的罪行进行调查,但是对那些其他机关不能恰当处理的非法行为则具有确定的调查责任。

在实践中,很多检察官都愿意较早地介入案件,指导侦查工作,特别是在团伙犯罪、白领犯罪、公职人员腐化行为等案件以及其认为当地执法机关不能开展公正或有效的侦查的案件中。

十、辩护律师的调查

美国联邦宪法第六修正案明确规定了被告人有获得辩护律师的权利。起初，这种权利被理解为仅仅在审判中由律师帮助被告人进行辩护。但是随着实践的发展，越来越多的人认识到如果律师在审判阶段才接手案子，则很难保证他们为被告人提供恰当的辩护，因为他们没有时间和机会去收集证据。

因此，通过从 1932 年的鲍威尔诉亚拉巴马州案到 1972 年的阿吉尔辛格诉哈姆林案的一系列判例，最高法院确立了保证律师能为被告人有效辩护的规则。如今，辩护律师在被告人被捕或被指控犯罪时便可以接手案件并进行调查。在一些重大案件中，辩护律师甚至在更早的阶段即可介入。辩护律师可以雇用私人侦探对案件进行独立的调查，也可以雇用物证技术学家或法医进行现场勘查和技术鉴定。当然，由于现场和多数物证都在警方的控制之下，所以辩护律师要勘查现场和检验物证须征得警方或检察官的同意，不过法律规定了后者不得对此设置障碍。本章的下一节将对这个问题展开论述。

十一、大陪审团的调查

在那些规定由大陪审团提交起诉书的案件中，检察官在审查之后应将案件提交给大陪审团，后者以秘密方法审查公诉方提交的证据、询问证人，以决定是否提交审判。在那些社会影响较大的案件中，大陪审团的调查范围更为广泛。美国各州对大陪审团作出决议所需人数的规定并不相同。简言之，有的州规定必须由全体陪审员一致同意才可提出起诉书，有的州规定 2/3 以上的陪审员同意才行，有的州则规定简单多数同意即可。有人认为，美国大陪审团的调查实际上具有预审的性质，此话不无道理。诚然，美国联邦及多数州的法律还规定重罪案件在起诉之前要由一名法官或治安官举行预审听证会，以审查起诉证据是否充分，但是在有大陪审团调查的案件中，这种预审听证的作用极为有限。

第四节 美国的沉默权与律师帮助权

一、沉默权与米兰达告知

西方国家的沉默权制度起始于 17 世纪的英国。1641 年 6 月 25 日，代表资产阶级利益的长期国会颁布法令，确立了"反对强迫性自证其罪的证言特免权"

制度。按照这一法令，如果"证人"对某个问题的回答可能使自己受到刑事追诉，那么他就有权拒绝回答司法官员的提问，就有权保持沉默。

北美移民具有反对封建王权的传统和强烈的个人保护意识，因此美国人民在摆脱了英国国王的统治之后，以宪法修正案的形式确立了一系列保护公民个人权利的原则。1791年宪法第五修正案规定：任何人不得被强迫在任何刑事诉讼中作为反对自己的证人。第十四修正案进一步规定：禁止执法人员未经正当法律程序而剥夺任何人的生命、自由或财产。

根据法院的解释，强迫犯罪嫌疑人和被告人"自证其罪"就属于违反"正当程序"的行为。于是"自愿性"就成为美国司法机关判断被告人供述能否采纳为证据的基本标准，而嫌疑人在面对侦查人员的审问时也就理所当然地享有了"沉默权"。由此可见，美国的沉默权制度建立于1791年。此后，美国社会的发展变化又推动了这一制度的改革和完善。

如前文所述，虽然美国于1791年就确立了沉默权制度，但在很长一段时期，警察在讯问中经常使用吊、踢打、鞭抽等刑讯和所谓的"第三级审讯法"来获取嫌疑人的口供。直到20世纪中期，这种状况仍未得到明显的改善。直到米兰达判例横空出世才改变了这一状况。

（一）米兰达规则

1963年3月初的一天，亚利桑那州凤凰城的一名白人姑娘在公共汽车站等车时，一个带有西班牙语口音的年轻人开车停在她的身边。那个人先是下车问路，而后突然掏出一支手枪，将女青年推进车内，将其劫持到郊外进行强奸。

警察随后发现了一名嫌疑人。此人名叫厄尼斯多·米兰达，曾有犯罪前科，当年23岁。3月13日，警察来到米兰达家中，将其逮捕，随后带到警察局，由那位受害人进行辨认。后者没有任何困难就在混杂辨认对象中指认米兰达是那个作案人。然后，警察将米兰达带到审讯室，由两名警察进行讯问。警察没有告知米兰达依法享有的沉默权和会见律师权。在两个多小时的审讯时间内，两名警察使用一切"合法"的手段迫使米兰达供认罪行，包括"一人唱红脸一人唱白脸"的审讯策略，并最终获得了有米兰达签名的书面供词。在那份供词的上方有一段事先统一打印好的文字："本口供是我自愿做出的，没有威胁也没有豁免的承诺，我完全知晓我的法律权利，明白我所做的任何陈述都可能用来反对我。"

在审判中，辩护律师对这份口供提出异议，主要理由是米兰达在接受警察审讯的时候不知道自己有权保持沉默，也不知道自己有权会见律师，因此警察应当事先告诉米兰达其依据宪法第五修正案所享有的权利。但是公诉方认为，米兰达有过多次违法经历，而且被判过刑，应该知道自己依法享有保持沉默的权利和获得律师帮助的权利，警察没有必要在审讯前进行告知。法官在听取了双方意见之后裁定，该口供可以采纳为证据。那两名负责讯问的警察还出庭予以作证，说明了审讯的经过和米兰达供述的情况。经过评议，陪审团认定米兰达犯有绑架罪和强奸罪。随后，法官宣判米兰达的刑罚为 20~30 年的监禁。

米兰达不服判决，提出上诉。经过审理，上诉法院维持原判。米兰达继续上诉，亚利桑那州最高法院认为，米兰达的宪法权利没有受到警察审讯行为的侵犯，再次维持原判。米兰达在其律师的鼓动下继续上诉。

1966 年初，联邦最高法院终于受理该案。1966 年 3 月 1 日，联邦最高法院就米兰达一案举行了听证。一并听证的还有三起同类案件，即威哥尼拉诉纽约州案（*Vignera v. New York*）、韦斯特欧沃诉合众国案（*Westover v. United States*）和加州诉斯特沃特案（*California v. Stewart*）。在这四起案件中，被告人都是在完全与外界隔离的房间内接受了警察的讯问，而且都没有被告知其依法应当享有的权利，然后都作出了口头供述，其中三个被告人在书面供述上签了名。在审判中，这四个被告人的口供都被法庭采纳为证据，而且他们都被法庭判定有罪。最高法院对米兰达等四起案件一并进行了评议。1966 年 6 月 13 日，最高法院的 9 名大法官以 5 比 4 的表决结果作出一项裁定，其主要内容如下：

第一，公诉方只有在证明已经使用了有效保证宪法第五修正案规定的反对强迫性自证其罪之权利的情况下，才能够使用执法人员在将一个人关押或以其他方式剥夺其行为自由之后获得的陈述作为证据。

（1）当时的审讯环境和氛围具有内在的威吓性并且会侵犯反对自证其罪的特免权。除非采用恰当的防范措施来消除该关押环境中的强迫性，否则从被告人处获得的陈述都不会是其真正自由选择的产物。

（2）已有悠久且广泛之历史发展的反对强迫性自证其罪特免权是我国抗辩式制度的主要基础，也是个人享有沉默权的依据。

（3）在没有其他有效措施的情况下，必须遵守下列程序保障：被关押者在接受讯问之前必须被明确告知：他有权保持沉默，而且他所说的一切都有可能在审判中被用做反对他的证据；他有权咨询律师和在接受讯问时让律师在场，而且如果他没钱请律师，可以为他任命免费的律师。

（4）如果被审讯的人在审讯之前或之中表明他要保持沉默，则审讯必须停止；如果他表明要会见律师，审讯也必须停止，直至律师到场。

（5）如果审讯是在没有律师在场的情况下进行并且提取了陈述，那么公诉方就必须承担证明被告人在知晓且明智的情况下放弃了咨询律师权的责任。

（6）当一个人在接受审讯时没有放弃其特免权但回答了一些问题之后，他仍然有权行使沉默权。

（7）在没有其他完全有效的相应措施情况下，所要求的告知和所需要的弃权是被告人陈述之可采性的前提条件。

第二，为保护个人宪法权利所要求的审讯程序性限制不能导致对正当执法制度的不恰当干扰。

第三，在这四起案件中，在具体情况下获得的陈述都没能满足保护反对强迫性自证其罪特免权的宪法标准。

因此，本法院裁定推翻原审判决。米兰达规则就这样诞生了。

（二）米兰达规则的发展和演变

米兰达规则在 50 年的发展历程中出现了各种各样的异化，其中最明显的就犯罪嫌疑人放弃米兰达规则赋予的权利，即虽然根据"米兰达"规则的要求，只有在公诉方完全证明犯罪嫌疑人"明知、理性地放弃了不受强迫自证其罪的特权，以及获得律师帮助的权利"时，犯罪嫌疑人的有罪供述才具有可采性，但是在伯格法院时期，一些判决使得最高法院对这一原则放松了要求，即认为犯罪嫌疑人的弃权行为并不必要以明示的方式做出。这一做法大大地降低了控方的举证负担，损害了犯罪嫌疑人的合法权益。

同时，在实践中米兰达规则也屡屡被规避，例如伯格法院通过 *Harris* 案（*Harris V. New York*）建立了"弹劾证据例外"，伦奎斯特法院通过 *Tucker* 案（*Michigan V. Tucker*）、*Quarles* 案（*New York V. Quarles*）等建立了"毒树之果例外"以及"公共安全例外"，以及罗伯茨法院通过 *Powell*（*Florida V. Powell*）案进一步确认"公共安全例外"。这些例外都在实践中一次次规避了米兰达规则，也使得米兰达规则在保护犯罪嫌疑人合法权益方面受到限制。

在不同的历史时期，米兰达规则不断受到政治、经济、文化等各方面的影响，例如在沃伦法院时期，由于美国当时的审讯制度是三级审讯，警察在一定程度上过度依赖口供，当时刑讯现象普遍存在并且难以禁止。美国的犯罪率不断上升，因此法院默许刑讯逼供所得供述作为定罪证据，从侧面纵容了警察的非法审讯。这些都导致了社会以及司法界对于限制警察刑讯逼供的呼声越来越大。当时最高法院的掌门人沃伦大法官是典型的自由派代表人，他作出的一系列判决都表明了当时最高法院自由主义的态度走向。到伯格法院时期，由于当时的总统尼克松批判沃伦法院"过分放纵"犯罪而导致犯罪惩罚力度下降，因此提名保守倾向明显的伯格作为最高法院掌舵人。同时大法官的派系变化也使得最高法院内部对于米兰达规则的态度逐步走向保守，例外之门也因此不断打开。

到伦奎斯特法院时期，里根总统的上台以及保守主义者伦奎斯特作为首席大法官，都标志着美国逐渐兴起新保守主义，奉守新保守主义政策的美国联邦最高法院逐渐形成。而到了罗伯茨法院时期，当人们以为伦奎斯特法院作出的 *Dickerson* 案判决以及伦奎斯特病逝，会使得保守主义削弱、米兰达规则重新复活时，美国发生了令公众震惊的"9·11事件"。美国政府开始加大对恐怖袭击犯罪的打击，公众也在一定程度上放弃自己的部分自由，甚至有学者建议加大米兰达规则中有关"公共安全例外"的适用范围。这也就导致了罗伯茨法院通过 *Quarles* 案等进一步确立了"公共安全例外"的内容，米兰达规则再次走向保守。

这时候轮到自由派人士忧心忡忡米兰达规则是否会被彻底推翻，然而直至今日，即使是史上最保守的美国联邦最高法院也依然维持着米兰达规则的崇高地位。

相比之下，我国也把"不能强迫任何人证实自己有罪"写进刑事诉讼法，就标志着接受了"反对强迫性自证其罪"的刑事诉讼规则，也就是基本确认了犯罪嫌疑人和被告人的沉默权。这彰显了中国刑事诉讼立法的进步。诚然，法律上的承认与现实中的实行还有很大差距，但是，不可否认的是，这就是中国的刑事司法朝向文明的进步。

当然，我国的司法机关要进一步完善与沉默权有关的非法证据排除规则，明确规定在何种情况下获得的口供必须排除。而且，法官、检察官、警察都要转变观念，要从片面强调打击犯罪的执法观转向打击犯罪和保障人权并重的执法观，要从片面强调实体公正的司法观转向实体与程序并重的司法观，要从以侦查为中心的诉讼观转向以审判为中心的诉讼观。总而言之，只有坚守法治原则，沉默权制度才能够落到实处。

二、美国的律师帮助权

律师帮助权是律师及时有效地参与到刑事诉讼活动中，享有法律所赋予的保障犯罪嫌疑人的合法权益得以实现的基本权利。在侦查讯问阶段，律师帮助权对犯罪嫌疑人而言至关重要。它之所以重要，是因为它的不可替代性，在某种意义上可以改善犯罪嫌疑人的处境，决定其命运。美国十分重视律师的帮助权，美国《联邦刑事诉讼规则》第 44 条规定："从最初侦查到最终审理阶段，犯罪嫌疑人、被告人都有获得律师帮助的权利，除非犯罪嫌疑人、被告人自己放弃权利。"可见，在美国的司法实践中，犯罪嫌疑人在刑事诉讼的各个阶段都享有获得律师帮助的权利。特别是在 1966 年米兰达案之后，美国确立的"米兰达规则"明确了律师在场权的告知义务，更加突出了侦查讯问阶段律师帮助权的重要性，强化了律师在侦查讯问阶段的在场权。美国法律规定："嫌疑人坚持律师到场的，律师不在场就不能讯问嫌疑人；询问前放弃律师帮助权，但在讯问过程中嫌疑人又要求律师在场的，讯问必须立即中止，直至律师到场方能恢复讯问。"

该规定表明，在侦查讯问中，一旦犯罪嫌疑人要求律师在场，就必须请律师到场，否则该讯问会因程序不合法而归于无效。此外，如果警察没有履行告知义务，或者犯罪嫌疑人在不是自愿放弃此项权利的前提下被讯问，那么犯罪嫌疑人在无律师在场时所作的陈述就可能从证据中被排除，从而确实有效地保障了犯罪嫌疑人侦查讯问阶段的权利不受侵害。

（一）律师帮助权的背景

在美国联邦宪法出台数年后，明确公民基本自由权利的《权利法案》诞生了。这份权利法案表达了立国者们的担忧：如果不明确赋予民众若干基本权利，依据宪法而建立的中央政府就有可能走向专制。其中第六修正案规定，在一切刑事诉讼中，被告人享有获得律师帮助为其辩护的权利（Right to Counsel）。

在刑事案件的审判中，几乎没人敢小看辩护律师的作用。用美国联邦最高法院的话来说，辩护律师是必需品，不是奢侈品。其关键原因是美国的刑事诉讼制度设计立足于一个前提：被告人有一个称职的律师代表他的利益。没有律师，证据展示、辩诉交易、法庭交锋等一系列制度都无法进行。毫不夸张地说，正是有赖于称职的、具有职业道德的辩护律师的参与，美国刑事法律捍卫的正义才能得以实现。

很多人说，他们是好人，永远不会犯罪，不会被捕或者成为被告，然而，尽管他们能保证不犯罪，但是他们不能保证不成为被告。被抓捕或者被指控假若他们发现自己身处险境，他们会不会希望得到宪法赋予的各种帮助？或者，难道他们会认为他们的权利和保护太多了？认为律师管得太宽了？监督警察和政府，为被告人伸张正义，为公正而战，这是刑事律师的职责。一般而言，正常情况下的大多数刑事被告人都是罪有应得，被冤枉的是极少数。正因为这样，每个被告人，无论是否招人痛恨或讨厌，也无论贫富，都必须得到充分的辩护。

媒体热衷于渲染富人因为聘请到了律师梦之队最后成功脱罪的故事，意思无非是有钱就能买到自由。美国律政剧《金牌律师》（Justice）讲述了洛杉矶的一个阵容豪华的律师团队为社交名媛和影视明星出庭抗辩的故事。该剧每集呈现一个案例，在片头你会一遍又一遍地听到这句台词："如果你找对了律师，你就拥有了世界上最好的司法体系"，让人印象深刻。可是要知道，富人得到积极辩护并不是丑闻，穷人得不到辩护才是丑闻。每时每刻都有一些无辜的人蹲在深牢大狱里等待黑暗与不公的到来，而他们绝大多数都是穷人，无力进行有效的辩护。

（二）律师辩护权的发展

律师辩护权自1891年美国联邦宪法第六修正案确立以来，经历了漫长的发展和完善的过程，共有三个标志性时期。第一时期为1932年的鲍威尔诉阿拉巴马州（Powell v. Alabama）一案，美国联邦最高法院宣布必须为面临死刑的贫穷被告人免费提供律师帮助。该案件同时确立了这样的规则，在一切刑事案件中，不管是联邦案件，还是各州的案件，刑事被告人都享有获得律师帮助的权利。

第二个时期的标志为1963年的吉迪恩诉温赖特（Gidton v. Wain-wright）一案，这一案件改变了美国被告人律师帮助权的适用范围，使得宪法第六修正案规定的律师帮助权适用于各州和联邦法院的重罪案件，也就是说，重罪案件的贫穷被告人也将获得政府提供的免费律师。

第三个时期始于1972年的阿杰辛格诉汉姆林（Argersinge v. Hamlin）一案，美国联邦最高法院裁决，得到律师协助的权利不仅适用于受到重罪指控的州和联邦法院的被告，而且适用于所有可能被定罪将入狱服刑的刑事被告人。也就是说，无论被告人所犯为重罪、轻罪抑或微罪，只要有科处自由刑的可能，就应有辩护人的协助辩护。

回溯这一历程让人无限感慨，从联邦到各州，从死罪到重罪，再到轻罪微罪，律师协助辩护权的适用范围逐渐扩大。现在，美国律师协会（ABA）为穷人提供无偿的法律服务，请不起律师的人只要提出申请，就可以获得律师的帮助。此情此景让人联想起上世纪贫穷被告人在刑事法庭上的手足无措，真是可怜深牢抱屈者，恨不生在新时代。

克拉伦斯·厄尔·吉迪恩是美国佛罗里达州的一名流浪汉，1961年被佛罗里达州帕拿马市警方拘捕。警方怀疑吉迪恩破门闯入了一家台球厅企图实施盗窃，这是一项重罪指控。

开庭前，主审法官询问被告人是否已作好出庭准备。吉迪恩说他无钱请律师，要求法官为他提供一位免费律师。根据佛罗里达州的法律，州法院只为那些被控死罪的穷人提供律师，由于目前控方对他的指控最多只能判5年监禁，所以法官拒绝为其提供免费律师。

吉迪恩虽然不是文盲，但其对法律一窍不通，在复杂的刑事审判程序面前变得手足无措。在挑选陪审团时，他不知道自己享有否决权，以至于陪审团的成员完全由控方决定。在传唤己方证人时，他甚至传唤了逮捕他的警察。

由于吉迪恩无钱保释，所以直至开庭前其一直处于羁押状态，其毫无准备地来到了法庭上。在控方犀利的指控下，吉迪恩显得非常无知和无助。虽然他坚称自己无辜，但最终被认定盗窃罪名成立，并被判处5年监禁。之后，他向州最高法院申请人身保护令，声称其获得律师帮助的宪法权利被侵犯。州最高法院拒绝提供救济，因为他不符合1942年贝蒂案的特殊情形原则：他能读、能写、能理解法庭程序，所涉嫌的犯罪也没有疑难情形。因此，吉迪恩被投入监狱。

所幸的是监狱里有法律图书馆，吉迪恩苦学《权利法案》，并给联邦最高法院大法官手写了一份申诉书。吉迪恩在申诉书中说："由于我付不起律师费，所以我没能聘请律师为我辩护；由于我没有受过良好教育，不懂法律，因此我无法自行辩护。所以，我要求法庭为我指定免费律师，以使我获得专业律师的辩护，就像那些有钱人一样。而法官没有这样做，导致我没有获得平等保护。这就侵害了宪法第六修正案和第十四修正案第一款中所赋予我的权利。因此，对我的审判是不公正的，判决结果也是错误的。"

吉迪恩的申诉书平实简单，但逻辑清楚直指要害。要知道，若一直声称自己无辜是没用的，因为监狱里每个人都说自己是无辜的，能够打动联邦最高法院的，是每个人的宪法权利是否得到了充分保障。吉迪恩就是要为自己争取公道，一个人能否享有宪法赋予的权利，是否因为贫富差距而有所区别？而这时联邦最高法院也正在寻找着这样一个案例，即州贫穷被告人被控重罪但未得到律师协助的案件。首席大法官厄尔·沃伦指定著名的大律师福塔斯出任吉迪恩的免费律师，这位可是吉迪恩有钱也请不到的金牌律师，他曾经担任过美国内政部副部长。

福塔斯律师认为，美国的刑事审判程序极度复杂，律师是公正审判的一个重要因素，请不起律师的穷人与那些可以买到优质法律服务的有钱人相比，双方在诉讼结果上有天壤之别。这正好揭示了本案的核心问题：在刑事案件中没有律师的协助，被告人接受的审判算不算公平？

此案最后获得9位大法官全体一致裁决：律师辩护权属于公平审判的最基本内容，本案被告人因为贫穷没有获得律师协助辩护，违反了公平审判的原则。因此，联邦最高法院撤销了州地方法院的判决，并责令其重新审理。在最高法院历史上全体一致裁决通过的案例少之又少，多年以后，首席大法官沃伦卸任，回忆起1963年这个案件，十分自信地说，这是他于任期里作出的最伟大的判决之一。

后来佛罗里达州地方法院重新开庭审理此案，并为吉迪恩免费提供了一位律师。在律师的帮助下，陪审团评议了一个小时，最终作出了无罪判决。从这个案例可以感受到律师的力量，这就是福塔斯所说的"天壤之别"。

吉迪恩改变了法律，他的故事，被写成了一本小说《吉迪恩的号角》，又被搬上了好莱坞的银幕。美国穷人会记住吉迪恩，如果没有这位普通的囚犯给联邦法院的那封信，庞大的美国法律机器还是一如既往地运作，被控犯罪的穷人还是不得不在法庭上自我辩护。而吉迪恩吹响了不平则鸣的号角，美国法律的整个进程从此改变。

联邦最高法院的意见是由布莱克大法官撰写的，该意见辞藻华丽，流传甚广。布莱克法官认为，在刑事法庭中，律师是必需品而非奢侈品。在刑事司法对抗制中，被控有罪的穷人在面对起诉时如果没有律师帮助，就不能保证得到公正的审判。最高法院有一个"高贵的理想"：通过让每个被告人平等地站在法律面前，确保中立法庭能够提供公平的审判。

布莱克法官的判决意见意义深远，所谓律师辩护权，其实质乃是被告人的权利。被告人想要获得公平，要借助于律师的帮助。他需要律师在每一步都可能潜伏杀机的刑事程序中给予指导，否则即使被告人是无罪的，也面临被定罪的危险，因为他不知道怎样证明自己是无辜的。

在吉迪恩案之后，律师辩护权的适用范围进一步扩大，这是一个具有革命性并饱受争议的过程。首席大法官厄尔·沃伦带领最高法院进入一个司法能动的时代，人们见证了司法自由主义的胜利，权利法案的国家化和刑事被告人的权利范围得到了前所未有的扩张。

若对联邦最高法院判例有兴趣的话，可以查阅以下这些涉及律师辩护权的著名的案例，包括1963年怀特诉马里兰州案（*White V. Maryland*），认为即便在预审听证程序，亦应有辩护人协助辩护；1964年的埃斯科贝多诉伊利诺伊州案（*Escobedo V. Illinois*），认为当被告人处于受拘禁或无自由出入之状况，即应有辩护人加以协助;1964 年的梅赛亚诉美国案(Massiah V. United States),认为警方于起诉后未通知辩护人到场,所取得被告录音内容,因为缺乏辩护人之在场协助不得采为证据;1966 年的米兰达诉亚利桑那州案(Mirada V. Arizona),认为在被告人受拘禁或自由受限制之情况下实施讯问前应先告知被告人所具备之权利,尤其是委任律师之权利;1967 年的美国诉韦德案(United States V. Wade),认为辨识犯罪人而进行列队辨认(line-up)之过程中,应有辩护人在场协助;1969 年的奥罗佐诉德克萨斯州案(Orozco V. Texas),认为有关米兰达警告之适用范围,应扩大及至所有在被告人受拘禁下所进行之讯问;1975 年的阿根辛格诉哈姆林案(Argersinger V. Hamlin),认为无论被告人所犯为重罪、轻罪抑或微罪,只要有科处自由刑之可能,即应有辩护人之协助;1984 年的伯克纳诉麦卡蒂案(Berkener V. McCarty),认为不问被告人身体是否已实际受到拘束,只要造成被告人之意识受到压制,使其毫无选择余地地接受讯问,即属于羁束性讯问,讯问前即应实施米兰达警告,让辩护人有介入协助之机会。以及 2002 年的阿拉巴马州诉谢尔顿案(Alabama V. Shelton),认为如果没有给贫困者提供律师,就不能判处缓刑,因为缓刑也可能以实际剥夺一个人的自由而收场。

联邦最高法院通过一系列判例发出警告:通过吉迪恩案确立的为被告人提供免费律师的原则,应当适用与一切剥夺被告人人身自由的刑事审判活动中,哪怕是轻罪或者微罪的情形,因为对这些罪名的认定也包含着与死罪、重罪指控同样复杂的法律问题。同时,由于轻罪、微罪数量众多,加上辩诉交易的盛行,被告人正在变成司法流水作业线上的牺牲品,因此,为了公平审判,即使被告人犯的是轻罪、微罪,也需要律师出庭。

在吉迪恩案之后,联邦政府立即为刑事法律协助服务项目拨款。同时,各州与地方政府也按照联邦最高法院的裁决,设立了"公共辩护人办公室"。公共辩护人办公室负责实施本辖区的刑事法律协助。一方面,其雇用一批全职律师免费为穷人提供法律服务;另一方面,其还根据法官的指派,向为穷人辩护的律师支付费用。根据联邦与州的分工,一般的刑事法律协助由各州与地方政府承担;涉及联邦法律的重罪案件,由联邦政府承担刑事法律协助的义务。除此之外,美国律师协会还设立了"刑事法律帮助项目",支持律师开展刑事法律帮助工作。各大学的法学院也都成立了"法律诊所"(Legal Clinic),由执业律师指导学生为穷人提供法律服务。

毫不夸张地说,指定律师是目前美国刑事被告人获得法律代理的主要方式。

在 20 世纪 90 年代，整个美国有 80% 的服刑人员获得了指定律师的代理。但是，经费问题一直妨碍着最高法院的"高贵理想"的实现。因政府资金方面的短缺，难以寻找到优秀的律师向穷人提供优质的法律服务。在 20 世纪 80 年代，哥伦比亚特区的政府公设律师甚至为过低薪酬的问题闹起了"革命"，一些律师一致同意不再在哥伦比亚特区高等法院代理刑事法律援助案件，直至特区政府提高律师的补偿标准。该官司打到最高法院，最高法院认为穷人获得法律协助的权利优于律师联盟的自由表达，最后涨薪革命失败。在最高法院看来，保护穷人、社会弱者在面临刑事指控时享有免费法律援助的宪法权利，比保护有自助能力的、有多种权利选择方式的律师的请愿权更为迫切。

吉迪恩原则已经存在了 40 多年了，但仍然是由于经费不足的问题，让所有的穷人都能享受公平的法律机会仍是一个有待努力实现的"美国梦"。只有像辛普森那样的有钱人，才有条件雇佣一个"梦之队"的辩护团队，将刑事抗辩的七十二般武艺悉数演练，堪称美国式法治在现实生活中的完美表演。而大多数人，包括中产阶级，实际上是被动地选择远离复杂的程序。关于这一点，马克思早就说过，"法律的运用比法律本身还要不人道得多……对于穷人是一条法律，对于富人是另一条法律。"或许有一天，真正实现了人人都拥有"从摇篮到坟墓"的律师这一目标，法律在根本上才是公正的法律，法律才不会应为歧视穷人而丧失其神圣和高贵。

也许有一天，我们真正做到了刑事律师辩护的全覆盖，法律在根本上才是公正的法律，法律才不会因为歧视贫穷和无知而丧失其神圣和高贵。从美国律师帮助权的发展和完善可以看到其努力的方向，同时我们也注意到，近年来我国司法部官员多次表态，以审判为中心的刑事诉讼制度改革是司法体制改革的重要任务，而法律援助是其最紧密的需求。具体到刑事案件认罪认罚从宽制度，将从完善法律援助值班律师制度开始，进而实现刑事案件律师辩护全覆盖的试点，充分发挥法律援助在人权保障、促进司法公正中的作用。所以，如果说在以往我国刑事诉讼的司法实践中，律师帮助还可有可无的话，那么今天，在认罪认罚从宽制度下，"律师是必需品而非奢侈品"的时代已经到来。美国的律师辩护权的发展走过了 100 年，后吉迪恩时代至今也有 50 年了。我们欣喜地看到，中国的司法改革加快了节奏。

第七章 德国侦查制度

第一节 德国侦查的历史与现状

一、德国侦查的历史

从历史上看,德国和法国一样,是大陆法系国家的代表。德国的侦查制度可以分为三个历史阶段:古代、近代和现代。古代的侦查活动以陪审团和职业法官为主体;近代的侦查活动以警察和检察官为主体;现代基本保持了近代的基本模式。

公元 10 世纪后期,侦查活动主要由法院中的陪审官负责。陪审官是非专职的审判人员,他们在骑士和富人阶层中产生。陪审官的职责主要是查明案件事实,审查并认定有关的证据,以便确定被告人有无犯罪。德国 1532 年通过的著名《加洛林纳法典》中,用职业法官代替了业余陪审官。该法典规定查明案情和做出判决的责任都落到了专职法官的肩上,这表明侦查的主体已经从业余审判人员转化为专职审判人员。在这一阶段,纠问式诉讼取代了控告式诉讼。法官在案件调查和审判过程中都扮演着重要的角色。他们主动追查犯罪行为,而且在讯问被告人时广泛使用刑讯逼供。在这种制度下,开庭只是一种形式,因为审判结果已经在审判前就决定了。这种以审判人员为主体的侦查制度在德国一直延续了数百年。直到 18 世纪初,近代警察机构出现在德国的一些大城市中,法官才退出侦查犯罪的舞台。

18 世纪初,德国开始出现具有执法功能的警察组织。在近代警察机构出现之后,警察便逐渐发展为侦查的主要力量,而且一些较大的警察机构开始建立专门的侦查部门。在德国的专门警察机构中,历史最为悠久的当属铁路警察。1835

~1870 年间，德国各州纷纷颁布各自的铁路警察法规，各个国有或私有的铁路公司也纷纷建立自己的铁路警察队伍。他们在维护铁路治安和打击与铁路有关的犯罪活动方面发挥了重要作用。

19 世纪中期，城市警察机构中的侦查人员开始专职化、固定化。后来，一些大城市又相继成立了相对独立的刑事警察局。这些刑事警察局都在城市警察局长的统一领导下，有一定的独立性。它们有自己的组织系统，有专门的侦查人员，负责全市的犯罪侦查工作。不过这些刑事警察局的作用只局限在其管辖的城市范围内。而在小城镇和广大乡村，犯罪侦查工作仍然由普通警察或者其他执法人员负责。

在警察机构中的侦查组织不断发展的同时，德国的检察机构也开始出现，而且逐渐在侦查中发挥越来越大的作用。自 1831 年起，德国各州相继设立了检察机构。在 1871 年德国统一之后，政府颁布了《法院组织法》，规定在各级法院中设置检察官。同年 2 月颁布的《刑事诉讼法》又在原则上规定了检察官在刑事案件中的职权——负责指导侦查和决定是否起诉。至 19 世纪末，现代德国在检察官领导下的警察侦查体制已具雏形。

20 世纪初期，德国的犯罪侦查制度得到了长足的发展。这表现在两个方面：其一是犯罪侦查方法和技术的进步；其二是犯罪侦查组织系统的扩展。1893 年，奥地利学者汉斯·格罗斯写成了他的代表作《预审法官手册》，把侦查的策略方法与物理学、化学、显微镜学、矿物学、动植物学、毒物学、法医学等学科融为一体，创立了一个新的学科——犯罪侦查学。这一思想对于德国的侦查工作发展起到了重要的推动作用。很多警察机构开始学习当时欧洲其他国家在侦查领域的先进科学技术。

德国犯罪侦查组织系统的发展主要表现在侦查人员的专业化进程中。德国政府成立了帝国刑事警察局，其主要任务是打击全国范围内的流窜犯罪，此外它还有义务帮助州政府按照统一标准建立各州的警察局，并协调和支持各州刑事警察局的侦查工作。到 20 世纪 20 年代，德国已经形成了比较完整的犯罪侦查体系，而且这个体系也改变了以前分散型的传统侦查制度。以柏林警察局为例，其内部的专业化分工已经达到了世界侦查历史上专业分工的顶峰。

二、侦查组织的现状

当前，德国的侦查权分别由警察、检察官和侦查法官行使。警察是侦查系统的主要力量，检察官和侦查法官也具有一定的侦查职能。不过，他们的职责主要表现在对警察侦查活动的指导、监督和审查。

（一）警察

德国的警察并没有按照行政警察与司法警察的界限对警察队伍进行划分，而是在划分联邦警察机构和州警察机构的基础上，按照警种对警察权限进行划分，例如，刑事警察主要负责侦查，治安警察与交通警察负责维护社会治安与公共交通秩序等。

从联邦警察机构的设置来看，最主要的侦查机构是联邦刑事警察局和联邦边防警察局。他们与各州警察机构之间只有相互配合与协作的关系，不存在领导与被领导的关系。除此之外，有的联邦机构也负有一定的侦查职责，如联邦宪法保卫局负责专门打击危害国家安全的犯罪活动；联邦情报局专门对付外国间谍并搜集各种情报；联邦铁路警察局专门负责铁路执法工作等。

在州一级的警察机构，主要由各州警察机构设立的刑事警察部门负责侦查。在没有设立专门的刑事警察部门的警察局，侦查工作一般由警察局设立的治安警察部门和交通警察部门负责。

（二）检察官

根据德国《刑事诉讼法》的规定，德国的检察官不仅享有侦查权，而且在侦查过程中，检察官有权领导和指挥警察的侦查行为。换言之，警察在侦查过程中只是检察官的助手，其在检察官的领导和指挥下实施具体的侦查活动。这是德国与法国及英美国家在侦查权的配置上最明显的区别。

当然，在侦查实践中，检察官直接参与侦查的案件通常有三类：①需要特殊知识和经验的案件（如商业欺诈案件）；②恐怖活动案件；③比较严重的犯罪案件，如谋杀、持枪抢劫银行、纵火等犯罪，这类案件由检察官和警察共同侦查。其他刑事案件的侦破任务主要由警察完成。

德国在20世纪70年代废除预审法官制度的过程中，将预审法官的职能越来越多地转移给了检察官，检察官实际上已经主导了审前程序。检察官有权调遣警察，警察要听从检察官的指挥，检察官主导侦查和起诉过程。警察无权对案件作处理决定，需要国家赔偿时，也是由检察官出面解决。

（三）侦查法官

在德国，侦查法官是侦查权行使的"安全阀"。要了解侦查法官，就要从预审法官讲起。

德国于1877年颁布了《帝国刑事诉讼法典》，规定了预审法官制度，这项制度在德国持续适用了近百年。德国的预审法官享有广泛的侦查权力，其不是一般意义上的审判法官。前文所述的侦查学鼻祖汉斯·格罗斯曾经担任格拉茨地区预审法官，其经典著作《预审法官手册》为犯罪侦查学之开山之作，这从侧面反映了德国预审法官所享有的广泛职权。

在纠问式诉讼模式下，预审法官同时享有多种权力：侦查权、控诉权及裁定权等。预审法官负责对侦查机关交付材料的审查、审问被告人、询问证人，并在必要时进行现场勘查等，以确定案件是否交付起诉。预审法官被人们誉为"超级警察"，在这种体制下，侦查权与司法权不仅没有形成制衡机制，反而混为一体，这就违背了现代刑事诉讼的基本精神。

过于集中的权力无法保证科学合理地行使权力，再加上制约机制的欠缺，导致在实践中侵犯人权的事件时有发生。新生市民阶层对预审法官所享有的广泛权力无法忍受，进而在社会上产生了制约权力的呼唤。在此背景下，德国1975年《刑事诉讼法》废除了预审法官制度，并重新设置侦查体制，司法审查就成为诉讼的基本原则。

按照司法审查原则，通过设立第三方机构对侦查活动进行监督，防止强大的侦查权对犯罪嫌疑人造成侵害，这个第三方就是指侦查法官。改革之后的侦查法官不再是从前意义上的侦查主体，其主要职责是进行司法审查，并履行相关司法救济职责，分权与制衡是其改革的立足点。而制约侦查权力是侦查法官最大的任务，通过侦查法官的审查使侦查活动尽量避免负面影响，并实施适当的行为以提高工作效率。

侦查法官的司法审查活动以权利保障为依归，而不以线性的犯罪追诉为目标。这既是与历史上预审法官不同的权力分配之所在，也是与以积极侦查犯罪为目标的预审法官的根本区别之所在。侦查法官作为诉讼之外的中立的第三者，对于维持侦、辩平衡，防止侦控机关滥用权力，切实保障嫌疑人、被告人的合法权利，实现刑事司法公正具有重大意义。

从预审法官到侦查法官的转变反映了诉讼模式的转型，即从纠问式模式转向职权主义模式，这有利于实现刑事诉讼的目的与价值，更好地保障人权。

自从德国1975年废除预审制度以后，原有的预审法官更名为侦查法官，他们在侦查阶段不再直接领导、指挥或者实施具体的侦查行为，而是从各地的地方初级法院内指派一名法官专门针对检察官、警察的侦查活动为公民的人权提供保护，如审前羁押、搜查、扣押、身体检查、扣押邮件和电传等强制措施，必须得到侦查法官的批准。如遇有紧急情况，也可事后报请侦查法官补办批准手续。侦查法官对上述行为进行审查主要是对侦查行为的合法性作出判断，而不去考虑该行为是否可行。

检察官也可以要求侦查法官作为其侦查中的辅助者。根据《刑事诉讼法》第 162 条第 1 款的规定，检察官有权要求侦查法官采取一定的侦查措施，特别是讯问犯罪嫌疑人或询问证人。如果证人可能会在审前失踪，或者会在程序的下一阶段申请免证特权，检察官就会采取这种举措，因为如果原始证人在审判中缺席，或者其主张免证特权，只有法官可以作为传闻证据的证人。

法官不能拒绝采取被申请的侦查措施，除非该行为在法律上不允许，或者该申请是滥用裁量权。负责司法审查的侦查法官在紧急情况下也可以主动提起侦查程序，采取强制措施，并将案件立即移交检察官。不过，实践中由侦查法官自行决定侦查的情况并不多见。

侦查法官制度作为一项独特的制度设计，除了其通过司法审查维护嫌疑人的合法权益之外，也为检察机关起诉准备工作提供了实质性条件和相关标准。侦查法官的设立限制了侦查机关（检察官、警察）的权力，体现出在刑事诉讼中要以权力制约权力和保障人权的价值追求，在实践中发挥的作用是明显的。

综上所述，作为大陆法系国家的代表，德国实行的是单轨制侦查体制，即侦查只能由国家法律规定的司法部门的侦查人员行使，其他任何单位和个人无权行使，侦查活动从属于或主要服务于公诉方，突出表现了大陆法系的国家职权主义色彩。

相较而言，德国由于长期处于封建割据状态，没有也不可能像法国那样建立起集中统一的政权体系，因而德国各邦的司法制度也无法统一起来，这种分散型的司法制度使德国日后不可能像法国那样建立起集中型的侦查体制。就此看来，德国现代侦查体制采用分散型乃是无法选择的必然结果。

德国属于联邦制国家，实行地方分权与中央集权相结合的权力分配模式，在这种权力分配模式下，各成员国在自愿的基础上，将自己固有权力的一部分转交或让与联邦集中统一行使。在实行联邦制的国家，其侦查体制多属分散型，即中央与地方的侦查组织之间不具有隶属性，彼此之间无领导与被领导关系，只存在协作与配合的关系。德国即属于此种情况。

与法国相比，德国刑事侦查制度受到了外来因素的重大影响，如十八、十九世纪依照法国的模式建立的警察制度、检察制度和预审法官制度；二战后，西德在英、法、美三国的强令下建立了地方分权型的警察机构，东德则按照苏联的模式建立了集中统一型的警察机构。这些外来因素的影响使得德国的刑事侦查制度在其发展历程中表现出明显的不稳定性，并逐渐偏离了其原有的发展轨道。

到19世纪中后期，几乎所有的欧洲国家都确立了预审法官制度。但是由于预审法官集司法权与侦查权于一身，又缺乏相应的监督制约的机制，因而在许多国家出现预审法官滥用职权、侵犯人权的情形，在此情况下，德国于1975年彻底废除了预审法官制度，将预审法官的侦查权划归检察官。

第二节　德国的侦查程序

侦查程序是指国家法律规定有侦查权的机关或个人按照刑事诉讼法的规定进行有关的各种侦查活动和侦查措施的规则体系。德国属于大陆法系国家，其刑事诉讼程序具有职权主义的特点。首先，在刑事案件的起诉问题上，德国以公诉为主，强调司法警察机构与检察机关落实各自的职责，要求侦查主体必须在各自的职权范围内对每个有嫌疑的犯罪行为进行必要的侦查活动，检察院、司法警察负有展开侦查的义务，有足够的行为嫌疑时，检察院必须提起公诉。其次，在刑事案件的审判过程中，依职权主动调取证据、查明案情是法官的责任。上述特点也决定了德国侦查程序的特点。

一、侦查的基本步骤

（一）侦查的开始

德国的立案侦查由检察官决定，其以检察官或警察以任何形式得到的有关犯罪情况的报告为起点，主要有三种方式：一是受害人或其他公民向警察或检察官报案，后者经初步审查后决定立案侦查；二是警察在执行勤务过程中发现了正在实施或已经实施犯罪行为的迹象或证据，经过初步审查后决定立案侦查；三是检察官由其他途径获得有关犯罪的情报之后，命令警察立案侦查。

实践中，最先接受报案或最先发现犯罪的往往是治安警察或巡逻警察，他们在采取保护现场、抢救受害人等紧急措施之后便要报告当地的刑事警察，后者在对案件情况进行初步审查之后，如果认为有必要立案侦查，则应立即报告当地的检察官批准。如果是检察官最先接受报案，那么他就可以自行决定，并命令当地的刑事警察进行立案侦查。

(二) 侦查的展开

德国侦查虽然以检察官为首，司法督察为辅，但从其侦查活动的实际情况来看，检察官只有法律上的侦查权，很少亲自进行侦查，具体的侦查工作交由司法警察办理。在侦查工作结束后，司法警察将案卷移送给检察院，由检察院审查后决定是否对案件进行起诉。

在侦查过程中，侦查人员要采取一些必要的措施去收集证据和缉捕案犯。这些措施多有强制性，因此德国法律规定强制措施一般情况下需法官审批。只有在紧急情况下，检察官和警察才能决定采取临时性的强制措施。

(三) 侦查终结程序

侦查终结是一种诉讼行为，它是侦查程序中最后一道程序，标志着刑事侦查活动的结束，其决定权归属侦查主体。在德国，司法警察在侦查工作取得结果之后，无权决定侦查终结，应将案件材料报送检察官，检察官所作出的起诉或不起诉决定就是侦查终结的标志。

德国《刑事诉讼法》对侦查程序制定了较为详尽的规定，尤其是对尽管存在着追究刑事责任的行为嫌疑，检察院仍然可以停止程序的条件，规定得极为详细。德国法律还规定被害人在不服检察院不起诉的问题上，其有权强迫检察官起诉，进入强行起诉程序。

德国《刑事诉讼法》赋予被害人的权利范围，要比我国法律赋予被害人的更大，有关规定的内容也更为详细，这一方面说明了德国侦查程序的复杂、完备性，另一方面也是德国法律将检察院的侦查活动置于公民控制之下的具体体现。职权主义的特点也体现在禁止国家滥用侦查权力，要求国家侦查权力自我限制，适当给予公民防御权利，借以抵御国家侦查权力的侵犯。

二、取证权的行使和分配

德国刑事诉讼制度对于侦查权的分配采取了折中的做法：在侦查阶段，由检察官和警察承担收集足够证据以决定起诉或者不起诉的任务；在审判阶段，由法庭负责收集所有必要的证据来对案件作出判决。但是，在整个刑事诉讼过程中，被告人自由参与对相关证据的调查。被告人及其律师有权独立地收集证据并在法庭上出示，有权同检察官接触；在检察官提出指控后，其有权同法院接触并要求法院审查额外的证据。在审判阶段，法庭应当满足这类要求，除非存在某种例外。

在某种程度上，这些规则反映了对被告人的自主权及其积极参与诉讼程序的权利的考量。但是，这些规则的主要原理同要求案件的裁断者最大程度地接近事实真相的基本原则相一致。诉讼程序的历史经验证明，仅凭司法官员自己的工作很难全面和准确地查明案件事实，即使司法官员享有广泛的强制性处置权限。因此，德国诉讼程序的现代形式建立在这样的观念之上：即法院如果让与案件有利害关系的当事人参与到查明案件事实真相的程序中来，法院就更有可能发现案件的事实真相。当事人可以参与收集证据的过程，目的是扩展和增加裁决者所掌握的信息。

（一）审前证据的收集

德国《刑事诉讼法》第160条第1款和第2款授权并要求检察官如果发现刑事犯罪嫌疑存在，则可以进行侦查和收集证据。在实施侦查活动中，检察官可以寻求警察的帮助，同时检察官还可以要求侦查法官实施一些特定的侦查行为，例如询问证人。德国《刑事诉讼法》第160条第2款要求检察官全面、客观地侦查案件："检察院不仅要查明有罪的事实，还要查明可以证明无罪的事实，并且负责保全可能会灭失的证据。"在某种程度上，检察官和警察都坚持了这一客观性原则：收集与案件相关的全面的信息符合他们的职业利益，因此他们不希望忽略任何将来可能会影响定罪的关键性事实。但是，随着案件的侦查活动越来越集中到特定的犯罪嫌疑人身上，警察会倾向于寻找强化和证实犯罪嫌疑的证据而不再留意可以证明无罪的证据。

因此，在实践中收集有利于犯罪嫌疑人的证据是辩方的任务。但是被告人要面对一系列困难：首先，在侦查活动得出结论之前，不需要将正在进行的侦查情况告知被告人；其次，即使在需要辩护的案件中，只有在提出正式指控时才指定辩护律师；再次，独立的调查活动会耗费大量财力。这些困难会促使犯罪嫌疑人，特别是在其没有辩护律师的情况下，请求检察官收集有利于其的证据；而且在进行第一次讯问的时候，甚至鼓励犯罪嫌疑人做出这样的行为。

在近阶段的德国，辩护律师越来越倾向于自己进行案件调查，而且如果辩护律师不使用强迫手段或者其他不正常手段影响证人，这种调查不存在明显的法律障碍。当然，辩护律师可以自由地同当事人讨论案情，对公共场所进行勘查，也可以同证人交谈，但不得建议证人作伪证或者对证人施加压力。辩方还可以聘请私人侦探和鉴定人参与案件调查。出于经济考虑，没有足够经济支付能力的当事人经常会放弃由自己进行案件调查，只是向检察官或者审判法庭提出证据线索，从而在司法机关的指导和总体控制下共同努力发现事实真相。

(二) 审判中的证据收集

本书主要讨论侦查制度，因此对审判阶段的取证权仅作简单介绍。

在审判中，当事人可以保持被动，他们不需要承担任何举证责任。但是，当事人有讯问证人和针对法庭上出示的证据提出意见的权利。当事人还可以建议法庭进行某些他们认为有用的调查，这就是调查取证申请。通过提出这类申请，能够传唤可以作证的证人，寻求法庭收集相关证据。法庭拒绝调查取证申请并不构成一项有效的上诉理由，但是上诉可以基于法庭未履行其查明真相的义务而被提起。除此之外，当事人还可以通过使法庭考虑其不认为相关的证据，从而增加判决的事实基础。他们还可以通过提出正式的对某些事项举证证明的申请来达到同样的目的。

相对于"审问式"程序而言，关于在审判中收集证据的现行法律更平均地分配了举证的责任与权利：法庭的主导地位，被当事人的广泛权利所平衡，这些广泛权利不仅包括审查法庭提供的证据的权利，还包括自己提供证据的权利，甚至是违反法庭意愿而提供证据的权利。通过这些积极参与法庭的权利，当事人甚至可以延迟和阻碍庭审进行，这导致了法庭和当事人之间协商处理刑事案件，但这不在本文的讨论范畴。辩护人有权自行侦查，但是他们并没有强制侦查权，因而只能以公民的身份收集信息。他们不能对证人施加压力，以及试图影响他们。德国的辩护人一般不愿意进行调查，一方面其害怕造成毁坏证据的印象；另一方面则基于经济原因，因为即使被告人最终无罪释放，国家一般也不就私人调查的费用对其进行补偿。德国《刑事诉讼法》244条2款或许是德国刑事诉讼法的中心准则，它确立了审判法院的职责（"为了调查事实真相，法院应当依职权将调查取证延伸到所有的对于裁判具有意义的事实和证据上"）。从法律规定的文字表述上可以清楚地看出，法院不需要也不可能依赖当事人主动提供证据。结果是：所有的证据都是法院的证据，不"属于"任何一方当事人。

法院确定案件事实的职责进一步意味着当事人双方没有证明责任。起诉方为了使案件进入审判，当然要提供一些证据；然而，一旦法院决定对案件进行审理，任何一方当事人都不再有提供证据，或者使法院确信他的主张为真实的责任。法院这种寻求真实和"实体的真实"的广泛职责是德国法的审问式传统中最显著的部分。这种职责使得当事人在审判阶段处于次要的地位；特别是检察官，基本上处于被动，其依赖法官依照法律对起诉作出处理。检察官将起诉书提交给初审法院，法院阅读起诉书以及公诉人的卷宗，并在此基础上决定是否进行审判。只有在例外情况下，法院才在诉讼的这一阶段依职权收集额外的证据。

德国《刑事诉讼法》第160条第2款明确指出，检察官有义务调查有罪和无罪的证据。理想的情况是，检察官从司法角度客观公正地收集和评断证据。但是，在实践中，检察官的作用非常类似于当事人主义模式下的指控官员，比如检察官为了被告人利益而提起的上诉情况就很少发生。在对抗式制度下，在双方对抗的案件中为了收集和展示证据，专业辩护是必不可少的；而在审问式制度下，检察官和法院被要求客观查明事实真相，因此在一般案件中，辩护人被认为是可有可无的。

综上所述，大陆法系国家将发现案件事实真相作为刑事诉讼的主要目标。为了实现这一目标，德国的审判前程序基本上都被设计成为国家侦查机关针对涉嫌犯罪的被告人所进行的追诉活动。无论是司法警察、检察官，还是负有侦查职责的预审法官，都要客观地收集有利于和不利于被告人的证据，查明犯罪事实，保证有罪者受到公正的追究，防止无罪者受到不适当的牵连，并依职权主动实施某一诉讼行为。

与英美法系注重公平的诉讼过程相比，大陆法系更加强调公正的诉讼结果，并将整个审判前程序设计成为实现这一理想结果的工具。因此，大陆法系国家的审判前程序中并不存在控辩双方平行的两种调查活动，侦查机构的侦查活动才是审判前程序的主线，被告人及其辩护人的参与和防御活动不过是侦查活动的必要补充，是防止被告人地位恶化的必要保障。如果被告人以及其辩护人的防御活动不利于甚至进一步妨碍侦查活动的进行，侦查机构甚至司法机构还可能对其诉讼权利施加一定的限制。

我们也可以看到随着当事人主义的推广，大陆法系国家也越来越强调对犯罪嫌疑人、被告人诉讼权利的保障，以及对其诉讼处境的改善。根据法国、德国、意大利学者的看法，被告人在审判前阶段的诉讼主体地位正在得到明显的加强。不过，与英美法系国家形成鲜明对比的是，大陆法系国家在审判前阶段为被告人提供的防御权总是显得过于弱小。即使是在对被告人权利保护得较为周延的德国，被告人及其辩护律师在审判前阶段也不足以与司法警察和检察官相抗衡。

在大陆法系国家的学者看来，控辩双方在审前的平等对抗不具有实现的可能性，也不必要。相对于保障被告人的防御权而言，这些国家更加重视检察机构对警察的直接控制和领导。在大陆法系国家，法律明确规定检察官和负责侦查的法官以公正、客观的态度收集证据，既要注意不利于被告人的证据和事实，也要注意有利于被告人的证据和事实，检察官甚至可以为被告人的利益提出申请或者上诉。根据德国学者的观点，检察官在审判前所具有的这种"客观和公正的司法官"地位，构成了对被告人的"实质性辩护"，而辩护人的防御活动则不过属于一种"形式上的辩护"。

无论如何，我们已经看到大陆法系国家的审前程序已经并且将继续从英美法系国家的刑事诉讼程序中吸收越来越多的制度设计和改革灵感，这种程序可能越来越远离中世纪时的纠问程序，其纠问性色彩越来越淡，职权化倾向越来越轻，被告人的防御和辩护律师的参与也会得到越来越有效的保障。

近年来，德国刑事诉讼法的改革焦点在于侦查程序，特别是侦查程序中的辩护权以及侦查结果在审判程序中的运用这两组问题。目前改革的主流，即为参与式侦查程序的改革。

所谓参与式侦查模式，是指一种允许辩方参与侦查机关进行的重大侦查活动的程序设计，具体表现为保障被追诉者的律师能够参与讯问其他共同被追诉者，参与证人询问等证据调查程序，参与选择鉴定人。通过赋予被追诉方这些参与权利，希望被追诉人参与后所获得的证据直接运用到审判程序中。

简而言之，即是将辩方只有到审判程序才能够全面享有的参与权前移到侦查程序中，并以此为前提，省略一部分重复的审判程序。改革的建议者们希望借此改革使得被追诉者一方能够较早地参与到侦查程序中，以平衡过于强大的侦查权，形成更为公正、透明的侦查程序，提高被追诉人对侦查结果的接受程度，也便于协商能够及早达成。

德国侦查程序的这一变革体现了刑事诉讼结构重心的转移，侦查程序逐渐取代审判程序的地位，而且侦查程序的发展方向，同时受到欧洲一体化整合的直接影响。我们在刑事诉讼结构重心转移的大背景之下，应当重视上述变化，借鉴包括德国在内的许多欧洲国家应对侦审结构转移的举措，以完善我国的侦查程序。

三、德国的侦查强制措施

侦查中的强制措施是指侦查机关为了保证侦查活动的顺利进行，依法对犯罪嫌疑人、被告人所采用的暂时限制或者剥夺其人身自由的各种法定强制方法。

德国刑事诉讼中的强制措施不但包括了对人身权利的限制，还包括了对人的其他权利的限制，受到限制的权利范围包括：个人人身自由、活动自由、财产、住所、通信、职业活动等。具体的强制措施种类包括：逮捕、身份认定、带至有关当局、通缉、观察所观察、身体检查、鉴定、扣押、通信监听、搜查以及其他临时性措施，例如：暂时寄押在精神病院或未成年教养机构，暂时禁止职业活动等。

现对德国待审逮捕和暂时逮捕这两种强制措施作如下介绍：

（一）待审逮捕

德国的逮捕划分为有证逮捕和无证逮捕。有证逮捕也称为"待审羁押"时的逮捕，检察官有申请逮捕的权力。在提起公诉前，逮捕证由地方法院法官签发，在提起公诉后，逮捕令由受理案件的法院签发；在提起上诉时，由作出原判决的法院签发；在情况紧急时，法院院长也有权签发逮捕令。其适用的前提条件有三：一是强烈怀疑有犯罪行为发生；二是存在逮捕的特殊原因，包括嫌疑人已逃避审判，嫌疑人有逃避审判的机会，嫌疑人有毁灭证据的危险，嫌疑人犯有极为严重的罪行（如谋杀、误杀），嫌疑人有重复犯罪的危险；三是逮捕与犯罪的严重程度相称。

德国规定了延期执行逮捕令的情况，即如果犯罪嫌疑人接受侦查机关的限制和约束，法官认为可以达到逮捕的实际效果时，可以命令延期执行逮捕令。在执行逮捕时，被逮捕人有权获得逮捕令的副本。

（二）暂时逮捕

暂时逮捕又称无证逮捕，类似中国的刑事拘留，它是在较短的时间内剥夺一个人的人身自由，其情况分为三种：一是对任何正在实施犯罪而被抓获的人，以及犯罪后立即被追踪的人，如果有理由认为嫌疑人可能逃跑，或认为嫌疑人的身份不能立即查明时，任何人都有权将嫌疑人逮捕；二是检察院和警察机构官员在犯罪嫌疑人具备逮捕的条件、如果延误就有危险时，也有权暂时逮捕；三是对于告诉才处理的犯罪不适用暂时逮捕的规定。

如上所述，德国法律一方面对强制措施明确地予以划分与限制，另一方面规定强制措施在一般情况下由法官批准，只有在紧急情况下，检察官和刑事警察才可以决定采取临时性强制措施，这样就使公民权利不仅在国家权力的强制性措施面前得到保护，而且还在国家权力的非强制性措施面前得到保护，从而使公民享受到更有效的法律保障。

另外，德国在《反有组织犯罪法》中规定警察部门对涉及毒品犯罪和一般经济犯罪中的有组织犯罪，除了正常侦查手段外，新增加了窃听、秘密录像或录音、打入犯罪组织进行秘密侦查等侦查手段，且通过上述侦查手段所获得的资料或情报，可以作为定案的证据。虽然德国法律规定侦查人员在收集证据时不得利用非法手段，但并不完全排斥非法所取得的物证，而是注意违法的严重程度以及排除非法物证对国家利益的损害程度来进行利益均衡，同时赋予法官一定程度的取舍证据的自由裁量权。

第三节　德国检警关系

作为审前程序的两大参与主体，对警察机关与检察机关关系的研究非常重要。在侦查上，德国采取的是"检警一体化"或者说是"检察指挥侦查"体制，显然，这种体制有助于强化侦查监督和检警在侦查工作中的配合，提高侦查工作效率。

本节就以德国检警关系为切入点，讨论各国不同的检警关系模式，从而为我国检警关系的重塑提供新的视角。

一、警检关系辨析

从产生时间来看，警察机关的产生时间远远早于检察机关，警察机关是伴随着国家的出现而出现的，而检察机关直至近现代才出现。从诉讼程序的运作过程来看，警察机关的侦查活动与检察机关的起诉活动有先后的连续关系。从诉讼权的行使来看，警察机关主要负责侦查权的行使，检察机关主要负责公诉权的行使。当然二者间也存在交叉，警察机关有时也会行使公诉权，检察机关也行使部分侦查权。以下分别对不同的检警关系模式做简单介绍。

（一）检警一体模式

检警一体模式是指检察官为侦查的主要机关，警察机关只能成为侦查的辅助机关，协助检察官进行侦查活动。但检察官对侦查权的控制程度，不同国家有不同的规定。

1. 德国

德国属于由检察机关直接领导警察机关的模式。德国《刑事诉讼法》明确规定，检察机关为刑事案件的侦查机关，警察机关只是检察机关的辅助机关。在侦查犯罪的行为范围内，警察只负担辅助检察机关的责任，警察只能作出"毫不延误"的决定，将案卷材料和证据"不延迟地"送交检察院，由检察院作进一步侦查。这种规定几乎适用于所有案件，检察机关没有单独的案件侦查范围，其与警察机关的侦查范围一致。

意大利和我国台湾地区也实行这种模式。在这种模式中，虽然警察机关是检察机关的辅助机关，但由于检察机关常常没有足够的人员，从而致使其主要侦查机关的身份被架空。根据实际考察，德国侦查程序的主角为司法警察而非检察官，警察可以独立而不受影响地从事犯罪侦查。

2. 法国

在"检主警辅"的模式选择上，法国与德国是相同的。根据法国刑事诉讼法典的规定，对犯罪的追诉权由司法警察、司法警官、检察官和预审法官行使。法国与德国不同的是，法国的预审法官在侦查权的行使上地位更高，可以凌驾于检察官和警察之上。在预审法官到达现场时，检察官和司法警官即卸去职责。预审法官也可以指派司法警官进行侦查。预审法官侦查结束后，应将有关材料移交给检察官。尽管对预审法官在侦查阶段享有如此大的权力的争议颇多，预审法官的侦查权也在逐步萎缩，但法律上的规定还是使预审法官的这种权力存在着行使的可能。

3. 日本

日本检察官素有"刑事司法脊梁"之美誉，其有侦查检事和公判检事之分。根据日本《检察厅法》规定，检察官在大体上有六项职权，对犯罪进行侦查的权限亦属其中。检察官在刑事司法中兼具警察、法官、律师、矫正保护职员等多种机能，其中最主要的是侦查权与公诉权，也就是所谓检察制度中的公诉、侦查统一的"二元构造"特征。

根据日本《刑事诉讼法》，享有侦查权的主要有检察官（包括检察事务官）和司法警察职员。原则上，检察官和司法警察职员在犯罪侦查上应当互相协助。在一般刑事案件中，由司法警察职员独立进行侦查，但检察官有权向辖区内的全体司法警察职员作出一般指示，这种指示通过规定一般准则的方式而在具体案件的侦查上予以实现，检察官可以对协助侦查的全体司法警察职员进行一般指挥。此外，检察官在自行侦查上认为有必要时，可以就具体案件对个别司法警察职员进行具体指挥。检察官对警察拥有的一般指示权、一般指挥权和具体指挥权，使检察官的地位较警察优越。

由于检察官与司法警察在侦查案件范围上无明确分工，在实践中，司法警察一般被视为一线侦查机关，检察官被视为二线侦查机关。当然，对于一些不适宜由警察侦查的案件，如政府高级官员职务犯罪案件、与警察有牵连的案件、偷税等经济诈骗案件，则由检察机关直接进行侦查，检察官可以要求警察协助侦查。

日本检察官除在侦查实务中享有日本司法警察所享有的一切侦查权力外，同时还可依法对司法警察的侦查工作进行指示、指挥。司法警察必须服从检察官的指示、指挥，否则检察官可向警察委员会或其他监督机关提出惩治或罢免该司法警察的要求。

当然，日本检察制度在赋予检察官广泛侦查权的同时，亦设立了各种制度来制约检察官侦查权的行使，由于篇幅所限，此处不多赘言。

(二) 检警分立模式

检警分立模式是指警察承担侦查权，检察官承担审查起诉并提起公诉权。二者权责分工明晰，不存在谁领导谁、谁指挥谁的问题。

1. 英国

英国检察官不行使侦查权，这与其检察权力体系分散、统一的检察制度起步较晚有关。严格来讲，英国并无真正意义上的检察院，只有负责检控的皇家检察署（CPS：Crown Prosecution Service），检察署负责大部分传统刑事案件的控诉，此外还有一些如海关、严重贪污调查办公室、税务等部门也有权检控如诈骗、贪污、贿赂等刑事案件。所以英国的检察官对警察缺乏控制能力，只能提出一些关于侦查取证的意见和建议，但不能指挥侦查或者对警察发号施令。警察对案件调查有完全的权力，只有在警察认为案件已经查清，决定对嫌疑人提起指控时，才将案件材料移交给检察机关。检察官的责任就是对案件材料和证据进行仔细的审查，然后决定是否向法院提起公诉。如果发现证据不足的，可以要求警察补充收集证据，但检察官无权自行侦查。

皇家检察署属于政府部门，负责检控警署移送的刑事案件，其虽与警署工作密切，但二者相互独立、各司其职，并对警察的侦查行为的监督权和建议权，表现在：为了防止警方对应该提起诉讼的案件不予提起诉讼，法律要求警察局长将本辖区内的每一严重犯罪通知检察官；检察机关在侦查阶段要给予警察必要的司法建议；指导警察收集和发现充分的并能证明案件事实的证据等。

但值得注意的是，英国检察官对证据的审查只停留在听审讯录音、阅读卷宗上，对证据并不作实质性审查，也不会见犯罪嫌疑人。即使对某些证据有疑问，检察官也不能自行调查，而只能交回警察补充侦查，因为检察官并没有侦查权，不能讯问被告或对案件的某些事实亲自进行调查取证。

2. 美国

美国的警检关系也保持了这种分立模式。警察机关和检察机关都是美国的侦查机关，但一般由警察履行侦查职责，检察官履行起诉职能。但对于某些微罪，如酗酒、流浪者、卖淫、违反交通法规等案件，警察甚至有权自行决定起诉并在法庭出示证据。对于不履行扶养义务、企业欺诈等直接向检察官检举的案件，检察官也可以亲自进行侦查。但相对于颇受辖制的英国皇家检察署，美国检察机关的权力要大得多，其具有一定的侦查权和指挥侦查权，例如美国联邦检察系统下的联邦调查局就统一拥有侦查权，但除此之外，检察机关一般也不直接参与案件的侦查。依据《美国联邦法典》第28篇有关条款的规定：总检察长"有权侦查政府官员的犯罪行为"；联邦检察官"对在其司法区内实施的违反联邦法律的犯罪行为，有权要求进行或继续侦查"；地方检察机构的检察官"可以要求警察继续侦查"；助理检察官"在提起诉讼前调查犯罪事实，有些案件，首席检察官可派本署侦查员参与侦查"。

由此可见，尽管侦查权主要被警察机关所掌握，但通过法律，美国检察机关具有被特别赋予的部分侦查权、要求继续侦查以及参与侦查的职能，相较于英国检察署在侦查权程序上的"无能为力"，美国检察机关在侦查程序上更有可为之处。

（三）检察监督警察模式

检察监督警察模式主要是中国和俄罗斯实行的警检关系模式，其主要特征是警察机关和检察机关各自享有独立的侦查权，双方在侦查过程中不存在领导与被领导、指挥与被指挥的关系。由于检察机关是法律监督机关，因此检察机关对警察机关的侦查行为可以行使法律监督的权力。

这种警检关系的理论基础是强调诉讼进程的连贯性和检察机关的法律监督性质，从诉讼的连贯性看，侦查、起诉和审判是三个相互独立的阶段，因此其主体也应当是相互独立的。从法律监督机关的性质来看，检察机关作为国家法律监督机关，有权监督包括侦查活动、审判活动等所有司法活动。

当然，中国和俄罗斯的监督模式在具体执行上还不完全相同。俄罗斯检察机关对警察的监督权具有强制性，而中国检察机关对警察的监督权缺乏必要的强制性。

二、德国的经验

如前所述，在侦查上，德国采取的是"检警一体化"体制。

警察机构部门及官员负有接受检察院的请求、委托的义务，其需按要求开展侦查活动，遵守不允许延误的决定，以避免产生调查案件真相的困难。即使警方因紧急危险而先行进行侦查，也必须不延迟地将案卷材料、证据送交检察院。在有必要迅速进行的侦查活动系属法官的调查行为时，可以直接向地方法院送交。警方必须提供案件侦查的材料，尤其是向检察官呈送书面调查结果。这些材料包括：对嫌疑人进行审讯的记录、证人或专家陈述等。此外，跟踪文件、相关物品都应向检察机关提交。这表明在刑事案件侦查中，警察必须接受检察机关交付的任务并开展侦查，积极地将案件侦查的相关证据及卷宗交给检察机关审查，检察机关从而把控侦查的整个过程。

德国检察机关从三个方面对侦查行为进行监督：

第一是在立案阶段控制开启案件侦查的"阀门"。根据德国《刑事诉讼法》第161条的规定，检察院可以要求所有的公共机关部门提供情况，并且能够自行或者通过警察机构部门及官员进行任何种类的侦查。

根据德国《刑事诉讼法》第163条的规定，警察机构部门及官员要侦查犯罪行为，作出所有不允许延误的决定，以避免产生调查案件真相的困难；应当不延迟地将案卷材料、证据送交检察院。因此，德国检察官可以根据报案安排警察开展相关侦查活动，警察要将相关受案材料交给检察机关审查。即使面临紧急情况，从事案件侦查的警察也得及时汇报侦查情况，从而使检察机关掌握侦查启动的监督权。

第二是在侦查过程中检察机关必须保护公民的基本权利，制约侦查权力。警察机关要按照检察机关的要求采取相应的侦查行为，实施相关侦查措施。只有当延误就有危险的紧急情况下，警察才可以实施诸如夜间搜查、暂时逮捕、秘密侦查等措施，但采取上述措施之后必须向检察机关报告。而且，实施这些措施之后必须在3日内报侦查法官确认，否则该侦查行为无效。如德国《刑事诉讼法》110条b规定，秘密侦查员要进入不能公共出入的住房，在延误就有危险时，经检察院同意即可；不能及时得到检察院决定的，应当不迟延地取得决定；法官在3日内未予同意的，要将措施停止。

第三是检察机关对案件侦查终结以及是否起诉具有最终决定权。如根据德国《刑事诉讼法》第169条a规定，检察院考虑提起公诉时，应在卷宗中注明侦查已经终结。警察无权自行决定侦查终结（或者决定撤销案件），在侦查终结之后，要向检察机关提交侦查报告，这既是刑事诉讼法的规定，也是实践的惯例。结案报告反映了警察的自我控制能力，代表警察当局的水平。结案报告不包括法律分析，也没有其对犯罪问题发表的意见，因为这是检察机关或者法院的职责。当然，报告中对证据的个人评价是必不可少的，但要保持克制的态度。检察机关基于现实情况和法律规定，有权决定是否提起公诉和停止侦查。如此一来，警察在整个侦查环节受到检察机关的有效监督与控制。

在德国的刑事诉讼流程设计中，警方着手处理犯罪时，首先要向检察机关提交犯罪情况报告，但它不应被立即交给嫌疑人。立法者的意图明显是将警察权力限制于犯罪现场的处理并采取相关措施，以收集并保全证据，其可以依照授权开展不足以侵犯人权的侦查活动，如依法实施逮捕，为确定嫌犯身份进行羁押、拍照、收集指印及身体检查等。检察官主要负责需要特殊知识和经验的案件（如商业欺诈案件）和恐怖活动案件。比较严重的犯罪案件（谋杀、持枪抢劫银行、纵火等），由检察官和警察共同侦查。这主要是因为检察机关虽然具有强大的法律知识和证据意识，但是其并不具备警察机关所具有的侦查技术和人力资源，因此，德国的检察机关主要负责不需要太多侦查技术与设备的经济犯罪案件以及贪污贿赂案件。这一观点与我国对检察官和警察的定位似乎不谋而合。

其实，德国学界也存在着对检察机关指挥侦查行为的质疑之声。反对者认为，要让警察从侦查辅助者变为独立的侦查主体。理由包括：①从检察机关的功能发挥的角度，检察机关主要对谋杀等严重犯罪行使最大程度的侦查指挥权，而对其他犯罪仅仅是简单参与或仅审阅卷宗，其主导地位并没有凸显。②赋予警察独立侦查主体地位，减少审查环节的资源浪费可以提高办案效率。③警察机关独立行使侦查权还可以使检察机关更好地保护被指控者的合法权益。

但是，目前德国的主流观点仍是保持现状，不能动摇检察机关的地位。因为警察难以平衡权益保护，在打击犯罪中难免有激情与焦虑的情绪抑或在破案压力下难以保持中立。惩治犯罪的动机有时会使警察强化怀疑。警察机关的任务是发现罪犯而不是无辜者。

检察机关指挥侦查机关并不是否定警察在侦查中的作用，而是为了抑制其在办案中的激情化倾向，使侦查行为在具有深厚法律素养的检察官的指挥下沿着法治的轨道进行。正是因为这种司法审查体制和检察指挥侦查体制，德国警察在侦查案件时权力虽然不大，但却能够出色地完成各项侦查任务，并且警察违法行为相当少见。

这种体制也有利于警察机关按照检察机关的要求收集证据和采取相关强制措施，更好地服务于起诉工作并能够克服检警分离所造成的相互掣肘，故有利于提高诉讼效率。而法治与效率正是当代德国刑事诉讼的价值追求。在这个背景下，德国检察机关不仅是侦查、起诉机关，而且是秉持公平正义的"国之利器"。

三、中国的检警关系之比较

（一）立法比较

中德两国在检警关系方面具有一些共性，如检察机关都属于监督机关，享有公诉权和侦查权，都可以监督侦查。但两国的检警关系仍存在较大差异。第一，德国检察机关在刑事诉讼中的地位与我国检察机关是不同的，它是"法治国之栋梁""法律守护人"，在法治国的建设中至关重要。我国检察机关虽为法律的监督者，但单从刑事诉讼法的规定来看，二者仍有较大差距。

第二，德国检察机关是侦查机关的领导者，其自身享有侦查权，是"侦查的主人"。虽然二者在行政上互无隶属，但在业务上存在领导与被领导的关系，警察必须接受检察机关的领导。在我国，刑事案件主要由警察机关自行决定侦查，检察机关仅负责极少数罪名的案件侦查。

第三，在案件侦查中的监督程度不同，德国检察机关可以从案件启动到侦查结束全程实行指挥、监督；而我国检察监督是由不同部门进行监督，检察机关不享有对整个侦查活动的领导指挥权，尽管检察机关有权对刑事诉讼活动实行法律监督，但这主要是一种事后监督。当然，我国修改后的刑事诉讼法在检察监督力度方面有所加强，如《刑事诉讼法》规定，人民检察院审查批准逮捕，可以讯问犯罪嫌疑人；审查批捕由检察长批准，而重大案件要提交检察委员会讨论。但总体而言，检察机关对警察侦查活动的监督力度还有一定的欠缺。

（二）我国检警关系现状

有关调查显示，我国检警关系有以下几个方面的表现：①检警机关难以形成最佳合力，将案件退回补充侦查是检警交往中最不顺畅的方面。②检警的相互制约有时会变成消极牵制。主要是检察机关不批捕、不起诉引起了警察机关的复议呈现上升趋势。③对侦查机关侦查活动的监督不力。表现在对应立案而不予立案的监督数量少，对不应立案而立案的监督几乎空白。

此外，对侦查行为缺乏有效监督，对其进行分析，主要有以下原因：①检察机关是监督机关，没有领导权、指挥权，难以及时有效地纠正违法侦查行为；②侦查监督通常具有滞后性且往往通过书面纠正违法意见书和检察建议来实现监督；③对侦查行为的判断只是通过对书面材料的审查进行的，难以发现违法行为。这种状况导致取证效果不佳，公诉质量不高，不利于惩治犯罪和保障人权。

如何强化检察机关的侦查监督是一个极其重要的问题。德国采取检察领导、指挥侦查的模式，使得检警双方在案件侦查中地位分明。侦查活动决定权由检察机关享有，警察负责采取强制措施和现场取证等方面的工作，其必须按要求开展侦查活动，这有利于实现对侦查权的制约，颇值得我国予以借鉴和参考。但基于我国现行的立法框架，公、检、法机关进行刑事诉讼活动应当遵循"分工负责，互相配合，互相制约"的原则。在这种情况下，检察官无权指挥警察，更无权领导警察依法开展侦查活动。

当前我们可以借鉴德国检察机关制约侦查行为的思想，在侦查措施、取证行为等方面对侦查行为进行引导。采取检察机关引导侦查行为的路径在实践上是可行的，且也不与立法体制相违背。这也符合对我国检察机关的职责定位要求，作为侦查监督机关可以依法进行监督、建议、纠错。根据法律规定，若要作为定案的依据，证据不仅要查证属实，而且要求充分和有效，这对侦查机关来说有一定的困难。实践表明，在缺乏证据的情况下，侦查机关为取得相关证据以证明嫌疑人有罪，采取的侦查行为往往会对嫌疑人的合法权益造成侵犯。针对侦查人员违法取证、刑讯逼供等非法行为，需要检察机关提前介入，以避免侦查行为违法并引导取证行为。

德国采取检察领导侦查、检警一体化的模式，警察机关是辅助机关，其必须服从检察机关的领导和指挥。而检察引导侦查强调的是引导，检察机关不是领导机关，没有决定权和指挥权；它强调通过检察机关对侦查活动的参与，对侦查机关的调查取证、侦查方向和侦查行为进行引导和规范。在强化侦查监督环节，主要是强化对侦查行为实施情况的监督；在侦查终结阶段，主要强化对撤案情况的监督。

此外，在检察引导上，要求检察机关主动引导和侦查机关积极邀请其进行引导，根据证据的法定属性对所得证据进行评价，确定取证方向；列席重大案件的勘验、搜查等活动，及时纠正违法行为；参与重大案件研讨，对如何适用法律提出建议，如对依法开展侦查和采取侦查措施提出建议，使侦查行为能够沿着正常的轨道运行而不至于侵犯人权。

就侦查之主导者而言，国际发展的趋势是以检察官为侦查程序的主导者，而我国的现实情况可以说是与此完全相反的。考虑到我国的特殊国情，直接将"警主检辅"的侦查模式转变为以"检察机关为主导"的侦查模式是不切实际的，而"变互相牵制的侦诉模式为侦诉协作及检察机关引导侦查的侦诉模式"在现实情况下也不失为一种合理的选择。

制约侦查权力是各国法治文明发展的必经之路，只是存在时间早晚与制约程度之别。在德国刑事诉讼中,通过侦查法官司法审查、检察指挥侦查和检察监督侦查,限制侦查权的肆意发动。在维护社会秩序与保障人权的博弈中,德国选择了法制化的路径,使各种侦查措施依法受到合理限制。此外,德国基本法规定的公民基本权利以及法治原则在刑事诉讼中发挥着指导作用,是制约侦查权力的灵魂。当然,德国侦查权力的制约在相关制度上仍亟待完善。如德国虽然确立了相关辩护权,但对律师在场权却采取限制立场,使得律师很难参与到侦查之中;在不少案件中,被指控者的自行辩护受制于经济地位,这不利于对弱者权益的平等保护。

对于我国刑事诉讼立法及司法而言,尽管刑事诉讼法的修改在有关方面已经有了显著的改进,但也有诸多尚需要反思并完善之处。考虑到历史上形成的"权力压倒权利"的权力主导型法权结构尚未发生根本性改变的实际情况,现阶段更应该强调权利必须足以平衡权力的理念。"科学、文明、人权、法治和公正"是我们努力的方向,这是刑事诉讼的必然进路。

第八章 法国侦查制度

法国是大陆法系的发源地,其刑事诉讼法典是世界上公认的国家职权主义色彩最为浓厚的一部成文法典之一。在近两个世纪的运行中,该法典对欧洲大陆、亚洲、非洲和美洲的许多国家都产生了巨大影响,甚至成为许多国家的立法蓝本。法国奉行的纠问式诉讼模式导致其在侦查主体的设置上关注国家权力的集中而忽视当事人的权利保护,且在侦查权配置上带有浓厚的本土化特色,并影响至今。

第一节 法国侦查的历史沿革

一、法国侦查的历史传统

(一) 纠问式诉讼模式的影响

公元843年,法兰克王国分裂为法、德、意三国,其中法国很快成为西欧封建制度的中心,其刑事侦查制度也成为西欧的代表。在整个封建时期,法国采用并逐步巩固了纠问式的刑事诉讼模式,在此诉讼模式下的侦查制度有三个显著的特点:①法官是唯一的侦查主体;②侦查的发动由法院依照职权主动进行;③刑讯逼供和秘密审讯是查明案情的主要方法。

1787年法国资产阶级革命的胜利,标志着法国资本主义刑事侦查制度的建立,1808年法国《刑事诉讼法典》的颁布,标志着检察官、预审法官和警察共同行使侦查权的侦查体制的基本建立。该法典规定,检察官可以侦查一切犯罪,同时还有权对警察的侦查活动进行指挥和领导。同时,该法典还规定设立预审法官,负责证据的审查和补充侦查工作。此后,法国现代的侦查体制基本上沿袭了其近代的资本主义侦查体制,变化不大。

(二)单一制国家制度的影响

法国属于单一制国家,实行中央集权与中央授权相结合的权力分配模式,即中央政府在拥有绝对国家权力的前提下,根据统治需要将国家的权力从中央授权给地方。地方政府作为中央政府的下属,其有限的权力来自中央的授予,因此它必须服从中央,并根据中央的政策、法律进行活动,否则,中央政府可以将授予的权力收回或取消。

这种单一制国家结构形式决定了其侦查体制必然是集中型,即中央与地方的侦查组织之间具有隶属性,而且不同层次的侦查组织成为一个集中统一的体系。

(三)"本土化"特色

法国刑事侦查制度的发展史显示,该国的刑事侦查制度基本上是"土生土长"的产物,较少受到外来因素的影响和干扰。虽然法国在资产阶级革命胜利后,曾学习过英国的刑事侦查制度,但由于社会传统的巨大反差不得不很快放弃。

对法国侦查历史的研究,最值得一提的"本土化"特色就是预审法官制度的存废之争。预审法官制度首创于法国,确立于1808年法国《刑事诉讼法典》之中,并随着拿破仑对欧洲的征服而移植到欧洲各国。虽然这一制度自19世纪以来一直面临指责与批判,甚至有学者建议废除此项制度,但由于种种原因,改革并未获得多大进展,法国的预审法官制度依然被很好地保存下来。与此形成鲜明对比的是,德国在1975年彻底废除了预审法官制度,因而预审法官已不再是德国的侦查主体,其原来拥有的侦查权已全部移转给检察机构,它对警察的侦查活动也不再担负指挥和领导的职能。

二、司法警察的形成

法国的司法警察具体由宪兵队与国家警察两部分组成。

(一)宪兵队

法兰西王国于9世纪形成之后,其军事官员的职能逐渐分化,并出现了专门负责警察事务的军官——警务官。11世纪,警务官已成为法国五大军事长官之一,拥有一定的司法裁判权和统辖骑兵权。

12世纪,法国组建了最早的宪兵部队——骑警队,由警务官领导,负责维护王室领地的治安,并在全国范围内执行军法任务。1778年,路易十六用法律形式把骑警队的警察职能固定下来。在法国大革命之后,资产阶级政府沿袭了这一体制，将骑警队改名为宪兵队。各地的宪兵队负责乡村和小城镇的警务，并协助地方警察机构进行犯罪侦查与预防。近年来，宪兵队内部设置了一个组织，称为"国家宪兵行动组"，这些行动组在法国与国外的数次反恐怖行动中崭露头角。综上所述，宪兵部队是法国警察系统的两大支柱之一，也是法国侦查主体中的重要组成部分。

（二）国家警察

在法国军事警察发展的过程中，非军事性普通警察部队也逐渐形成。14世纪，国王任命了一名警察督监，领导一支警察队，主要负责维护巴黎地区的社会治安。1699年，国王下令组建全国的警察队。由国王任命的国家警察总监不仅负责巴黎市的警务，而且领导各省由省长任命的警察督监。此后，一些大城市也纷纷建立了警察机构。这是国家警察体制的雏形。

在拿破仑上台以后，国家警察机构又得以扩大与完善，各省的警督由省长或副省长兼任；各市的警察局长由市长兼任。在地方警察机构中，巴黎市警察局具有特别重要的地位，因此其直接受内政部领导。为了惩治全国各地的犯罪活动，法国内政部于1907年又成立了机动警察署，下设16个机动警察大队，分别负责地方警察机构难以侦破的刑事案件及各种紧急情况的处理。

1966年之前，法国警察机构分为中央警察总署与地方警察机构。同时，还有一支特殊的侦查力量——巴黎市警察局。从机构设置上看，它自成一体，独立承担巴黎市内的全部刑事案件的侦破任务。

中央警察总署则负责除巴黎以外法国其他地区的犯罪侦查，包括指导协调地方警察机构的侦查工作和直接承担重大案件的侦查工作。中央警察总署领导下设有5个中心局，其中的"司法警察中心局"负责侦查最为严重的犯罪，并为此向地方警察部门提供最有效的侦查手段。该局下设多个分局，包括刑事案件分局、经济与金融案件分局、技术与科学警察分局等。与此同时，该中心局还设有7个中心处，分别负责惩治某些特定的犯罪现象：抢劫、贩卖人口、盗窃艺术品、贩卖武器、非法毒品交易、制造假币与重大金融犯罪等。该局还有权对全国设立的19个地区级司法警察局及巴黎警察局司法警察处行使领导权。中央警察总署还在重要的铁路枢纽和海港设置了派出机构，主要负责流窜犯罪和跨国犯罪的侦查。

长期以来，中央警察总署与巴黎市警察局之间的摩擦始终存在，最终二者于1966年7月合并为国家警察总局。然而，从随后的运行情况来看，二者在各自的组织方面仍保留着很强的独立性。

综上所述，法国的侦查人员实际上可以分为民警系统中的侦查人员和宪兵系统中的侦查人员，他们统称为司法警察。

三、共和国检察官的形成

1808年的法国《重罪审理法典》（以下简称《重罪法典》）将共和国检察官及预审法官都归入司法警官之列。理论上也承认他们具有高级司法警官的身份。因此，他们不仅可以实施司法警察的所有行为，而且可以对司法警官和警员下达命令。

虽然现在共和国检察官不再是司法警官，但是他们仍然保留了与以前在重罪情况下的相同权力。另据现行的《刑事诉讼法典》第41条第2款之规定，共和国检察官领导其所在法院管辖区内的司法警官和司法警员的活动。在共和国检察官到达现场时，司法警察即卸去职责，交由共和国检察官负责侦查，也就是我们所说的"警检一体化"。

四、预审法官的形成

预审法官制是法国的司法传统之一，也是国家职权主义观念的重要体现，同时由预审法官实施侦查是法国刑事诉讼的重要组成部分。预审法官是按照任命审判官的方式，从法院法官中提名选任的，任期为3年。预审法官根据检察官的申请或者根据包含民事请求的申告，在接受案件后着手侦查。

法国赋予预审法官侦查权的理由是：刑事诉讼法的程序要求司法人员尽早地介入审讯。由于在《重罪法典》中，预审法官被归属在司法警察之列，属于高级司法警官，因此，法律上赋予其行使高级警官的权力，这种权力使预审法官可以指挥其他警官为其提供侦查服务，要求其他警察向其提供情况，授权司法警察完成各种侦查任务。

除此之外，预审法官还有两项职责：①具备其他西方国家中只有治安法官才具有的签发司法令状的职能，即批准拘留、逮捕、司法管制和临时羁押。②能够对刑事案件进行庭前审查，以决定案件是否符合起诉条件，这个职能在大多数国家都是由检察官履行的。由此可见，预审法官在刑事诉讼中起着举足轻重的作用。

实际上，法国的预审法官在近两百年的历史中，有关其存废之争从来没有停止过，本章第三节将对此进行重点论述。

第二节 侦查主体

一、侦查主体

法国下列人员具有不同程度的侦查权：

（一）司法警察

法国的司法警察分为四个级别：司法警官、司法警员、助理司法警员及其他依法享有某些司法警察职权的人员。其中，具有司法警官身份的人员主要包括：市（镇）长及其助理，宪兵队长官、军士及特别任命的宪兵，警察局的局长、警监、监察长和监察官等。

司法警官除行使普通司法警察的职权外，根据共和国检察官的指示或者依自己职权，对案件进行预侦。预侦包括讯问、勘验现场以及搜查、扣押和拘留任何有迹象表明其犯有罪行或者企图犯罪的人，但时间以 24 小时为限。司法警官执行其任务，有权直接动员公众力量。司法警官在知悉发生重罪、轻罪和违警罪后，有义务立即报告共和国检察官。在行动结束后，应将符合他所进行的取证笔录的正本并附副本以及有关的文件送交共和国检察官。

具有司法警员身份的人员包括：没有司法警官身份的宪兵，警察局的督察和侦查员，国家警察局和城市警察局的其他警察。司法警员是司法警官的助手，也是初步侦查的具体执行人员。不具备司法警员身份的正在执勤的国家警察及城市警察可以成为助理司法警员。其他依法具有某些司法警察职权的人员包括：工程师、区长、森林河流管理员、乡村治安员、政府机关行政公务员和公共服务官员（如税务管理部门、国家铁路公司、计量审查部门、国家保护自然森林总局工作人员）、经宣誓的特殊的保卫人员等。他们的职务级别不同，法律赋予他们的侦查权限也就不同。

司法警员在侦查中的职责是负责查明违反刑事法律的罪行，收集犯罪证据，以及在案件未破获前确认犯罪人。案件破获后应执行预审法官的命令并听从其要求。

（二）共和国检察官

在共和国检察官到达现场时，司法警察即卸去职责，由共和国检察官负责侦查。他有权指挥所在法院辖区范围内的司法警官或司法警察的一切活动有权决定采取拘留的措施享有法律授予司法警官的一切权力和特权。

(三) 预审法官

预审法官从法庭法官中任命,其方式与审判法官的提名方式相同。预审法官只能在收到共和国检察官的起诉书或者民事原告人的申诉书后方得以进行侦查。预审法官到达现场时,共和国检察官和司法警察即卸去职责。此时,预审法官负责完成对现行的重罪与轻罪进行侦查的全部行动。预审法官应当按照法律规定进行一切他认为有助于查明事实的侦讯。预审法官也可以指派任何司法警官进行这些活动,预审法官在这些行动结束后,应当将有关材料转交共和国检察官予以起诉。

预审法官可以到必要地点进行一切有效的调查,或者进行侦查。他应当将此项行动通知共和国检察官,后者有权陪同前往。在重罪或者轻罪案件中,如果可能判处的刑罚为二年或二年以上监禁,预审法官为了侦查的必需,可以决定截留、登记和抄录邮电通讯。此项措施由他授权并且监督。预审法官还可以传唤他认为其证言有助于查明案情的人到庭作证。

预审法官还可以签发传票、拘传证、拘留证或逮捕证。如果被审查人可能被判处监禁刑以上的刑罚,预审法官可以决定对他进行司法管制或者命令予以临时羁押。

在法国,除上述几种主要的侦查主体外,还有一些特殊的侦查主体,例如,省长作为行政警察的领导权力机关,具有制定条例的权力,并且大部分行政警察部门都在其指挥之下。同时,省长也被赋予极为重要的司法警察权力。在许多方面,省长的这种权力与共和国检察官的权力相类似。在巴黎市、上塞纳省与塞纳—圣德尼斯省及马恩河谷省,这些权力由巴黎警察局长行使。省长的司法警察权力源于《重罪法典》。该法典的第 10 条赋予省长以高级司法警察警官的权力。

二、法国侦查制度的特点

(一) 单轨制

从刑事侦查主体来看,法国实行单轨制侦查体制,即侦查权只能由国家法定的机关或部门行使,其他任何单位和个人都不得行使。法国的警察机构被划分为两个系统:民警系统和军警系统,两个系统都设有侦查部门。法国的检察官都享有一定的侦查权,其主要职责在于对警察的侦查活动进行领导和监督,预审法官是重要的侦查主体,它对司法警察的侦查活动起着指挥和领导作用。

（二）集中型

从侦查机构的组织形式来看，法国属于集中型侦查，即全国的警察机构都统一接受中央政府的领导，中央与地方警察机构之间存在隶属关系，并且不同层次的警察机构形成一个集中统一的体系。集中型侦查有利于加强侦查工作的统一管理和指挥，也有利于加强地区之间的侦查协作，但它缺乏适应地区特点的执法灵活性。分散型侦查虽然可以避免集中型侦查体制的某些弊端，但它由于缺乏统一的指挥和友好的协调与合作，极易导致彼此推诿、扯皮，不利于侦查效率的提高。

（三）一步式与二步式结合

从侦查步骤来看，法国采用一步式侦查与二步式侦查相结合的形式。法国的一步式侦查也即法国刑事诉讼法所规定的初步侦查，又称非正式侦查。初步侦查主要由检察官和司法警察负责，其侦查对象是现行重罪、轻罪和非现行犯罪。在初步侦查阶段，司法警察可以采取下列侦查措施或手段来查明案情，如保护犯罪现场，禁止在场人员在侦查行为结束前离开现场；搜查并扣押与犯罪有关的事件、物品等证据；传讯一切可能提供情况的人，并且对其进行询问；临时拘留犯罪嫌疑人等。对于主持初步侦查的检察官来说，除了有权行使司法警察的侦查职权外，还有权签发传票和拘留证，拘传或拘留犯罪嫌疑人并进行讯问。通过初步侦查，如果最后认定犯罪嫌疑人的行为是无须经过预审的轻罪或违警罪，那么检察官就可以作出决定将案件移送轻罪法庭或违警罪法庭，初步侦查自此结束。

法国的二步式侦查是指案件在初步侦查过程中，若所侦查的案件是重罪案件和有必要预审的轻罪案件及违警罪案件，检察官可以决定将案件移送预审法官，正式侦查自此开始。在正式侦查阶段，预审法官是侦查活动的指挥者、领导者和直接的实施者，司法警察是其助手和辅助者。预审法官为了查明案情，可以采取现场勘查、询问、搜查、扣押、鉴定、讯问、通信截留及拘传、拘留、逮捕、羁押等各种侦查措施和手段。通过侦查后，若预审法官认为案情已经查清，可以在适当的时候将全部案卷移送检察官，正式侦查至此结束。

由此可见，在法国，某种案件究竟是采用一步式侦查还是二步式侦查，关键是看预审法官是否正式接手侦查工作，若预审法官没有正式接手侦查工作，则案件侦查采用一步式侦查，否则就采用二步式侦查。

（四）侦查的领导和指挥

由于法国传统上的侦查职能主要由预审法官负责，检察官对司法警察或预审法官的侦查活动有法律监督权，在预审制度逐渐司法化后，侦查职能逐步转移给司法警察，检察官对侦查活动的监督或领导有所加强，只是不能再监督预审法官。由此可见，法国的检察官和预审法官在侦查活动中的地位明显高于司法警察，可以说，法国检察官和预审法官领导和指挥警察进行侦查活动，这是法国侦查主体之间法律关系的显著特点。

根据法国《刑事诉讼法典》第12条、13条的规定，法国司法警察的侦查行为除了受到法律的严格限制以外，还要受到检察官和驻设于上诉法院的检察长的领导和指挥，并在组织上受到驻设于上诉法院的检察长和刑事审查庭的监督和纪律约束。

法国《刑事诉讼法典》第38条规定：司法警官和司法警察受检察长的指挥和监督，检察长可以要求这些司法警官和司法警察收集有利于司法审判的任何情况。第41规定：共和国检察官自己或使他人采取一切追查违法犯罪的行为。为此，他有权指挥所在法院辖区范围内的司法警官或司法警察的一切活动。共和国检察官享有法律授予司法警官的一切权力和特权。

法国刑事诉讼法对侦查活动中预审法官、检察官和司法警察之间相互法律关系的规定，主要是由法国侦查、起诉职能之间的程序连接关系以及侦查服从公诉的传统司法体制所决定的。此种司法体制可以使检察官有更多精力对侦查进行指导。它可以使检察官有更多精力对侦查进行指导并关注侦查手段的使用情况。如果对于该犯罪不会起诉，警察就可以避免浪费时间及不必要地打扰嫌疑人、其同案犯或证人。如果警察正在使用的侦查手段有问题，检察官就能够及时干预，以便保护公民的权利，并使收集到的证据具有可采性。

相比之下，我国公、检、法之间是分工负责、互相监督、互相制约的关系，检察官只能在立案、批捕以及审查起诉等环节对警察的侦查活动实施法律监督，而不能行使领导权和指挥权。

关于大陆法系检警关系的具体内容，请参考本书在德国侦查制度一章的论述。

第三节 侦查程序

一、现场勘查

司法警察在接到报案以后，应当立即通知检察官，并前往现场进行勘查和采取必要的现场保护措施。在现场勘查过程中，应保护和提取与犯罪可能有关的一切痕迹和物品；凡是被怀疑为作案工具的物品以及与犯罪结果有关的物品，一律扣押；如果犯罪嫌疑人在场，应命令其辨认所扣押的物品。司法警察应按规定制作现场勘查笔录，并在笔录的每一页上签名。

检察官亲临现场时，现场勘查便由检察官负责；检察官可以自己亲自进行勘查活动，也可以让司法警察实施勘查活动。预审法官亲临现场时，现场勘查便由预审法官负责；预审法官既可以对犯罪现场自行勘查，也可以指挥司法警察进行勘查。在现场勘查及相关的侦缉活动结束之前，司法警察有权禁止现场内部的人员离开现场。

二、搜查与扣钾

在法国，司法警察、检察官和预审法官在案件侦查过程中有权对可能旅有犯罪证据的场所进行搜查，并有权扣押在搜查中发现的可能与犯罪有关的物品。司法警察在需要扣押与犯罪有关的物品时，其有权对有关人员的住所进行搜查。对住所进行搜查时，应有房主在场；如果房主不能在场，应有其代理人在场；如果没有代理人在场，司法警察应选定 2 名证人在场。司法警察在搜查过程中扣押的文件和物品必须当场制作清单并盖章封存，而且经检察官同意才能将扣押的物品和文件予以保留并作为证据。司法警察应制作搜查笔录，而且搜查人员以及在场的证人应在笔录上签字；如果证人拒绝签字，应在笔录上注明。检察官和预审法官在必要时可以亲自实施搜查活动或指导司法警察进行搜查活动。

三、询问

对证人进行询问时，被告人不得在场；除未满 16 岁的证人以外，其他证人在作证之前有宣誓的义务；不应把犯罪嫌疑人和有罪的人当作证人询问，以保障其得到辩护律师帮助的权利；在附带民事诉讼中被指控的人可以拒绝作证，侦查人员在询问之前应告知其享有拒绝作证的权利。对证人进行询问时，应制作询问笔录；笔录应请证人查阅或向证人宣读；笔录的每一页上都应有询问人员、书记员和证人的签名；笔录上的增改之处也应有上述人员的签名；如果证人不能或不愿签名，应在笔录上注明。

四、拘留

司法警官因侦查所需，可以拘留在其现场勘查活动结束之前未经同意而离开犯罪现场的人；可以拘留由司法监管还不足以保障侦查的顺利进行和维护社会安全的，可能判处2年以上监禁的犯罪嫌疑人；另外，对故意不履行司法监管义务的被告人也可予以拘留。

五、讯问被告人

讯问人员在讯问开始时应告知被告人被指控的罪行，及其享有的拒绝供述权利和律师辩护权利；如果被告人没有选定辩护律师并要求指定辩护律师，预审法官应为其指定一名辩护律师。在讯问开始的24小时之前，讯问人员应将有关的案卷材料送交被告辩护人查阅。

六、传唤

对现行重罪案件，如果预审法官尚未受理，共和国检察官可以对任何犯罪嫌疑人发出传票，并应当立即讯问依此方式被传唤的人。如果被传唤者是由辩护人陪同自动前来，则必须在辩护人在场的情况下对他进行讯问。

七、追捕

在法国，逮捕由预审法官在听取检察官意见后作出决定，由司法警察执行。逮捕的对象是至少可以按轻罪判处监禁刑以上刑罚的被告人。司法警察在执行逮捕时应向被捕人出示逮捕证并交给其一份副本。逮捕证上应写明被捕人的身份、被指控的罪名、签发日期，而且要有预审法官的签名盖章。逮捕时可以使用武力，以保证逮捕的实施。

八、电信截留

预审法官为了侦查的需要，对可能判处2年或2年以上监禁的重罪或轻罪犯罪嫌疑人的邮电通信进行截留、登记和抄录。进行电信截留时，应有截留决定书，其中要写明导致截留的罪行、截留的期限等。预审法官或者其所授权的司法警官，应当就每一次截留和登记进行记录。

九、司法甘制

如果被审查人可能被判处监禁刑以上的刑罚，预审法官可以决定对其进行司法管制。司法管制的主要内容是指预审法官可强制被管制人必须遵守法国《刑事诉讼法》所列的16种规定中的一项或多项，它是部分限制被管制人人身自由的一种侦查措施。

十、委托查案

在法国，预审法官在其正式侦查过程中，可以委托本法院或本法院管辖区内的其他法官、预审法官、司法警察进行必要的侦查，这就是委托查案。预审法官在委托查案时应签发正式委托书，预审法官委托侦查的事项必须与其承办的案件有直接关系。如果委托查案活动需要在不同地点由不同人员进行，预审法官应将相同的委托书送交各受托人员。

受预审法官委托进行侦查的人员，在执行该委托任务时应该按规定制作有关的笔录，并在规定的期限内把笔录送交该预审法官。受托人员在执行委托任务的过程中，可以行使预审法官的权力，但不得讯问被告人。

十一、鉴定

预审法官有权决定是否进行鉴定；检察官和案件当事人可以提出进行鉴定的要求；如果预审法官认为不应当满足他们的要求，应作出附有理由的裁定。预审法官应首先从最高法院或上诉法院注册的鉴定人名单中挑选具体案件的鉴定人；如果从上述名单之外挑选案件鉴定人，应当说明具体理由。

鉴定人的鉴定工作应在预审法官的监督下进行；预审法官认为有必要时也可以随时协助鉴定人。鉴定工作结束后，鉴定人应当写出鉴定报告，说明鉴定过程、作出结论，并在鉴定报告上签字；如果鉴定人的意见不一致，则应当分别写明各自的鉴定意见和理由；鉴定结论及有关的物品应交给法庭并记录在案。预审法官应将鉴定结论告知案件有关当事人，并允许他们在一定期限内提出意见和要求。如果预审法官驳回当事人的某项要求，应当作出附有理由说明的裁定。

由上可见，法国与世界上的大多数国家一样，在侦查过程中普遍采用现场勘查、搜查、扣押、询问证人、讯问犯罪嫌疑人、鉴定、拘传、拘留、逮捕等措施。当然，其侦查活动中的司法管制、委托查案等措施有其自己的特点。

第四节　法国的预审制度

一、研究的意义

根据法国学者贝尔纳·布洛克的理解，预审有广义和狭义之分。从广义上看，它是指在整个审前阶段查找和搜集证据，以便审判法官能够作出判决；从狭义上看，它专指预审法官依据法律赋予的特别权力进行的侦查。

在我国刑事诉讼法语境下的"预审"，其含义则完全不同，它是指侦查机关的专门人员依法对犯罪嫌疑人进行讯问和调查，以查明案件的全部事实真相，从而决定是否移送起诉或作其他处理的侦查活动。

从主体上来看，我国的预审由公安等侦查机关专门人员进行，法国预审由预审法官进行。

从内容来看，我国预审内容的重点是讯问，而法国预审的内容较为丰富，包括搜查、查封和扣押、询问或者听取证人陈述、讯问和对质、临时羁押、鉴定等。

从设置目的上来看，我国设置预审主要目的是查明案情、破获案件；法国预审的目的则侧重于建立某种机制来保护受审查人、被告人等当事人的合法权益。

从改革的进程上看，我国的"侦审合一"从20世纪90年代后期开始实行，然而改革并不彻底，目前仍存在着预审机构明亡实存的情况。这种改革的不彻底性之原因在于：预审在侦查阶段的作用不会随着某个机构的撤销、合并而消失，实践中只要需要这种"专门阶段"来破获刑事案件，它就一定会存在，因此改革举步维艰。

反观法国，预审法官制度的改革也不是一帆风顺的。虽然建立预审法官的目的是保护受审查人、被告人的合法权益，但预审法官的职权设置使其既是"侦查官"又是"裁判官"，权力过大，缺乏制约，势必导致权力滥用。

在法国国内对此也存在两种截然不同的意见，一种意见认为预审法官实际起着"超级警察"的作用，一身三任，职能混淆，又缺乏制约，主张对其加以改革。此种观点被1993年初的法律所采纳，一度取消了预审法官批准临时羁押的权力。另一种意见则认为，预审法官决定临时羁押是继续侦查、收集证据的一种手段，它与审判庭认定被告人有罪性质不同，而且在程序上其受到了制约，对初级预审决定不服的，可以向二级预审起诉审查庭上诉。争论的结果是，相隔仅数月，1993年8月的法律又恢复了原来的预审法官制度。

预审法官虽然被保留下来，但是他已不再是"法国最强大的人"。特别是在2000年6月15日通过了《无罪推定与被害人权利保护法》后，预审法官的权力被大幅度削弱，并受到多方面的监督和制约。其中，最引人关注的是侦查权与羁押决定权的分离。通过设置"自由与羁押法官"（以下简称"自由法官"）等制度，加强了对先行羁押程序的限制。

从 2001 年 1 月 1 日起，先行羁押的决定不再由预审法官作出，而是由自由法官作出。该法官由大审法院院长任命级别高于预审法官的大审法院的座席法官（院长或副院长）担任。大审法院的院长或副院长无法担任的，由该院级别最高、资历最深的法官担任。自由法官除了行使先行羁押决定权外，还掌管特殊预审手段的决定权。例如，拘留期间的延长、例外情况下的搜查和扣押、对律师事务所的搜查、电话监听和在私人住所安置摄像头、窃听器等监视手段。

2007 年法国又进一步规定了对某些案件（如经济、金融犯罪，恐怖犯罪，有组织犯罪等较为复杂的案件）实行多名预审法官共同管辖制度，这也很明显地体现了立法者对预审法官的总体立法理念，就是要限制其权力。

2009 年法国总统萨科齐宣布了政府即将推出的新一轮司法改革措施，其中包括取消已有两个世纪历史的预审法官制度。他在法国最高法院新年开庭仪式的讲话中表示，"预审法官调查权力和审判权力之间的混淆再也不能接受"，而且预审法官在查案期间权力过大，无法保证接受调查者的个人权利不受侵犯，因此，建议取消预审法官制度，未来法官只能监督司法调查但不再直接参与调查。

同时，他还提出改革当前侦查过程中的"拘留"程序，拘留决定不再简单地由法官批准，而是由一个法官小组集体公开听证后作出决定，同时允许疑犯的辩护律师更早地介入审讯过程，充分保证疑犯应有的权利。

法国关于预审法官制度的改革并未间断，虽然之前声称会在 2010 年取消预审法官制度，但从现有的资料来看并没有取消该制度。

综上所述，对法国预审制度的研究既有助于我们理解法国侦查制度的本土特点，也对我国侦查制度改革以及"侦审"关系的重新定位，具有参考价值。

二、法国预审制度的形成与发展

应当指出，法国预审制度一直处于不断的发展和变化之中，可以将法国预审制度划分为以下几个发展阶段：

（一）早期的纠问式诉讼

人类历史上最早的诉讼程序是弹劾式诉讼，其主要特征是诉讼遵循"不告不理"原则，诉讼当事人的权利和义务基本对等，裁判者处于中立和消极地位，裁判者并不主动地收集证据和查明犯罪。因此在弹劾式诉讼中基本上没有预审阶段。

预审制度起源于纠问式诉讼程序。法国法律中实行纠问式诉讼程序始于中世纪末期，而纠问式诉讼产生于教会法庭的内部。在这种诉讼中，为了避免教会潜在的丑闻外露，采取秘密方式进行追诉是可取的。这一诉讼制度很快得到普遍实行。

纠问式诉讼随后又被扩大适用于针对"异端"提起的追诉。这种追诉也是秘密进行的，甚至可以不披露证人的身份。13世纪的教会法庭所实行的是完全的纠问式诉讼。随后这种诉讼程序也进入了世俗法庭。13世纪后，法国的纠问式诉讼随着王权的逐步强大而日益发展，并通过1539年敕令和1670年敕令将纠问式诉讼发展到极端。

根据这两个敕令可以看出：刑事程序被划分为两个阶段，先为预审程序，再为本案审理程序，二者均秘密进行。

一名预审法官负责进行预审程序，其任务在于收集证据。在合议庭法官负责的审理程序中，其审理和作出判决仅依据预审所建立的卷宗及被告的最后陈述。预审法官审讯证人，采取隔离、秘密讯问的手段，并应制作笔录。通过讯问被告人后，法官得出的结论是被告人有罪的可能性较大，但证据并不充分，在此情形下法官可以命令刑讯被告。

由于纠问式诉讼程序的主要特点是由法官在秘密进行的预备阶段开展"调查"，从而发现案件事实真相，法官可以行使一切必要的权力进行调查、收集证据，发现犯罪事实和犯罪人，因此纠问式诉讼将整个预审程序的控制权集中于法官之手。

（二）改革的波折

较之现代诉讼制度，纠问式诉讼无疑是较为黑暗的刑事诉讼制度。美国学者梅利曼在《大陆法系》中指出："在纠问式诉讼制度中，诉讼权利的不平等以及书面程序的秘密性，往往容易形成专制暴虐制度的危险。这使被告人的权利极易受到侵犯。"

自18世纪下半叶开始，法国国内学界对纠问式诉讼提出的批评越来越激烈。而且支持改革政治制度的人也认为，刑事诉讼的改革应当与政治制度改革同时进行。在启蒙思想家所倡导的自由、平等、博爱等理念的指引和其他因素的影响下，法国于1780年废除了预审过程中酷刑拷打的侦查习惯。

在法国大革命前期，法国人民痛恨纠问式诉讼制度成为专制统治的工具，并且一心向往英国的诉讼制度，认为法国预审程序占全部审判程序最大部分，且调查所得成为本案审理之基础，而英国由治安法官实施之预审，范围有限，对本案审理无重要作用。因此，在大革命胜利之初，法国于1791年9月全盘移植英制，而废除原有之预审制度。但是法国大革命后的社会秩序日益混乱，盗贼横行，对社会造成灾难，而 1791 年法令因其改革使诉追及预审程序之疲软无力，更证明全盘英化之刑事程序，无法适应镇压犯罪之需求，因此法国于 1801 年又修订法律，重建预审制度。将预审改为秘密进行的诉讼程序，预审法官在使证人与被告隔离之下对二者进行讯问，而且在讯问被告之前并不告知其被诉案件之任何内容，须待讯问完毕后才将证人之供述笔录交与被告阅览。显然，这种预审制度又朝着纠问式诉讼方向进行了回归。

法国 1808 年《重罪审理法典》是法国刑事诉讼制度发展史上具有里程碑意义的一部法典，并且深刻地影响了大陆法系的其他国家，如德国、日本的刑事诉讼立法。该法典的一些基本原则至今仍然主导着法国的刑事诉讼程序。《重罪审理法典》在法庭审判前的整个诉讼阶段实行纠问式诉讼程序，在法庭审判阶段采取辩论式诉讼程序。法典所规定的最重要且全新的原则是职权分开原则：追诉职权、预审职权与审判职权分别交由不同的机关与司法官行使。追诉职权原则上属于检察机关；案件的预审职权由预审法官行使；而审判职权属于审判法庭。

在 1808 年《重罪审理法典》之后，法国的预审制度又经历了一些改革。其中较重要的是 1897 年法律对预审制度进行了较彻底的改革。

这一法律确认被告人自第一次被带至预审法官面前时即可得到诉讼辅佐人的协助。预审程序虽然仍是书面程序和秘密进行的，以及不实行对席审理，但是程序的进行受到监督，预审不再是在被告人不知情的情况下进行。受追诉人的诉讼辅佐人可以按照规定接触诉讼案卷中的所有材料，可以提出建议，在对质时，可以向证人提出问题等。

1897 年法律的重要意义在于：其开始使法国的预审程序具有了一些公开性的特征，被追诉者不再对预审的情况一无所知。

法国 1959 年《刑事诉讼法典》就预审部分进行了进步性和民主化的修正。其重点内容为：①明确区分预审法官与公诉官的权限，取消其相互间之指挥关系，确保预审法官独立，而以控诉审法院之重罪起诉部为预审之监督机关。②将控诉审法院之重罪起诉部（即现在的上诉法院预审庭）的第二审预审程序，从旧法之书面、秘密审查，修正为当事人主义之对审制，从而缓和纠问主义色彩。此后，预审法官不再具有司法警察之身份，成为预审程序纯粹的审判官，而摆脱来自公诉官之制约及监督。但预审程序中若没有公诉官提出请求则无从开始，且在预审进行中，公诉官有权阅览预审法官之调查笔录，亦得在场干预审法官进行讯问、搜索、勘验；且得对预审法官所为之决定，上诉于重罪起诉部，从而实现制衡的目的。1959 年《刑事诉讼法典》开始将预审法官的裁决置于上级法院的监督之下，因此在一定程度上限制了预审法官的权力。

以上这些发展显然是受到自由主义和人权保障思想的影响。美国学者达马什卡在《司法与国家权力的多种面孔》中谈到大陆法系预审程序时认为，"这一审前程序的重要性应当被降低，而且在其中至少应当注入某些抗辩制的因素，如被告的律师在侦查过程的早期阶段就被允许参与进来并可以在条件允许的情况下尽可能地熟悉事实发现方面的进展。"因此，经过改革后的法国预审程序在一定程度上体现了当事人及利益维护者在程序中的参与度，同时也尊重了他们的意愿。

（三）新一轮改革

受到世界人权保障趋势的影响，尤其是在法国 20 世纪 70 年代批准《欧洲人权公约》后，刑事诉讼立法受此影响更甚。由于法国法律规定，《欧洲人权公约》具有比国内法更高的效力，因此公约中有关刑事诉讼程序的所有条款，包括逮捕和拘押、辩护权保障等规定，其国内刑事法院必须遵守。因此当事人在刑事程序中的人权保障进一步得到加强，在预审程序中对被审查人程序性权利的保护力度也有所提高。

自 20 世纪 90 年代以来，刑事审判前的预备阶段成为法国刑事法学界特别关注的重点之一。经过"刑事司法和人权委员会"的努力，1993 年 1 月 4 日法律一度取消了预审法官批准临时羁押的权力，改由自由法官代行该项权力，但是同年 8 月 24 日法律又恢复了原来的预审制度。尽管如此，上述两项法律涉及预审方面的改革仍具有重要意义。这主要体现在预审的对席性特征方面，包括：

（1）在先行拘押的对质程序方面，1993 年 8 月 24 日法律规定：决定对被查人进行临时羁押的预审法官，应当告知被审查人有权在一定期限内作辩护准备。如果该人没有聘请律师协助，应当告知其有权选择律师或者要求指定律师。预审法官主持预审，庭上经双方辩论后，听取检察官的意见和被审查人的陈述，必要时还可听取律师的发言。

（2）在阅卷方面，1993 年 8 月 24 日法律规定：在拘留 20 小时以后，被拘留人可以要求会见律师。律师可以到法院查阅案卷，并且可以自由地与被审查人会面。预审法官应当告知被审查人，未经其本人同意，不得对其进行讯问。此项同意只有在他的律师在场时方可取得。

（3）在预审的透明度方面，1993 年 8 月 24 日法律第 116 条规定，在第一次讯问时，预审法官应查明被审查人的身份，公开告知他被控而受审查的每一行为，以及这些行为的法律评价。

（4）在当事人权利平衡方面，原检察官所拥有的在预审期间要求预审法官任命鉴定人、询问证人、进行新的调查的权利，自1993年8月24日的法律修改后，上述权利均扩大到被告人和被害人。

（5）法律将"受到控告"这一术语改为"受到审查"，即"被控告人"改为"被审查人"。诉讼程序自预审阶段开始进一步具有对抗式程序的特点。

法国2000年6月15日《关于加强保障无罪推定和被害人权利的法律》是法国近年来最为重大的立法举措。该法律中最多的规定是关于案件的预备阶段的内容，其中有关预审的专门规定是一个重要部分。其内容主要包括：①使预审法官对被审查人实行审查的条件更为严格。在证据要求方面，预审只有在具有"严重的或者相互吻合的形迹"证实嫌疑人可能参加了犯罪，使嫌疑人的有罪性变得十分可能的情况下才可以使用。②当事人（受审查人和民事当事人）的权利得以扩大。他们有权要求调取所有认为对查明事实真相所必要的法律文件，他们的律师有权要求在法官勘验现场、询问和讯问第三人时在场，法官可以拒绝这些要求，但法官也要受到上诉法院预审庭的监督。③预审法官的一部分权力被取消。设立自由和羁押法官的目的，是限制预审法官相对过大的权力，对先行羁押这一强制措施实行双重监督，进一步保障当事人的人身自由权利。即决定羁押措施需要预审法官和自由与羁押法官两名法官的同意，而释放被羁押人则只要其中一名法官同意即可。④律师介入刑事诉讼的时间提前。法律规定，律师在拘留开始时即可以介入诉讼程序，然后可以在拘留的第20个小时再次介入，如果有延长拘留之情形，还可以在拘留的第36个小时介入。当然，在有组织犯罪、贩毒和恐怖犯罪的情况下，律师仍然只能在拘留后的第36小时或第72小时介入。

二、对法国预审制度发展的评析

法国预审制度产生于纠问式诉讼，因此在各个方面体现了纠问式诉讼的特点。在纠问式诉讼中，法官一旦发现有犯罪发生，即可以依职权主动侦查犯罪，并且法官可以采取一切必要行动，以达到查明事实真相的诉讼结果，因此预审法官具有侦查权力，为查明犯罪可以采取各种必要的诉讼行为。

因此，从诉讼地位上看，预审阶段的地位极为重要，而法庭开庭审理则地位次要，旨在做出最后陈述并从中得出结论。显然，此时刑事程序的重心落在了审前或预审阶段，而审判阶段只不过是对审前阶段所取得的证据进行再次确认而已。

长期以来，法国的预审制度处于反复改革、变化的过程中，但对预审法官进行限权的大趋势已无法阻挡，立法者的目的就是要在刑事审前程序中加强维护公民个人权利、限制预审法官过于强大的权力。

从 1808 年法典确立追诉与预审相分离原则，1897 年法典改革使预审程序不再是在当事人不知情的情况下进行，1959 年法典规定上诉法院监督预审法官权力，1993 年法律规定预审法官决定先行拘押时当事人须进行对席辩论，至 2000 年法律规定预审法官一部分权力被取消和被审查人聘请律师介入诉讼的时间提前等等，均体现了在审前程序中预审法官权力的弱化以及当事人权利保障程度的进一步提高。

不难看出，法国预审制度的上述变化与我国刑事诉讼改革中的"以审判为中心"殊途同归。在对法国预审制度进行研究的过程中，至少有以下几点值得我们在研究我国侦查制度改革时进行比较分析：

（一）审前程序中预审法官权力的弱化及职能的转变

1. 权力的弱化

预审法官自预审制度建立之初起，就具有强大的权力，这符合法国纠问制及其后奉行的国家职权主义的精神。从理论上说，预审制度是以全面地查明事实真相为目标的，其作用是可以为案件的正式审判奠定基础。

出于对警察权的警惕，法国人认为，独立、公正的法官可以确保正义之实现。如果法官于审判开始之前，对犯罪事实一无所知，则其审判时所为之讯问必定无法正中要点。因此需要在审判前进行充分侦查，并且侦查的结果应尽可能确保其客观真实性。以查明案件的事实真相为己任的预审法官，既查找有罪证据又排除不合法的有罪证据，其角色并不是盲目地支持提出追诉一方的要求，也不是要努力证明被指控之人就是其受到指控的事实的犯罪行为人，而是要努力查清客观的事实真相。因此，凡是有助于更加全面、准确地查明事实真相的证据，预审法官都不应当忽视。用我国刑事诉讼法的术语加以表述，也就是要收集能够证实犯罪嫌疑人、被告人有罪或者无罪、犯罪情节轻重的各种证据。

但是实际上，处于高度集权状态下的预审法官很容易失去其应有的中立地位而倾向于追诉和指控，其一身二任，难免职能混淆。正是基于上述弊端，进入 20 世纪中期以后，大陆法系各国对传统上的预审制度进行了不同程度的改革。如法国经过 1959 年和 1975 年对预审制度的修改，取消预审法官的司法警察身份后，使预审法官的侦查权逐步萎缩。而日本、德国、意大利、葡萄牙等国则直接废除了原来的预审制度，侦查程序的控制权开始交由检察官掌握。

2. 职能的转变

法国预审制度具有两方面重要的功能：

（1）"侦查"功能，即在警察初步侦查的基础上展开全面调查，以便于收集较为充分的犯罪证据；从预审程序的启动来看，法国现行刑事诉讼法规定，只有当共和国检察官提出立案侦查意见书或经受害人告诉时，预审法官才能受理案件。因此，预审法官不能自行受理案件从而主动开始侦查。这在另一方面也反映了检察官和预审法官之间的关系。检察官负责追诉，但没有审问权和强制处分权，只能就其所知的犯罪嫌疑，请求预审法官发动预审；而预审法官有审问权和强制处分权，但基于不告不理原则，没有检察官的请求或被害人的告诉，预审程序不得开始，这与纠问式诉讼下的预审法官大不相同。

（2）"裁判"功能，这又可分为两个层次：第一，强制侦查行为的事先批准，如法国《刑事诉讼法典》第82条规定，共和国检察官在其初步公诉书以及在侦查的任何阶段所提出的补充公诉书中，可以要求预审法官进行一切他认为有助于查明案件事实真相的行动和采取一切必要的措施。如果预审法官不同意该请求，原则上应当作出附理由的裁定。

从强制侦查行为的审查来看，预审法官主要行使的还是一种司法裁判职能。现代西方国家基于控审分离原则的理念，在法院的审判程序启动之前，由控方收集犯罪证据，但在控方采取强制侦查权之前，需要有一个裁判权，因此，涉及公民人身自由和权利的强制性措施的使用，需要由预审法官或治安法官来批准。

将大陆法系国家的预审制度与英美法系国家的审前程序相比较，我们可以看出，在英美法系国家的审前程序中，犯罪主要由警察进行侦查，警察如果要实施强制侦查行为，必须由法官批准并签发令状，这是一种典型的三角型诉讼构造。如果预审制度中的强制措施是由行使侦查权的主体自行做出，这就无法形成控辩审的三角关系，这就是法国预审法官过大的主动侦查权力受到强烈批评的原因。

第二，案件的过滤，如将那些证据不足或者被告人依法不构成犯罪的案件排除于法庭审判之外，如法国《刑事诉讼法典》第177条第1款规定，预审法官在侦查终结时，认为没有必要继续进行已经开始的追诉，则作出不予起诉的裁定。这种不予起诉的裁定本质上是一项具有司法裁判权性质的文书。

（二）当事人的程序性权利得到逐步加强

在法国的预审程序中，当事人对程序性权利的享有经历了一个漫长的过程。早期的纠问式诉讼，实行绝对化的秘密预审；后来经过改革，当事人的诉讼辅佐人可以接触诉讼材料，以及上诉法院预审庭的预审具有对抗性特征；直至后来先行拘押实行对抗式的辩论程序、被拘留人的律师在侦查开始时享有阅卷权等，均体现了当事人在审前程序中的参与性程度正在逐步加大，而非原先诉讼模式下只能作为纯粹的侦查客体被动接受国家官方力量的审查。

法国是典型的职权式侦查模式的国家，对犯罪嫌疑人合法权益的保障力度并不如实行对抗式侦查模式的英美法系国家。由于在刑事诉讼程序中屡屡出现侵犯公民人权的现象而多次受到欧洲人权法院的批评和指责，为了改变国内的司法现状，法国对侦查制度进行了改革，改革的一个重要趋势就是加强保障犯罪嫌疑人合法权益的力度。从前文的比较研究可知，这主要表现在犯罪嫌疑人的律师帮助权上。法国《刑事诉讼法典》第116条、145条、275条、393条、544条对犯罪嫌疑人在不同状况下如何获得律师的帮助以及司法机关为保障犯罪嫌疑人获得律师帮助权而应尽的义务作了较为详细的规定。又如为确保犯罪嫌疑人合法权益免受侵犯，法国于1993年8月24日颁布法律，明确规定在拘留24小时以后，被拘留人可以要求会见律师，"此项要求应该以一切方法毫不迟延地通知律师公会会长。"为确保律师介入后能起到积极作用，法国刑事诉讼法典对律师的会见交流权、查阅案卷权、对质权、通讯权、保释权等均作了较为详细的规定，这些规定对保障犯罪嫌疑人的合法权益无疑具有重大作用。此外，为了增强犯罪嫌疑人的对抗能力，达到当事人之间的权力平衡，法国刑事诉讼法典已将原来仅由检察官所拥有的预审期间要求预审法官任命鉴定人、询问证人、进行新的调查等权利也赋予了犯罪嫌疑人和被告人。

我们从法国预审程序的改革中能够看到国家权力与当事人权利的此消彼长和制约平衡，毫无疑问，这一变化可供我国侦查制度改革予以参考。

第九章 日本侦查制度

第一节 日本侦查的历史

一、中华法系时期

日本的中华法系时期是指公元 7 世纪中期到 19 世纪中期。公元 645 年，日本在实行"大化改新"后，仿效中国唐朝的政治及法律文化模式，以 8 世纪初制定的《大宝律令》和《养老律令》为标志，将日本法律纳入中华法系之下。

中华法系又称中国法系，是指发源于夏，解体于清，以唐律为代表，以礼法结合为根本特征，影响于东亚各国的法律体系。唐朝是中国封建社会发展的繁荣时期，中央官僚机构为三省六部制，而司法机关也实现了"三权分立"，建立了大理寺、刑部和御史台这三大司法机关。唐朝时，侦查活动虽已经不局限在公堂之上，但侦查职能在很大程度上依附于审判职能。当时，大部分案件的调查活动仍然由审判官员及其下属官员进行。

唐朝时，左右金吾卫是专门掌管京师治安的机构，地方机构分州、县、乡、里四级。跟踪盯梢等秘密侦查措施得以普遍运用。为了取得被告的口供，法律亦准许采用刑讯手段。《断狱律》规定："诸应讯囚者，必先以情审查辞理，反复参验犹未能决，事须讯问者，立案同判，然后拷讯。"唐律明文规定了检验制度。《唐律·诈伪·诈病死伤不实》载："诸诈病及死伤受使检验不实者，各依所欺减一等，若实病死及伤不以实者，以故入人罪论。"唐律还对损伤的法律定义与分类进行规定，唐代的法医活体检验相当盛行并达到较高水准。唐代的笔迹、指纹鉴定技术也有相当程度的发展。

日本仿效唐律形成了早期的侦查制度。当时，专门负责侦查的官员没有出现，甚至在很长时期内没有出现专门负责审判的官员，国内一切法律事务是由天皇及其任命的行政官员，包括太政官、神祇官、国司、郡司等负责处理。最早出现的专职司法官员是奈良时代的弹正台和检事。平安时代，日本曾设置"检非遣使"，负责纠检违法、缉捕犯罪及审狱断罪等。

幕府统治时期，出现武士阶层。武士有权携带刀剑，而且可以杀死"违法犯罪"之人。这时出现了兼理审案断讼的行政官吏，如中央的评定所的"三奉行"——执掌江户市行政、司法、警察职能的町奉行；管理幕府财政事务和直辖领地诉讼事务的勘定奉行；监督全国寺社和领地事务的寺社奉行，除此之外还有地方的远国奉行和郡代等。日本当时实行"长官的命令即法律"的专制原则，断狱定罪完全以长官意志为标准。

在侦查程序上，日本吸取了唐代侦查领域中勘验制度、秘密侦查等先进的犯罪侦查理论方法，也有了一定的发展。

总之，日本犯罪侦查制度产生于古代奴隶社会和封建社会，是奴隶制国家和封建制国家政治制度的组成部分，经过唐文化的影响，日本被纳入了"中华法系"，其侦查机构、侦查方法都有了明显的发展。由于唐代犯罪侦查一直被包容于司法、行政、军事体系之中，因此在组织体系上，并没有完全独立的侦查体系出现，而是处于附属和被包容的地位，具有现代意义的犯罪侦查制度还未出现。

二、大陆法系时期

大陆法系时期是指日本的19世纪中期至20世纪中期。在这一时期，近代日本形成了以检察官为主、司法警察为辅的大陆法系犯罪侦查制度。19世纪中期以来，日本法律受西方法律文化冲击，经明治维新的影响，全面接受西方法律思想，日本法律被纳入大陆法系。其犯罪侦查制度亦由"中华法系"转为"大陆法系"。

近代西方资产阶级的刑事侦查学是为了适应资产阶级新的司法制度产生的。在诉讼形式上，力图废除纠问式诉讼和刑讯制度，取而代之的是对抗式诉讼模式和证据制度、辩护原则。由于西方各国国情不同，一些国家出现了各具特色的侦查模式，法国的维克多侦破模式、英国的"苏格兰场"专案侦查大队和美国的平克顿侦查公司成为当时具有代表性的三种侦查模式。

随着近代西方政治法律文化的冲击，以大唐模式为基础的日本政治法律文化日见弊端。经过维新自强的改革之路，日本法律脱离了渐趋衰落的中华法系，纳入大陆法系体系之下。其具现代意义的犯罪侦查制度开始确立和发展。

1871年，日本派出庞大代表团历时近两年访问欧美12国，对西方发达国家的政治经济文化制度作了详尽考察，大量引进西方的法律思想与各种典章制度。日本开始按照西方国家的模式建立司法制度，犯罪侦查制度开始发展，并逐渐形成以检察官为主、司法警察为辅的大陆法系模式。

第一，日本建立了相对独立的审判机构，明治初年设立刑法官，负责审理刑事案件；次年设立刑法省，统一领导全国的司法工作，并在刑部省下设置各种法院，专门负责审判工作。

第二，建立了近代检察机构，设立监察司，负责纠察与弹劾犯罪，后改为弹正台，负责全国的司法监督工作。明治五年，日本按照法国的检察官制度建立了检察机构。1880年，日本以法国刑事诉讼法为蓝本制定了《治罪法》。但此法律不完全适合日本的国情，后日本政府在1890年重新颁布了融入德国特色的《法院组织法》和《刑事诉讼法》。至此，日本现代检察制度已具雏形。

第三，建立了警察机构。明治初年先是在刑法官之下设立了专门负责缉捕犯罪的捕亡司，同时在东京府设捕亡方，负责维护城市治安和缉捕罪犯。明治五年，司法省下设警保寮，代替了捕亡司和捕亡方，负责东京警务并统管全国警察机构。

1873年，日本成立内务省。次年，原司法省警保寮移交内务省管辖，负责全国警务；同时在东京成立警视厅。内务省成立后，日本各地的府和县也纷纷建立警察机构，其一般体制是在府和县政府的庶务课内设警察股，后改为独立的警察课。而后，地方警察体制逐渐统一。到19世纪末，日本已经建立了全国的警察系统，而且已经深入到社会基层。至此，日本的具有大陆法系特点的侦查制度已经完全建立。

19世纪末20世纪初，日本开始向帝国主义和军国主义转化，加强对外扩张与对内镇压。1900年日本政府颁布《治安警察法》，1923年~1924年，东京、大阪、京都等地成立"特高课"，1925年颁布具有法西斯性质的《治安维持法》，警察力量空前扩大，警察不仅具有执法权，能够发布强制性命令，甚至享有某些司法权力，为其法西斯统治服务，而且该体制是以警察专横为特点的，正常意义上的犯罪侦查制度已不存在。

三、两大法系融合时期

两大法系融合时期是指日本在二战后美国的深刻影响下发展至今的犯罪侦查制度。

二战后，美国对日本实施军事占领，美国的民主与法律深刻地改写了日本战后的历史。美国是英美法系的代表国家，在其影响下，原为大陆法系的日本在法律规范和风格上出现了较大变化。判例在司法实践中越来越重要，英美法系的当事人主义原则和制度在其法律制度中也有显著的渗透。日本侦查制度兼容了两大法系侦查类型的特点，最终形成日本学者所称的"中间形态"。

日本的司法制度改革扩大了法院的权力，并在一定程度上建立了司法独立的保障机制。在犯罪侦查领域，主要表现在检察制度与警察制度两个方面。1947年4月6日《检察厅法》的通过，标志着检察机关从法院系统中独立出来。各级检察机构作为专门负责刑事案件的侦查和起诉的官署出现在日本的国家官僚体系之中。检察官不再是司法官，而是国家的行政官吏。根据1947年《检察厅法》和1948年《刑事诉讼法》，日本的检察官可以自行展开侦查。此外，由于战后日本的警察力量较弱，检察官一度在犯罪侦查中扮演着主要的角色。后来随着警察力量的增强和警方侦查部门的扩大，检察官才在侦查中退居次要位置。

1947年12月，日本又通过了《警察法》，彻底改变了日本的中央集权型警察体制，按照美国模式建立了"民主自治型"警察系统。该《警察法》规定警察的任务是保护公民的生命、人身及财产安全；侦查犯罪和逮捕犯罪；维护社会治安。《警察法》授权组建国家地方警察系统，规定在人口为5000以上的市镇建立自治体警察机构。该法还把原来检察官独有的侦查权改为由检察官与警察共有的侦查权。不过由于当时警察人力有限，侦查工作实际主要由检察机关负责。

然而，美国分散型的警察体制不能完全适应日本的国情需要，后日本政府于1954年通过了《新警察法》，重建全国统一的警察体系。随着警察力量的增长和专业化发展，警方侦查人员逐渐成为日本犯罪侦查的首要力量。虽然日本的有关法律仍然规定检察官拥有侦查权，但在实践中，检察官仅对重大经济欺诈案件、大规模偷税漏税案件、公务人员贪污受贿案件等自行侦查，而对其他犯罪案件则仅行使侦查监督权。这体现了侦查职能与公诉职能分离的历史趋势。

这一时期日本侦查制度的演变体现了英美法系当事人主义的无罪推定、平等武装等理念追求。为了实现"平等武装"，日本法律规定了许多针对侦查中心主义的"纠问"弊端以保护犯罪嫌疑人、第三者的正当权益的侦查原则，如令状主义、沉默权、委任辩护人权、证据保全权、对强制处分的不服申诉权等。在庭审中，引入英美的对抗制，并以职权主义作为补充。在证据认定上，采取"证据裁判主义"和"自由心证主义"，即事实的认定必须依据经过合法调查的具有证据效力的证据,而证据的证明力则由法官自由判断。日本的犯罪侦查制度体现了两种基本法系融合的特点。

四、总结与评价

日本犯罪侦查制度的发展过程有着漫长的历史,效法过中华法系、大陆法系、英美法系,如今是力求实体真实与程序正义二者平衡的典型代表,在当今世界侦查领域具有重要的参考价值。

纵览日本各历史阶段的不同发展形态,日本犯罪侦查制度变迁呈现出一些特点,可供我国在司法改革过程中学习、研究:

第一,日本犯罪侦查制度在外化过程中方式灵活、适应性强。这种开放态度极大地推动其法律移植和文化融合的成功。日本自身缺乏法律文化的自创性,同时要为摆脱被动的边缘地位而努力,因而其犯罪侦查制度不可避免地要靠引入外来制度丰富和发展自己。

日本三次制度的变革,几乎都是起源于外来文化的冲击,其中最后一次甚至是在二战战败的情况下发生的。但是在这个过程中,日本在接受姿态上开放多于保守,价值取向上理性胜于功利,外化方式上融合大于抗拒,表现出极大的适应性,并较好地处理了外化与本土化的矛盾。无论是借鉴东方还是西方的犯罪侦查制度,都能吸取其精华为其所用,既不全盘照搬,又不故步自封。最终,每一次的移植和外化都吸收了当时世界侦查领域的最先进经验。

在我国,中华法系虽然早已解体,但它在数千年积淀下来的法律传统和观念,对中国民众的影响仍是深刻的。长期以来,这种厚重的文化积累对于外来法律文化不可避免地具有排异性。近代以来,我国的法律移植,不管是清末的"维新""改制",还是新中国成立初期大规模学习和借鉴苏联的思想与制度热潮,总是表现得匆忙、被动。现阶段,我们需要在思想上,对现实有清醒的认识,立足国情,对于法律的移植保持理性的反思和客观的态度,把握好前瞻性与现实性的结合。

第二,日本犯罪侦查制度改革仍然保留着日本的传统。日本犯罪侦查制度的每一次更改,都不是孤立地进行改变的,而是紧密结合其法律背景,与其社会法制模式相适应,有系统、有层次地进行的。这样才能保证其与本土法律文化相融合。比如,日本侦查制度集中型的特点是由日本社会传统所决定的。历史经验证明,西方国家的价值观念无法完全改变日本这种崇尚集中制的传统。

我们在对外国制度引进与移植的过程中,也需要切合国情,不能盲目超前。

侦查制度是刑事司法制度的开端，与刑事司法的基本原则密切相关，并由本国的刑事司法体系所决定，其改革是在法律体系作为一个整体改革对象的前提下进行的。我们应当认识到，侦查制度从来不是单一的社会现象，只有契合社会价值观、法律文化风格的革新，才能保障侦查制度改革过程中不致丢失中国特色。

第二节 日本侦查的组织制度

纵观日本犯罪侦查制度的历史，我们可以看出，虽然日本曾经受到法国、德国和美国法律制度的深刻影响，但是由于西方模式并不完全适合日本的国情，因此，日本在不断引进和吸收外国先进经验的同时，一直在不间断地进行着本土化改造，最终形成了检察官与司法警察共同行使侦查权的特色侦查制度。

在本节中，我们将分别考察日本的警察系统和检察系统的组织制度。

一、警察系统

如前所述，从历史上看，古代日本没有专门负责侦查的官员。直到明治初年，日本政府按照大陆法系的模式成立了全国的警察机构。但是，直至二战，日本的侦查权实际上一直掌握在检察官的手中。二战结束后，美国在占领日本的同时，也对其法律制度进行了一系列改革，其中包括 1947 年 12 月颁布的《警察法》，即人们习惯上称为的"旧警察法"。该法不仅对警察的任务作了调整，而且对侦查权进行了重新分配。该法规定警察一方面担负着保护公民的生命、人身及财产安全的重任；另一方面负责侦查犯罪和逮捕罪犯，维护社会治安。这一规定的目的是明确划分警察的权限，限制警察的权力范围，严禁警察滥用职权。

该法同时明确规定侦查是警察机关的任务，这也从法律上把原来检察官独有的侦查权改为检察官与警察共有的侦查权。但是，由于警察人力有限，所以在实际运作时，侦查工作实际上主要由检察机关负责。

1952 年，日本恢复独立之后，于 1954 年 6 月 7 日通过了《新警察法》，重建了全国统一的警察体系。日本的警察机构分为国家警察和地方警察两部分，虽然地方警察机构在表面上具有地方自治的性质，但是国家警察机构对地方警察机构的制约和影响很大，实际上，日本的警察系统仍然是一个以国家公安委员会和国家警察厅为首的上下等级明确的集中型体系。随着警察力量的增长和专业化发展，警方侦查人员逐渐成为日本侦查的主力军，绝大多数的刑事案件都交由警察负责具体侦查，检察官负责侦查监督和起诉。

负责侦查的司法警察具体又包括两种：一般司法警察职员和特别司法警察职员。

第一，一般司法警察职员是指参与诉讼活动的警察官，警察官是司法警察人员的主力军。其中具体又分为司法警察员和司法巡查员，虽然二者均由公安委员会指定，但他们在警衔和刑事诉讼的权限上都有较大区别。根据国家公安委员会规则，司法警察员是开展侦查工作的负责人，拥有独立开始侦查和推进侦查的权力；司法巡查员则是负责协助司法警察员开展侦查的工作人员。

第二，特别司法警察职员。除了侦查犯罪以外，还有承担其他任务的人员。日本学者认为，设置这支特殊侦查队伍是为了在一般司法警察职员不便管辖的地域和领域下，由行政机关的职员在其执行公务的场所和领域利用其专门技能，直接行使侦查权，及时控制和打击犯罪。

例如，日本《刑事诉讼法》第 190 条规定，单纯从事与森林、铁道有关特别事项职务的司法警察人员及其职务范围，另以法律规定。此外，根据《警察法》《海上保安厅法》《劳动基准法》《邮政省设置法》《麻药取缔法》等法律规定，刑务人员（监狱和分管监狱的监狱长和监狱职员）、营林局职员、皇宫护卫官、海上保安官、劳动基准监督官、邮政监察官、麻药取缔官及麻药取缔员等也属于特别司法警察职员。显然，这种设计与我国的"行业公安"具有相似之处。

二、检察系统

根据日本《刑事诉讼法》第 191 条的规定，检察官无论是对警察机关移送的案件还是自己直接受理的案件，都可以自行决定侦查。通常情况下，司法警察人员对刑事案件进行第一次侦查，检察官则主要从准备公诉的角度进行进一步的补充侦查。根据法律上的权限分工，检察官和司法警察职员在犯罪侦查上互相协助，但是，由于检察官的侦查目的之一是为公诉作准备，故需要检察官从公诉官的角度对司法警察人员的侦查予以指示和指挥。

为了保证检察机关侦查活动的顺利进行，日本在东京和大阪两个高等检察厅设立了专门调查司，配备了一些精通银行和计算机业务的官员，专门办理经济犯罪和公务员犯罪的案件。在物质条件上，法律规定凡警察机关能够使用的器械设备，检察机关均可使用；检察机关有权要求司法警察协助侦查。

除此之外，检察事务官也应被提及。在日本，检察事务官虽然也属于检察机关的职员，但并不是检察官，不能行使检察权，其重要职责之一便是辅助检察官或者在检察官的指挥下对刑事案件进行侦查。

第三节 日本侦查的程序制度

在日语中,侦查的汉字写作"搜查",是指有犯罪嫌疑的场合,为了提起公诉和准备追究刑事责任,侦查机关进行的以发现、保全犯罪人和收集、保全证据为目的的准备活动。

侦查是刑事诉讼的开始,也是获取证据、查获犯罪人,进而查明案件真实的重要阶段。根据日本《刑事诉讼法》的规定,司法警察职员在知道有犯罪发生时,应当立即侦查犯罪人及证据;检察官在认为必要时,可以自行侦查犯罪,检察事务官则应当在检察官的指挥下进行侦查。原则上,检察官与司法警察职员是平等的侦查主体,在侦查上应当互相协作。不过,由于侦查的目的在于为公诉和维持公审作准备,所以法律赋予检察官在一定限度内对司法警察指示和指挥的权力。

一般司法警察侦查权的主要特点是:在认为有犯罪发生时,其有责任独立决定开始侦查;但侦查终结后除检察官指定的案件外,其必须把所有案件移送检察官;侦查范围没有案件性质的限制;在特定情况下还得服从检察官的指示、指挥和劝告。特别司法警察是指在森林、铁路和其他特殊领域作为司法警察职员享有侦查权的特定行政机关的职员,主要负责侦查与特定地域、部门和行业的有关犯罪。

日本的检察官侦查权有三个特点:其一是不受案件性质和时间的限制,即使是司法警察职员已经开始侦查的案件,检察官也有侦查权。其二是检察官进行侦查以自己认为有必要为前提。其三是检察官侦查犯罪不受地域管辖限制,其认为必要时可以到辖区以外执行侦查任务。检察事务官是检察厅内的专职侦查官,在检察官指挥下进行侦查。其在侦查方面的具体职责是:①主动辅助检察官;②根据检察官的指挥,负责侦查犯罪。

一、案件侦查的基本程序

(一)案件侦查的开始

当侦查机关认为已有犯罪发生而且有立案侦查之必要时,案件侦查工作即告开始。开始侦查的前提条件是侦查机关已通过某种途径获得了与可能已发生之犯罪有关的信息。警察机关与检察机关获得此种信息的途径有所不同，或者说，其开始侦查的途径不同。

警察机关开始侦查的途径包括：①警察在执行勤务过程中发现了正在实施或刚刚完成某种犯罪行为的人；②警察在对非正常死亡的尸体进行检验的过程中发现有犯罪嫌疑；③受害人或其亲友向警察机关提出受害报告或追诉请求；④第三者或某个机关向警察机关提出告发或追诉请求；⑤作案人在其犯罪行为尚未被官方发觉之前向警察机关自首；⑥警察依其职责而对某些犯罪嫌疑人进行查问；⑦警察机关在对其他案件的调查中发现的犯罪嫌疑线索；⑧警察机关在报纸、杂志、广播、电视等新闻媒体中发现的犯罪嫌疑线索；⑨警察机关从匿名信件中得知的犯罪嫌疑线索等。

(二) 案件侦查手段的两种模式

按照日本法律的有关规定，案件侦查的程序有两种模式：一种叫作任意侦查；一种叫作强制侦查。这两种侦查模式的程序要求和措施要求均有所不同。

所谓任意侦查，是指法律未对案件侦查的程序措施作出明确规定，因此侦查机关有权自行决定侦查方法。当然，侦查机关采用的侦查方法不能违反法律。此外，侦查机关采用的任意侦查措施对当事人不得具有强制性，一般应以当事人的同意为前提。常用的任意侦查措施有：①要求嫌疑人或其他可能与案件有关的人到指定场所接受调查；②对嫌疑人或其他可能与案件有关的人进行询问；③扣留嫌疑物品；④对有关场所进行检查；⑤委托有关方面的专家进行鉴定；⑥要求有关的机关团体提供关于某些事项的报告等。

所谓强制侦查是指由法律明确规定的，而且必须严格按照法定程序进行的侦查活动。日本刑事诉讼法确认的强制侦查程序或强制侦查措施有：逮捕嫌疑人；羁押嫌疑人；查封、搜查和勘验；请求法官询问证人等。

任意侦查与强制侦查并不是互不相关、截然分立的。在实践中，这两种模式的侦查活动往往可以互相连接、互相交叉，而且可以在一定条件下互相转化。例如，作为任意侦查措施的扣留是以嫌疑人的遗留或者物品所有人或保管人的提交为前提的，但是物品经扣留之后却具有了与查封相同的效力，成为扣押物。因此，当提交人或遗留人要求返还该物品，而侦查机关认为有继续扣押之必要时，则可以拒绝返还。另外，委托鉴定本身属于任意侦查措施，但是在实施时有可能涉及强制性侦查措施，如必须进行拘禁鉴定等。

关于任意侦查，本章第四节将重点介绍，此处不再赘述。

(三) 案件侦查的一般步骤

在日本，犯罪案件的侦查工作一般分为两个阶段：初步侦查和后续侦查。初步侦查是指警察机关在接到报案或发现案件之后立即派员赶到有关场所，询问受害人及其他有关人员或目击人员，搜查有关场所，保护案件现场，处理紧急情况等。初步侦查一般由当地的治安警察或巡逻警察负责。但是有些警察机构还设有专门负责重大案件初步侦查的部门。例如，东京警视厅刑事部的3支机动侦查队就专门负责东京地区重大犯罪案件的初步侦查工作。

后续侦查是侦查机关在正式立案侦查之后开展的各种侦查活动和采取的各种侦查措施。后续侦查的任务是通过深入细致的调查来查明案件情况和嫌疑人是否有罪，并全面收集证据和查缉作案主体。后续侦查的主体有两种情况：其一，警察机关在完成初步侦查之后立即将案件移送检察机关，然后由检察机关的侦查人员负责案件的后续侦查，或者由检察人员指挥司法警察职员进行后续侦查；其二，治安巡逻警察在初步侦查之后立即将案件移送警察机关中的侦查部门，后者负责案件的后续侦查工作。例如，东京警视厅刑事部的机动侦查队在结束初步侦查之后，便将案件移交给刑事部中负责该类案件侦查工作的侦查课，而该课的侦查人员便开始后续侦查工作。

警察机关完成后续侦查并移送检察机关的案件，检察机关一般还要进行补充侦查。补充侦查的目的主要是审查警方收集的证据并寻找警方遗漏的证据。检察机关的补充侦查在必要时可以延续到起诉之后和第一次开庭审判之前。

二、案件侦查的主要措施

(一) 现场勘查

现场勘查是在案件侦查的初始阶段，侦查人员亲临作案现场或与作案有关的现场或有作案嫌疑的现场，通过观察和检验来寻找作案遗留的痕迹和物证，以便为查找案犯和开展侦查工作提供依据。如果现场勘查不是在有人居住或看管的建筑物或船舶内，或者虽然现场勘查是在有人居住或看管的建筑物或船舶内，却是在紧急情况下的查看，那么现场勘查人员无须持有强制执行的命令。如果现场勘查不属于上述两种情况，那么现场勘查人员应当持有勘验令，因为这种现场勘查属于强制侦查措施中的勘验。

勘验令由法官发布。勘验由检察官员和司法警察职员执行。进行勘验时应有建筑物或船舶的所有人或看守人在场；如果所有人或看守人不能到场，则应有其代理人或其他无关见证人在场，勘验人员在进行勘验之前应向上述在场人出示勘验令。

现场勘查一般由侦查人员和技术人员共同进行，因此二者之间的分工与合作至关重要。现场勘查工作包括对案件有关人员和现场附近人员的调查访问、对现场及其周围场所的察看与搜索、发现和提取各种痕迹物证、拍制现场照片和制作勘查笔录等。其中，调查访问和制作勘查笔录应由侦查人员负责；提取痕迹物证和拍制现场照片应由技术人员负责；对现场及其周围场所的搜索则应由侦查人员和技术人员共同进行。

（二）询问证人

询问证人有两种方式：一种是由侦查人员对可能了解案件情况的人进行的调查访问；另一种是由法官对可能了解案件情况的人进行的正式询问。前者属于随意性侦查措施；后者属于强制性侦查措施。

侦查人员的调查访问是从现场访问开始的。在现场访问的基础上，侦查人员把调查访问的重点放在案件关系人和知情人的身上。侦查人员的询问可以在被询问人的家中进行，也可以在警察机关或检察机关进行，但都要得到被询问人的同意。

侦查人员在调查访问过程中遇到以下两种情况时，可以请求法官对证人进行正式询问。第一种情况是证人拒绝接受侦查人员的询问；第二种情况是证人有可能在以后的审判中改变自己对侦查人员的陈述。在第一种情况下，法官的询问可以强制证人回答问题。在第二种情况下，法官的询问可以保全证据。按照法律的有关规定，只有检察官有权请求法官对证人进行询问。检察官的请求必须在法院首次开庭审判之前提出，而且必须提交正式的申请书及有关的说明材料。法官对证人的询问应当有该案的嫌疑人或其辩护人在场。

（三）扣押和搜查

扣押是从所有人、持有人或保管人那里强制取得物证、物品的一种强制措施。搜查是以发现物证、应没收之物品或嫌疑人为目的而对人体、物体或住宅等场所进行搜索和检查的一种强制措施。

扣押和搜查只能由检察官员和司法警察职员进行。上述人员在执行扣押和搜查时一般应持有法官签发的扣押令或搜查令。然而，上述人员在依法执行逮捕或拘押时，可以同时进行扣押和搜查，不必另外申请扣押令和搜查令。但是侦查人员在扣押之后应呈报法官批准。如果法官认为不应扣押，侦查人员应立即将扣押的物品交还其所有人或保管人。

侦查人员在执行搜查和扣押时应向被搜查人或被扣押人出示搜查令或扣押令。对住宅等建筑物或船舶的搜查和扣押一般应在白天进行。如需在夜间进行，则应在搜查令或扣押令中注明。但是，在日落之前已经开始执行搜查或扣押的，在日落之后可以继续进行。此外，对于经常进行赌博、经营彩票或有伤风化活动的场所，以及旅馆、公馆等夜间营业的场所，搜查和扣押不受上述时间限制。

日本《刑事诉讼法》还明确规定，搜查妇女的身体时，原则上要有成年妇女在场；检查妇女的身体时，必须有医师或成年妇女在场。

（四）逮捕、羁押和通缉

根据日本《刑事诉讼法》的规定，逮捕分为普通逮捕、紧急逮捕和现行犯逮捕三种。普通逮捕要有法官签发的逮捕证，即有证逮捕；紧急逮捕和现行犯逮捕都属于无证逮捕。

普通逮捕的前提条件是有充分理由怀疑该逮捕对象已实施了犯罪行为。但是，对于那些犯有依法应判 500 元以下罚金、拘留或罚款的罪行的人，则以其无固定住所且无正当理由而不接受传唤为条件。逮捕证由检察官员或司法警察职员提出申请，由法官审批和签发。检察官员和司法警察职员在执行逮捕时必须向被捕人出示逮捕证。

紧急逮捕的前提条件是有充分理由怀疑该逮捕对象已实施了依法应判死刑、无期徒刑或 3 年以上徒刑或监禁的罪行，而且时间紧迫无法请求法官签发逮捕证。紧急逮捕由检察官员或司法警察职员执行。逮捕之后，检察官员或司法警察应立即补办向法官申请逮捕证之手续。如果法官不签发逮捕证，应立即释放该被捕人。

现行犯逮捕的前提条件是逮捕对象为现行犯或准现行犯。所谓现行犯，是指正在实施犯罪行为或刚刚完成犯罪行为的人。所谓准现行犯，是指在犯罪发生后不久，被现场发现的犯罪者；或持有赃物或持有可以认为是曾经被罪犯使用的凶器或其他物品者；或身体或服装上留有明显犯罪痕迹者；或受盘问而企图逃跑者。对于现行犯，任何人都可以在没有逮捕证的情况下实施逮捕，但是在逮捕后应立即将其扭送至司法机关，并由检察官员或司法警察职员补办有关逮捕的手续。

对于已被逮捕的犯罪嫌疑人，检察官员或司法警察要立即告知其涉嫌的犯罪以及可以选择辩护人的权利。对于无须羁押的被捕人，应立即释放。对于有羁押之必要的被捕人，应由检察官向法官申请。法官签发羁押证的条件是有相当理由怀疑被捕人有犯罪行为，而且该被捕人无固定住所，或者该被捕人有可能毁灭罪证，或者该被捕人有可能逃亡。羁押由检察官指挥，由检察事务官或司法警察执行。执行时应向被捕人出示羁押证，然后应尽快将被捕人移送指定监狱。羁押期限一般为10天，必要时可以延长10天。对于已由法官签发逮捕证但逃亡在外的犯罪嫌疑人，警察机关可以发布通缉令。

通缉有三种方式：第一种是普通通缉，或称指名通缉，其发布范围限于警察系统内部；第二种是综合通缉，其发布范围为全社会，但其条件是警方对嫌疑人已指名通缉1年以上而未逮捕归案；第三种是特别通缉，其发布范围也是全社会，但其对象局限为特别重大案件的嫌疑人。此外，很多警察机关还在某些公共场所张贴一些非正式的通缉公告，以便寻求公众对侦查破案工作的帮助。这就是所谓的"广告通缉"。

（五）讯问被告人

日本法律对被告人供述的使用作了较为严格的规定：第一，审讯人员在开始审讯之前必须告知被审讯人享有拒绝供述的权利。日本《宪法》第38条规定："任何人不得受强迫作出对自己不利的供述。"《刑事诉讼法》第198条第2款又进一步规定："审讯嫌疑人时，要事先告知其不必违心供述。"由于法律并未就告知所用的语言作出明确规定，所以侦查人员在实践中采用的方式也不尽同。例如，有的侦查人员采用朗读条文的方法说"你不必违心供述"；还有的侦查人员则采用较为随便的方法说："你如果不想说，也可以不说。这没有什么问题，不违反法律的规定。"

第二，审讯人员在讯问嫌疑人时不得使用刑讯逼供。日本《宪法》第38条规定："通过强制、拷问和威胁所获得的口供，或者通过不当的长期羁押或监禁所获得的口供，不能作为证据。"另外，法律还规定侦查人员在讯问嫌疑人时一般不得使用手铐，除非该嫌疑人有逃走、施暴或自杀的危险。

第三，审讯人员在讯问嫌疑人时应认真制作笔录。日本《刑事诉讼法》第321条规定，被讯问人亲笔书写的供述的证据价值要视讯问人的身份而定。一般来说，被讯问人在检察官面前所作的口头供述的笔录具有较高的证据价值，而警方侦查人员制作的口供笔录只限于所做的供述在十分可信的情况下才具有证据作用。然而，实际上大多数的审讯工作都是由警方侦查人员进行的。为了保证审讯笔录的证据价值，笔录上必须有供述人、讯问人、记录人的签名盖章。供述人有权阅读、修改、增删笔录的内容，但必须在所有修改或增删之处签名盖章。

然而，日本法律的上述规定并不能完全阻止侦查人员用"不太正当"的手段来获取嫌疑人的口供。在司法实践中，侦查人员通过"坚韧不拔"的努力获得虚假供述的事例绝非罕见。

三、犯罪嫌疑人、被告人对于侦查取证的参与权

（一）侦查阶段

在刑事程序的初期阶段，检察官和司法警察职员合作，组成侦查机关开展犯罪侦查活动。日本《刑事诉讼法》规定了被告人在取证、检证的过程中的充分参与权。"侦查"在大陆法系国家的刑事诉讼法和日本的旧刑事诉讼法中，仅指侦查机关的诉讼准备活动，并不包括犯罪嫌疑人一方参与和诉讼准备工作。然而，现行的日本《刑事诉讼法》制定了保障犯罪嫌疑人的诉讼权利、限制侦查机关违法行为的有关条款，如保全证据和律师会见权等，从而使得在现行法上的侦查主体扩大到包括犯罪嫌疑人和其他诉讼参与者在内的全体诉讼参与人。

（二）起诉后阶段

作为提起公诉开展和诉讼的准备活动，起诉后能否继续开展侦查活动在理论上存在争议。学说认为，被告人作为诉讼的当事人，不应适用《刑事诉讼法》第 198 条有关讯问犯罪嫌疑人的规定。但判例认为，《刑事诉讼法》第 197 条并未限定开始侦查的时期，被告人的供述也是证据资料的来源之一，不应予以否定。然而，考虑到审判中心主义的要求，为保障被告人的当事人地位，应当坚持以下原则：

第一，在审判开始之前，只能根据《刑事诉讼法》第 226 条和第 227 条，在有限范围开展质询证人的活动。考虑到被告人享有保全证据权，开展搜查、扣押、勘验、鉴定等强制措施也限定在法定方式和范围内。

第二，在第一次审理开始以后，遵循审判中心主义的原则，不允许侦查机关对证人实施质询，搜查等强制措施应由法院来实施。

日本《刑事诉讼法》规定，受理案件的法院有权收集犯罪的证据，并可以采用包括扣押、扣留、冻结财产和提交证据命令等强制性措施，同时，受命或者受委托审理案件的法官也有权开展搜查和扣押活动。在法庭内实施的搜查和扣押不需要搜查证或者扣押证，而在法庭外实施搜查和扣押行为的，必须持有搜查证或者扣押证。

起诉后的搜查和扣押活动由检察官指挥检察事务官或者司法警察实施。与侦查阶段不同的是，在起诉后的搜查和扣押活动中，检察官、被告人和辩护人可以

在场，因此原则上必须事先通知相关人员；被告人未主动到场的，法院可以根据需要要求被告人履行到场义务。

提交命令是法院依照职权，要求特定物品的所有人或持有人将该物品提交至指定保管人或保管机关的处分性措施。提交命令属于强制性措施，接到提交命令者承担提交命令，拒不执行提交命令的，法院有权实行扣押。

为了更加清楚地认定事实、发现案件真相，法院在必要时可以实施勘验，受命或受委托审理案件的法官享有同等权利。法院的勘验活动由法院或法官亲自实施，因此不需要持有令状，执行程序使用搜查和扣押的规定。审判当日在法庭上实施的勘验具有调查取证的性质。

法院在庭审过程中，根据案件审理的需要，可对证据实施鉴定、向公共机关和社会团体发出传票或者传唤证人。

（三）关于请求调查证据

根据日本刑事诉讼法采用的当事人主义诉讼原则，必须由当事人来承担提出证据的任务。因此原则上只有在当事人提出申请后才可以进行调查取证。同时，作为这一制度的完善和补充，在听取了双方意见的基础上，法院依照职权也可以进行调查取证。然而，对检察官提出的证据不充分的，法院并无依照职权实施调查取证的义务。其原因在于从刑事诉讼法的全体构造来考虑，法院依照职权调查证据的必要性并不大，更重要的是为保障审判的中立和公正，法院应避免越俎代庖，不得代为实施检察官的职责行为。因此，法院只有在检察官提出证据行为存在重大瑕疵或者明显纰漏时，才承担督促其举证的义务。与此形成鲜明对比的是，在被告人一方举证不充分时，为保证控、辩双方的力量均衡和实质性平等，法院应当依职权进行调查取证活动。另外，检察官不得向法院隐瞒有利于被告人的证据，特别是对被告人提出异议的检察官笔录，必须请求调查取证。这是为了防止法院忽视对被告人有利的证据，并且要求检察官承担证据展示义务。

法院必须以决定的形式对是否同意调查取证作出答复，同时也可以根据职权决定调查证据。根据控方要求，决定调查证据时，必须听取对方当事人（被告人）及其辩护人的意见；法院依职权作出调查取证决定时，应当听取检察官、被告人或辩护人的意见。法院认为必要时，可以以提交命令的形式要求诉讼参与人出示物证和书证。根据当事人主义的诉讼原则，诉讼当事人提出调查证据请求的，如要求适当，法院应当决定采纳当事人的请求并调查取证。在此意义上，当事人提出的调查取证请求对法院有约束力，法院对是否同意采纳当事人请求作出决定的裁量权受到一定的限制。但是判例指出：诉讼当事人无视诉讼的具体情况，一味要求调查事实上不需要或不可能进行调查的证据的，不属于正当的证人请求权。

根据证据的种类，调取证据可以分为：询问证人、询问鉴定人等第三人、调取书证、调取物证、讯问被告人等。

嫌疑人享有请求保全证据的权利。依照法律，如果不预先保全证据会在使用证据上遇到困难的，以第一次公审期日前为限，嫌疑人或者他的辩护人可以请求法官作出询问证人、搜查、扣押、鉴定、勘验等处分。辩护人经法官许可，可以在法院阅览和抄写有关处分的材料。嫌疑人没有辩护人的，经法官许可，也可以阅览处分材料。这是将当事人主义运用到侦查程序的结果。

第四节　日本的任意侦查

任意侦查原则在日本刑事诉讼法中有明确规定。日本《刑事诉讼法》第197条规定："为实现侦查的目的，可以进行必要的调查。但除本法有特别规定的以外，不得进行强制处分。"日本的田口守一教授认为上述条款规定了强制侦查只限定在法律规定的领域，因此应当尽可能地以任意侦查的方式进行侦查，这称为任意侦查的原则。

一、任意侦查的概念

毋庸置疑，明晰任意侦查的概念，是研究任意侦查制度的基础和前提。任意侦查这一概念可以被分解为以下三部分：

第一，任意侦查的实行者，即启动任意侦查程序的主体。启动任意侦查程序的主体必须是具备法定侦查权的法定侦查机关。

第二，任意侦查的对象。日本法学界的大部分学者普遍认为，任意侦查行为的对象较之强制侦查行为所针对的对象应当更为宽泛。在刑事司法实践当中，一般侦查行为所针对的对象是存在违法犯罪嫌疑的刑事案件。而任意侦查行为，因其对犯罪嫌疑人个人权益的干预作用较小，而可将其所针对的侦查对象扩大到对刑事犯罪行为的预防。

第三，任意侦查双方主体的权益与责任。任意侦查制度之所以赋予侦查方启动任意侦查行为时较大的自由裁量权，是由于任意侦查行为的非强制性一般不会侵犯犯罪嫌疑人的重要法益。值得注意的是，虽然任意侦查制度赋予了侦查方以一定的自由裁量权，但这一自由裁量权绝不是无限的。任意侦查行为的启动要受到侦查行为基本原则和基本规则的制约。

通过对任意侦查概念的归纳和解析，我们看到要将某一侦查行为认定为任意侦查行为，其必须符合：侦查主体的特定性与合法性、犯罪嫌疑人的主观意志自由、犯罪嫌疑人的重要权益不受侵犯这三个主要特征。其中，犯罪嫌疑人的重要权益不受侵犯是任意侦查的本质特征，也是任意侦查制度在司法实践中具有积极实践意义的原因所在。

二、任意侦查构成标准

对于任意侦查的构成标准，学界上大体有两种分析方法：一种是对强制侦查与任意侦查的界限作出细致的划分，强制侦查以外的其他侦查方法都属于任意侦查的范畴，这是由于任意侦查与强制侦查相互矛盾，二者共同构成了所有的侦查行为，排除一个即可以得出另一个；第二种是从任意侦查本身入手，探讨侦查行为应当符合哪些要素才能构成任意侦查。两种分析方法可以互相借鉴，并不必然冲突。

日本学界对于任意侦查的构成标准，主要采用的是第一种分析方法，即对任意侦查与强制侦查作细致的区分。主要的观点有以下三种标准：

第一，直接强制有形力标准，即以实施措施一方的手段为标准来判断是否为任意侦查行为。如果行为实施一方行使直接强制的有形力，就是强制侦查，反之则是任意侦查。

第二，压制个人意志标准，即以是否压制个人意志为标准，只有压制个人意志并限制身体、财产、住所的侦查行为才是强制措施，否则为任意侦查行为。

第三，权益侵犯标准，即以受处分一方被侵犯的状态为标准来判断是否为强制侦查行为，而不论行为实施方是否实施了强制力。权益侵犯标准又有两种，一种为不限定侵犯法益的标准，一种为限定侵犯法益的标准

客观看来，以上三个标准都各有优劣。第一个标准以有形力的行使为标准，是最早有关任意侦查构成标准的理论。该理论后来被日本判例所补充，精神强制力也被归入到有形的范畴当中。用此标准判断是否为任意侦查行为，简单直接，但是除了有形强制力和精神强制力外，还有程序上的强制力没有被考虑在内。另外，有学者认为在强制和任意之间，存在着一个中间地段。有时为了说服和劝导对方而进行的有形力的行使，仍然被认为是任意措施。这样，用有形力的标准来

确定任意侦查与否就存在着混乱。

第二个标准以是否压制个人意志为标准。在承诺型的任意侦查当中，此标准最为适宜，因为侦查相对人作出的同意必须是自愿作出的，不能对其个人意志施加外力。但是在承诺型任意侦查以外的情形，此标准毫无用武之地。例如，监听行为并未对当事人的个人意志施加外力，但却严重侵犯了其隐私权。监听不但是强制侦查行为，而且在某些国家还因其严重侵犯个人权益的性质而被纳入特别立法的调整当中。

学界针对个人意志压制标准的缺陷提出了第三个标准，即权益侵犯标准，这一标准注意到了对相对人权益的侵害，但是忽视了个人对自身利益的自治性，即没有考虑个人主观自愿性的因素。现代诉讼的基本理念之一就是要求尊重个人意思自治，刑事诉讼也应当承认此原则以保障当事人的诉讼主体地位，因此权益标准也有自身不可弥补的缺陷。

因此，下文我们使用第二种分析方法探讨其应当符合哪些要素才能构成任意侦查。

三、任意侦查的核心要素

（一）形式层面上的非强制性

强制侦查必然以显著的强制性为其主要特征，这种强制性的特征在多数的大陆法系国家中，因其纠问式的诉讼模式而表现得更为突出。相反，在许多英美法系国家中，其典型的抗辩制诉讼模式，使其所倡导的"最少使用武力"理念与任意侦查的"最小侵犯原则"相契合。

大多数国家的公法领域奉行比例原则，在这一原则中，是否有必要启动某一侦查行为，是应具体明晰的事项。这里的必要性是：拥有相应公权力的机关或执法者，在实施权力行为时，若具有可供选择的多种执法行为，并且均可以实现所欲实现的目的，则选择侵害性最小的行为。

所以，在任意侦查制度中，任意具有双重含义：对启动侦查行为的侦查机关而言，其作为有权启动侦查行为的主体，结合案件的具体情况而做出综合判断；若其认为侦查行为的启动具有确定的必要性，且此种侦查行为的启动是以保障某一侦查目的的实现为前提，则该侦查行为的启动，无须达到启动强制侦查的法定条件。而对犯罪嫌疑人而言，则体现出比强制侦查更为宽泛的自由选择权。在犯罪嫌疑人的角度上，任意指其具有对侦查行为有说"不"的自由，当然警方更希望他说"yes"；一般情况下，犯罪嫌疑人可以自由决定是否同意侦查机关对其进行任意侦查行为,并可以在侦查过程中随时决定终止任意侦查行为。

总之,任意侦查所包含的核心要素之一,即形式层面上的非强制性。这种非强制性是相较于具有典型强制性特征的强制侦查行为而言的,而并非绝对没有强制性。

(二) 实质层面上的重要权益保障

任意侦查制度对于刑事司法实践的一个重要意义就是对犯罪嫌疑人的重要权益的保障。在任意侦查制度中,无论是其显著的非强制性还是对犯罪嫌疑人的个人自由意志的尊重,无一不体现了对犯罪嫌疑人重要权益的保障。在刑事诉讼的侦查活动中,侦查机关所享有的职权与犯罪嫌疑人的利益冲突是显而易见的。而在这一活动中,由于国家对侦查机关的授权,其权限与地位明显要强于犯罪嫌疑人,因此,在侦查活动中,很容易造成侦查机关对侦查权的滥用而导致犯罪嫌疑人的合法权益难以保障的局面。因此,在侦查活动中建立对犯罪嫌疑人基本人权保障的法律机制显得十分必要。

任意侦查制度有效减少了侦查机关滥用职权的可能性,从而使犯罪嫌疑人的重要权益得到保障。其原因主要有二:其一,任意侦查制度的非强制性要求,对侦查行为的危险程度进行了限制;其二,犯罪嫌疑人的个人自由意志,使犯罪嫌疑人可以在任意侦查行为中处于较积极主动的地位,对是否接受侦查行为享有一定程度的自主选择权,从而减轻了侦查行为对犯罪嫌疑人重要权益侵害的可能性。

任意侦查制度对犯罪嫌疑人的重要权益具有天然的保障作用。任何侦查权的启动,不可避免地会影响甚至侵犯犯罪嫌疑人的个人权益,这一点毋庸置疑。然而,法治国家会适当地寻找二者的平衡,既保证侦查能够合法有效进行,又使犯罪嫌疑人重要权益得到最大程度的保障。任意侦查制度,其显著的非强制性与犯罪嫌疑人的个人自由意志使侦查行为对犯罪嫌疑人重要权益,包括人身自由、财产权、隐私权等侵害的可能性降到最低。

(三) 犯罪嫌疑人的个人自由意志

在任意侦查活动中,犯罪嫌疑人的个人主观意志自由体现在:侦查机关决定进行任意侦查后,必须取得相对人即犯罪嫌疑人的同意,否则这一任意侦查行为则可能被认为是不合理的,甚至是不合法的。

具体来讲,任意侦查中的个人主观意志自由体现为:侦查机关就任意侦查活动的启动,是以相对人的同意或许诺为前提的。如若相对人对任意侦查行为表示拒绝，则侦查机关无权启动任意侦查活动。

侦查活动是一项专业性与系统性极强的刑事司法活动，要保证侦查活动的合法顺利进行，不仅需要侦查机关依法展开侦查活动，更需要侦查相对方的积极配合与协助。而在现代法治社会中，共同预防与打击违法犯罪行为是公民的基本社会义务之一。因此，在实际的司法实践当中，司法机关也应当鼓励公民积极配合进行任意侦查活动。诚然，公民若对侦查机关的侦查活动表示接受，则意味着放弃一定的个人利益，这需要社会的积极引导和宣传。

在任意侦查中，要获得侦查相对人的同意，必须保证两方面的因素：其一，侦查机关明示进行任意侦查行为的环境。其二，侦查机关明示进行任意侦查行为的方式。因而，要保证任意侦查活动的合法顺利进行，侦查人员应尽量选取合适的侦查环境和恰当的侦查方式。

四、任意侦查的种类

任意侦查与强制侦查构成了所有的侦查行为。随着科学技术的不断发展，侦查行为也日益多样化，譬如录音录像、监听得以应用到刑事侦查领域。虽然侦查方法多种多样、不可穷尽，但强制侦查的种类只能由刑事诉讼法作出规定，在一定时期内是固定不变的。

本书尽管不能对任意侦查的种类做出详尽的列举，但是可以对任意侦查的诸多本质特征进行归纳总结，在以后的侦查实践中，一旦出现了新的侦查方法，就能迅速判断其属于哪一种类，对其应该适用何种程序上的规定。任意侦查的种类繁多，接下来简要介绍日本的侦查实践中经常出现的任意侦查行为。

（一）自愿同行

自愿同行即日本法中的任意偕行，是指侦查人员在没有逮捕证的情况下，征得被调查人的同意而将其带至警察局进行询问并作笔录的行为。由于侦查人员没有逮捕证，不得实施任何限制犯罪嫌疑人人身自由的强制措施，只能在其同意协助调查后将其带至警察局，因此，在实施过程中，应当尽量尊重相对人的利益，不可造成强制的效果。例如在日本，自愿同行要求实施时间尽量不要在夜间、不要使用警车。

在日本的刑事司法领域中，有权启动任意偕行侦查行为的侦查人员主要有两种：第一种是行政警察，他们实施任意侦查行为意在加强社会治安管控，从而实现预防犯罪的目的。第二种是负责刑事案件侦查的侦查员，他们实施任意侦查行为的目的主要是查证犯罪事实，发现犯罪证据。

实施任意偕行这一侦查行为时，要符合几个基本要件：首先，对于侦查方而言，实施任意偕行侦查行为必须以预防即将发生的犯罪，或者是实现查证犯罪事实为目的。其次，在侦查方决定采用任意偕行时，要有一定的案件事实和相关的法律规定作为依据。也就是说，不能在毫无事实依据也没有合理怀疑的情况下适用任意偕行。

在启动任意偕行侦查行为之时，首先要对相对方进行依法告知，告知的内容主要包括：其接受任意偕行时个人利益所受到的影响，以及其有权拒绝任意偕行。其次，对于相对方而言，所作出同意的意思表示必须出于完全自愿；自愿的方式为明示的方式，同时这种明示也应当包括自愿跟随的情形。

（二）任意讯问

讯问是一种任意侦查还是强制侦查手段，回答这个问题其实颇为艰难。从实质上看，讯问的强制性指数极高，世界上还没有一个稍有理智的犯罪嫌疑人不畏惧讯问的氛围和压力。但从形式上看，讯问犯罪嫌疑人时，世界各国基本上都赋予了犯罪嫌疑人各种权利，因而讯问只能是任意性的侦查措施，一般不存在强制性的讯问。

讯问犯罪嫌疑人之所以被严格限制为任意性的侦查方法，一方面是基于保障人权和正当程序的理念，另一方面是为了保障自白的真实性，以追求实体真实。美国的米兰达规则是讯问任意性的最佳表现，犯罪嫌疑人享有律师帮助权、沉默权等一系列程序性的权利，以保障自白的任意性。

任意讯问的确认与实施，需符合以下几个要件：首先，在实施讯问行为的过程中，必须保证被讯问者的相关权益（如沉默权）与被讯问者的律师帮助权这两方面的力量总和与讯问施加的压力之间，达到平衡的状态。其次，被讯问者当获得相应的权利告知。被告知的内容主要包括：被讯问者在讯问的过程中享有保持沉默的权利；被讯问者享有获得律师为其充分辩护的权利；对于非法讯问的行为，包括但不限于刑讯逼供，被讯问者可依照相应的司法救济程序获得救济。

言词证据往往能作为直接证据证明是否犯罪以及犯罪的主要情节，因此在刑事诉讼证据制度的发展历史上，曾经出现过"无供不录案"的做法。在这样的思想指导下，刑讯逼供泛滥成灾，犯罪嫌疑人完全没有独立的主体地位，只能沦为侦查的客体，屈打成招导致的冤假错案也难以避免。即便是到了近现代文明社会，科技的发展使得获取物证的方法越来越多，口供因为其直接证据的性质依然为侦查人员所青睐。但这并不是口供自身的错误，对于"口供中心主义"的批判何异于"怀璧其罪"。而一百八十度转身走向"零口供"也过于偏激,有买椟还珠之嫌。

既然已经从人证时代走进科学证据时代,现代社会也要从不文明的刑讯逼供中走出来,在追求以口供为"中心"的同时要求保障口供者的主体地位、尊重其人格尊严。为了确保口供不是威胁、压制的结果,一系列的程序性权利应当赋予犯罪嫌疑人,如沉默权、律师帮助权、羁押状态下的人身检查权等。在这样的设计下,口供依然可以是证据之王。

随着社会的进步,以人为中心的人本主义哲学思潮兴起。在刑事诉讼中,犯罪嫌疑人的主体地位提高,其人格尊严也应当得到尊重,不能将其作为查明案情的手段或工具。而使用强制的手段获取的言词证据,必然会侵害其自由意志、损害其人之为人的尊严。另外,获取言词证据必须遵循任意侦查原则的内在因素则是言词证据本身的特殊性。趋利避害是人之天性,犯罪嫌疑人在压力之下作出的陈述,既可能是真实的,也可能是虚假的。如果允许强制获取口供,犯罪嫌疑人为了避免身体或精神上的强迫,极有可能作出符合侦讯人员意思但不真实的陈述,这无论对实体公正还是程序公正都会是重大损害。因此,坚持讯问的任意性能充分保障被讯问人的人身安全,使其在尽可能少的外界压制下作出符合实情的陈述,更有利于实现实体公正。

(三) 同意搜查

同意搜查,简言之,就是经过侦查相对人的同意而进行的搜查,适用于没有搜查证、不是紧急情况下的情形。同意搜查在实践中的使用率很高,美国的无令状搜索,都是以"同意搜查"为理由而进行的。我国实践中也不少见,例如公交车上发生盗窃案,乘客为了洗清犯罪嫌疑而主动要求警察搜身。

同意搜查的构成要件之一就是得到侦查相对人的自愿同意,因而有学者也称之为合意性搜查。与任意偕行大抵相同,经同意搜查也必须符合相应的必备条件。其一,对实施任意搜查的侦查机关或侦查员而言,其在决定采取任意搜查侦查行为之时,要事先确认确有必要采取任意搜查行为,即已经发生违法犯罪或有发生违法犯罪的可能。在进行任意搜查之前,要告知被搜查者有拒绝搜查的权利。其二,对被搜查者而言,其对任意搜查行为所作出的同意或许诺是在完全自愿的情形下作出的,即没有受到欺诈、强迫等情形的影响。

作出同意的主体具有多样性,只要是对搜查对象具有合理处分权即可作出同意搜查的意思表示,譬如同居夫妻对进入共同居住房屋搜查的同意、父母对进入未成年子女居住房间搜查的同意等。

搜查既可能是为了搜集实物证据,也有可能是为了查获犯罪嫌疑人。扣押是搜查行为的后果,若发现罪证则以扣押的方式提取。搜查和扣押因侵犯公民的住宅权、隐私权、财产权等权利的强烈程度而被认为是典型的强制侦查行为,各国均规定搜查扣押行为必须申请司法令状。所以典型意义上的搜查是强制侦查,因为如果到了只有通过申请并颁发搜查令状才能采取措施的情况,则已经超出了任意侦查原则的实施前提。也就是说,任意侦查原则在搜集实物证据的侦查行为中也应当被遵守,即便是强制侦查的实施,也是以任意侦查手段不能达到侦查目的为前提,先任意后强制的原则依然成立。

(四)诱惑侦查

诱惑侦查,就是侦查人员为了侦破某些特殊案件,向潜在的犯罪嫌疑人提供某种犯罪机会,或对其进行某种程度的诱惑,从而使其实施犯罪行为,将其逮捕或进行证据搜集。诱惑侦查在无受害人的毒品犯罪、走私犯罪等案件中,可以起到关键性的作用。

诱惑侦查有两种类型,一是诱惑者接触被诱惑者,使其产生犯罪意图并实行犯罪,这种方式被称为犯意诱发型的诱惑侦查;二是诱惑者为已具有犯意的被诱惑者提供犯罪机会,这种方式被称为机会提供型的诱惑侦查。

由于诱惑侦查往往都是向犯罪嫌疑人提供犯罪的机会,并配合其犯罪,这种侦查方法虽然没有得到嫌疑人的同意,但也没有对其实施强制,因而可以被归入到任意侦查的范围当中。但是也有人认为,国家本来承担控制犯罪的职能,却引诱人实施犯罪,存在着合法性的问题。当前学界普遍认为机会提供型的诱惑侦查是合理的。

(五)经一方同意的监听

经一方同意的监听是指交谈一方当事人自愿放弃会话秘密或隐私权,同意第三者进行监听或者录音的行为。它包括两种情形:一种是被害人同意的监听,如在敲诈勒索、电话骚扰等案件中,被害人同意执法人员监听其与犯罪嫌疑人的交谈,这种行为不存在侵犯犯罪嫌疑人隐私权的问题;第二种是当事人双方均为犯罪嫌疑人,但是一方作为侦查机关的内线,经过其同意而对谈话内容进行监听。

在这种情况下,同意监听是否侵犯犯罪嫌疑人的隐私权呢?作出同意的一方当事人仅仅能够放弃自身对会谈内容的隐私权期待,他没有资格处分交谈另一方的权利,因而经一方同意的监听不可能属于承诺型的任意侦查。对此,美国联邦最高法院的判例认为公民有作证的义务，一方同意监听，实际上是就自身所了解的案件情况作证，只是这种作证是同步的。因此这种侦查方法没有侵犯交谈另一方的重大权利，属于任意侦查的范畴。

经一方同意的监听在侦查实践的具体应用中，需要符合以下几个要件：首先，经一方同意的监听，必须为所需侦破案件的必要侦查手段。因为，监听行为本身与公民的个人隐私权、通信秘密受到保护的权利以及通信自由的权利息息相关。其次，这一侦查行为的启动，以当事人一方的承诺和同意为前提条件，而这一承诺或同意，不受任何外力因素的干扰，这些外力因素包括：欺诈、暴力威胁等。并且，同意或承诺的意思表示为明确表示。另外，这一侦查行为的行使，不应当侵犯公民的其他相关重要权益。

四、任意侦查原则的意义

如上所述，任意侦查原则相对于强制侦查而言更能保护相对人的合法权益，还能缓解国家与个人之间的矛盾冲突。尤其是对像我们这样处于社会转型期的国家而言，任意侦查原则具有积极重大的意义，以人为本的任意侦查原则在维护社会稳定、构建和谐社会的进程当中，其作用更加不可低估。具体而言，任意侦查原则的意义体现在以下几个方面：

（一）对实体公正的保障

任意侦查原则以相对人的自愿同意为基础，能保证搜集的证据符合实情，特别是任意侦查原则能保障获取的言词证据之真实性，这有利于查明案件实体真实，实现实体上的公正。

（二）对程序公正的保障

程序公正指的是在刑事诉讼过程当中，嫌疑人、被告人受到公平、人道的待遇。它要求嫌疑人的权利不被随意侵犯，嫌疑人能在影响自身利害关系的处理过程中基于自由意志选择参与诉讼程序。任意侦查原则要求侦查实施过程中，充分尊重相对人的自由意志，由其同意或者拒绝的意思表示来推进程序的发展。嫌疑人主体地位的极大提高、以自己的意思表示参与案件处理，均有利于程序公正的实现。

（三）对效率的保障

由于司法资源的有限性，我们不得不考虑侦查的效率价值。在效率的提高方面，任意侦查的作用是很明显的。强制侦查必须经过申请令状等繁琐程序，所以要耗费一定的时间，有时甚至可能导致侦查时机的延误。任意侦查实际上是对侦查机关的授权，在没有令状、非紧急情况下，侦查人员通过劝说权利人同意而实施侦查行为，节约了申请令状所需的时间和精力，可以及时搜集证据，有利于提高侦查效率。

（四）对公权力的限制

对公权力的限制可以从两个方面来进行：一是通过国家公权力对其进行限制，如立法、司法和行政之间的分权制衡；二是通过公民的私权利对其进行限制，例如公民的自由、财产不被剥夺的权利。任意侦查原则就是以权利限制权力，从公民的私权利出发来对国家的侦查权进行限制，非经权利人的自愿放弃，侦查人员不得侵犯之。

（五）缓解国家与个人的冲突

刑事诉讼本质上就是国家与嫌疑人的直接对立，而在侦查程序中这种矛盾对立尤为激烈。强制侦查由于其自身的性质，很明显是在强烈侵犯个人重要权益的情况下进行的，嫌疑人及其家人甚至会对国家产生敌对感。而任意侦查原则的实施，使得侦查机关在侦查活动中尽可能地以任意的方式进行。

诚然，国家本身必须具备一定的公共权力，包括为了维护社会秩序、控制犯罪而实施的暴力，但是，犯罪嫌疑人的权利也不应被随意剥夺，更不能毫无理由地被强制剥夺，因为根据无罪推定规则，嫌疑人与其他公民一样都受到国家的保护。即便是经过正当程序被判处有罪的人，其作为人而享有的基本人权、尊严也丝毫不可侵犯。

主要参考文献

一、中文著作

1. 陈光中主编:《中国司法制度的基础理论专题研究》,北京大学出版社 2005 年版。
2. 陈光中、陈卫东:《诉讼法理论与实践》,中国方正出版社 2005 年版。
3. 樊崇义:《迈向理性刑事诉讼法学》,中国人民公安大学出版社 2006 年版。
4. 樊崇义主编:《刑事审前程序改革与展望》,中国人民公安大学出版社 2005 年版。
5. 宋英辉:《刑事诉讼原理导读》,中国检察出版社 2008 年版。
6. 宋英辉、吴宏耀:《刑事审判前程序研究》,中国政法大学出版社 2002 年版。
7. 卞建林、刘玫:《外国刑事诉讼法》,人民法院出版社 2002 年版。
8. 陈卫东:《刑事审前程序研究》,中国人民大学出版社 2004 年版。
9. 陈瑞华:《程序性制裁理论》,中国法制出版社 2005 年版。
10. 程味秋:《中外刑事诉讼比较与借鉴》,中国法制出版社 2001 年版。
11. 孙长永:《侦查程序与人权》,中国方正出版社 2000 年版。
12. 谢佑平、万毅:《刑事诉讼法原则》,法律出版社 2002 年版。
13. 谢佑平:《刑事诉讼法学论点要览》,法律出版社 2000 年版。
14. 汪建成、黄伟明:《欧盟成员国刑事诉讼概论》,中国人民大学出版社 2000 年版。
15. 陈光中主编:《21 世纪域外刑事诉讼立法最新发展》,中国政法大学出版社 2004 年版。
16. 何家弘:《从它山到本土——刑事司法考究》,中国法制出版社 2008 年版。
17. 何家弘:《外国犯罪侦查制度》,中国人民大学出版社 1995 年版。

18. 何家弘：《刑事司法大趋势——以欧盟刑事司法一体化为视角》，中国检察出版社 2005 年版。
19. 毛立新：《侦查法治研究》，中国人民公安大学出版社 2008 年版。
20. 高峰：《刑事侦查中的令状制度研究》，中国法制出版社 2008 年版。
21. 田心则：《刑事诉讼中的国家权力与程序》，中国人民公安大学出版社 2008 年版。
22. 谢佑平等：《刑事司法权力的配置与运行研究》，中国人民公安大学出版社 2006 年版。
23. 陈永生：《侦查程序原理论》，中国人民公安大学出版社 2003 年版。
24. 任惠华：《中国古代侦查小史》，中国长安出版社 2015 年版。
25. 赵旭光：《刑事侦查的正当性问题研究》，中国法制出版社 2013 年版。
26. 马海舰主编：《中国侦查主体制度》，法律出版社 2011 年版。
27. 杨正鸣：《侦查理论前沿问题研究》，法律出版社 2016 年版。
28. 杨宗辉：《侦查学总论》，中国检察出版社 2017 年版。

二、中文译著

1. ［德］K. 茨威格特、H. 克茨：《比较法总论》，潘汉典等译，法律出版社 2003 年版。
2. ［德］托马斯·魏根特：《德国刑事诉讼程序》，岳礼玲、温小洁译，中国政法大学出版社 2004 年版。
3. ［德］Claus Roxin：《德国刑事诉讼法》，吴丽琪译，三民书局 1998 年版。
4. ［德］约阿希姆·赫尔曼：《德国刑事诉讼法典》，李昌柯译，中国政法大学出版社 1995 年版。
5. ［英］麦高伟等主编：《英国刑事司法程序》，姚永吉等译，法律出版社 2003 年版。
6. ［日］田口守一：《刑事诉讼法》，刘迪等译，法律出版社 2000 年版。
7. ［美］迈克尔·D. 贝勒斯：《法律的原则——一个规范的分析》，张文显等译，中国大百科全书出版社 1996 年版。
8. ［美］约翰·亨利·梅利曼：《大陆法系》，顾培东、禄正平译，法律出版社 2004 年版。
9. ［美］爱伦·豪切斯泰勒·斯黛丽、南希·弗兰克：《美国刑事法院诉讼程序》，陈卫东、徐美君译，中国人民大学出版社 2002 年版。
10. ［美］哈罗·K. 贝克尔、唐娜·L. 贝克尔：《世界警察概览》，刘植荣译，山西人民出版社 1991 年版。
11. ［荷］皮特·J. P. 泰克编著：《欧盟成员国检察机关的任务和权力》，吕清、马鹏飞译，中国检察出版社 2007 年版。
12. ［法］卡斯东·斯特法尼等：《法国刑事诉讼法精义》，罗结珍译，中国政法大学出版社 1999 年版。
13. 李昌珂译：《德国刑事诉讼法典》，中国政法大学出版社 1995 年版。
14. 宋英辉译：《日本刑事诉讼法》，中国政法大学出版社 2000 年版。
15. 程味秋等译：《英国刑事诉讼法》（选编），中国政法大学出版社 2001 年版。

三、中文论文

1. 卞建林、谢澍："'以审判为中心'视野下的诉讼关系"，载《国家检察官学院学报》2016 年第 1 期。
2. 李玉华："侦查制度改革实证研究"，载《中国刑事法杂志》2018 年第 6 卷第 6 期。
3. 陈瑞华："公安体制、侦查制度改革专题研究"，载《苏州大学学报（哲学社会科学版）》2018 年第 4 期。
4. 褚福民："侦审关系视野下的侦查制度改革"，载《苏州大学学报（哲学社会科学版）》2018 年第 4 期。
5. 侯铮："中国古代侦查制度的特点及其成因"，载《法制与社会》2014 年第 8 期。
6. 刘为军："论侦查制度、政策构建的基本路径——以博弈论为视角"，载《山东警察学院学报》2012 年第 2 期。
7. 徐静村："侦查程序改革要论"，载《中国刑事法杂志》2010 年第 10 期。
8. 孙谦："刑事侦查与法律监督"，载《国家检察官学院学报》2019 年第 4 期。
9. 卞建林、张可："侦查权运行规律初探"，载《中国刑事法杂志》2017 年第 1 期。
10. 胡德葳、董邦俊："论我国刑事司法职权配置下侦查权的定位——以'刑事错案'问题为出发点"，载《法律科学（西北政法大学学报）》2016 年第 6 期。

11. 樊崇义、刘辰:"侦查权属性与侦查监督展望",载《人民检察》2016 年第 Z1 期。
12. 高峰:"刑事侦查中的令状制度研究",西南政法大学 2007 年博士学位论文。
13. 周欣:"我国侦查权配置问题研究",中国政法大学 2009 年博士学位论文。
14. 张崇波:"侦查权的法律控制研究",复旦大学 2014 年博士学位论文。
15. 陈碧:"刑事诉讼之调查取证研究",中国人民大学 2006 年博士学位论文。

后 记

2001年,中国政法大学迎来了第一届侦查学本科生。那一年,我也刚刚从人民大学法学院毕业。感谢专业对口,我幸运地以硕士的身份混进了法大教师队伍。因为师从何家弘教授,老师正好写过一本《外国犯罪侦查制度》,教研室主任一拍板:"开一门选修课《外国侦查制度》,就由你讲吧!"无知者无畏,我接下了这个任务,从此开启了和这门课的缘分。

一查开课任务表,这门课排在大一的第一学期。我犯了愁,学生没学过刑法、刑诉,不了解两大法系,对侦查一无所知,我怎么讲制度?现在翻看2001年版本的授课PPT,第一章主要介绍什么是犯罪,什么是刑罚,什么是实体和程序正义以及两大法系的背景知识。再加上这门课只有36课时,讲到各国制度的时候,时间就不够用了。于是我想了个取巧的办法,每个国家的侦查制度只讲最有代表性的特征,比如美国就讲沉默权,德国就讲检察引导侦查。虽然是蜻蜓点水,但是效果还不错。到第一届学生毕业写论文的时候,我看到不少同学的选题,自以为是的想:这是不是第一学期的第一堂专业课,种下的种子呢?

经过几次本科生教学计划调整,这门课最后改为《侦查制度》,从选修课改为必修课,课时调整为48课时,授课时间也调整到大学二年级上学期。还是教研室主任拍板:"你看这门课你都没教材讲了十几年了,写本教材吧。"

拖拖拉拉的准备了一年多,写到颈椎疼就站着写,结果站着写又站到腿肿,其间各种乐趣和心酸。直到今夏,书稿完成后发现,18年授课的心得、2006年博士论文里的部分内容、曾经写过的论文、社评都出现在我的教材里了。毫无疑问,这是一本有法大特色的侦查学教材,也是带着我讲课个人风格的教材。虽然有点忐忑编辑给我退稿,但至今还没有收到他对文风发表任何反对的意见。

我记得赵晓力教授在2010年清华大学法学院开学典礼上致辞时说,"我发现很多论文都和一个庞大的数据库有密切的关系：中国期刊网。它们的命题从哪儿来？中国期刊网；它们的资料从哪儿来？中国期刊网；然后它最好的归宿也是：中国期刊网"。这段话给我留下很深刻的印象，确实，我们的教材和论文大部分都带着"再生塑料"的气味。由我担任撰稿人的这本教材显然也未能去掉这份匠气以及期刊网的味道，但我尽量在每一个可能的论题里留下足够学生讨论和研究的空间。毕竟，这只是芝麻开门之后刚刚启动的大门，在那大门里面，刑事诉讼法的领域内，侦查的范畴内，还有大量可供挖掘的论题。如果阅读此书的本科生、研究生，可以从字里行间，批判地或者共鸣地，寻找到一点研究题目和思绪灵感，那作者就已经很满足了。

这本教材主要进行的是比较法分析。研究外在于我们生活经验的异域文化，除了我们所知的，我们一无所知。基于这个宏大的理由，本书的写作难免有不成熟之处，静待读者指正。

编著者：陈碧